未来の教師
ファースト・ステップ

新版

未来を創る
教育制度論

川口洋誉・古里貴士・中山弘之 編著

北樹出版

は し が き

　本書は、初めて教育制度を学ぶ大学生のみなさんのための入門書です。また、現職の教師のみなさんが教育制度について学び直す際のテキストとして活用していただくことも想定して、編集されています。

　教育制度と聞くと、多くのみなさんは、「法律がたくさん出てきて、かたくるしい」とか「抽象的で難しい」というイメージを持つのではないでしょうか。しかし、わたしたちに身近な教育の問題の多くは、実は、教育制度と深い関わりがあります。そこで、本書を編集するにあたっては、次の3つのことを心がけました。わたしたちは、本書をきっかけに、教師をめざすみなさん、現職の教師のみなさんが教育制度の問題に少しでも関心を持っていただけることを、願っています。

①本書は、教育制度論の「入門書の中の入門書」として、内容を最低限のものに厳選しています。これは、初めて教育制度に触れる学生であっても、教育制度論についての知識や考え方をしっかりと身に付けてほしいと願ってのことです。

②本書では、抽象的な教育制度論テキストにならないように、わかりやすい記述を心がけるとともに、多くの具体例をとりあげました。そのことで、読者の学校体験や現場体験と教育制度の問題がリンクするように配慮しました。また、具体例には、教育制度の諸問題を乗り越えようと努力した実践もとりあげました。今日の教育制度の問題を解決するために必要なことを考えるさいの参考にしていただければと考えています。

③本書では、教育制度を理解するために必要な抽象的な知識も、身近な問題から理解できるように努めました。このために、本書の各講の並べ方も、具体的な問題を扱う講から、教育制度についての視野が広がるような講へと進むように、工夫しました。具体的には、〔1講〕→〔2～3講〕→〔4～6講〕→〔7～9講〕→〔10～11講〕→〔12～14講〕→〔15講〕、という流れになっています。詳しくは、各講のまえがきをご参照ください。

　なお、本書の執筆者の多くは、日本の社会問題が深刻さを増す2000年代に

学生生活を過ごした若手研究者です。わたしたちは、日ごろの研究生活や学生生活、院生自治会活動などを通して、問題意識の交流を深めてきました。とくにわたしたちには、「旧教育基本法が改定された現在でも、子どもや教育の未来のために、何とか教育制度の展望を描きたい。このためにはどうすればよいだろうか」という思いが強くありました。本書の編集でも、この問題意識は踏まえられています（この点では、現職の教師のみなさんが旧教育基本法改定後の教育制度の状況を知るさいにも、本書を活用していただければ幸いです）。

　若さや未熟さのため、本書にはまだまだ不十分な点も多いかも知れません。しかし、本書をきっかけに、子どもや教育の未来を真剣に考えている若手研究者がいることを知っていただけるのであれば、この上ない喜びです。そして、読者や教師、研究者のみなさんから忌憚のないご批判、ご意見をいただければ幸いです。最後になりましたが、本書の校正にあたっては、泉径宏さん（名古屋大学大学院生）、中村昭裕さん（愛知工業大学学生）に大変お世話になりました。また、北樹出版の木村慎也さんには、わたしたちのような若手にテキスト執筆の機会を与えていただくとともに、2010 年 11 月に企画がもちあがって以来、ねばり強くわたしたちを励ましていただきました。こうしたみなさんのご協力があってこそ、本書は刊行することができました。心からお礼申しあげます。

　　2013 年 2 月 24 日

編　著　者

　　改訂にあたって

　本書が刊行されてからまだ 1 年ほどしか経っていないのですが、このたび改訂版を刊行する運びとなりました。本書を多くの皆様にご活用いただいていることは執筆者一同にとって大変ありがたいことです。改訂版では、子ども・子育て支援新制度、教育委員会制度改変などの動きを踏まえ、必要最小限の修正を加えました。引き続き、忌憚のないご批判、ご意見をいただければ幸いです。

　　2014 年 1 月 31 日

編　著　者

新版の刊行にあたって

　本書の初版の刊行（2013年）後、必要最小限の修正を行った改訂版の刊行（2014年）を経て、このたび新版を刊行する運びとなりました。これまでに多くの学生や先生方が本書を手にとってくださったことは、執筆者一同にとってたいへんありがたいことでした。そのなかで、本書の再改訂をご期待いただく声も伝わっておりましたが、新版の刊行まで長らくの時間を要しましたことお詫び申し上げます。

　新版では、改訂版以降の制度改定・政策展開に合わせ、記載法令をアップデートし、新教育委員会制度、多様な教育機会確保法、チーム学校、教員の働き方改革、保育制度改定、学校安全と学校環境などについての記述を加えています。また新版の刊行にあたり、編者に古里貴士が加わり、著者には服部壮一郎さんに加わっていただきました。

　さて、初版刊行後の教育制度状況を見るとき、昨今の政治状況の下で教育制度の改定は決して肯定的な評価ができるものばかりではありません。しかし、それぞれの改定にさいして、子どもを思い、学び、行動する教師、保護者・子ども、学生、地域住民のみなさんに出会う機会も少なくありませんでした。とくに若い先生方や学生のみなさんには、「中堅」となった研究者として多くの刺激を受けたことを覚えています。新版も引き続き、教育制度を学びたい大学生のみなさんや教育制度を学び直したい現職の教師のみなさんに本書をご活用いただけることを願っております。本書を通じた教育制度や教育法についての学びが、しなやかで、かつしたたかな教育実践の一助となることを期待しています。

　最後に、北樹出版の木村慎也さんには、新版刊行の機会をいただき、初版時と変わらず、ねばり強くわたしたちを励ましていただきました。心からお礼申し上げます。

　　2020年2月6日

編　著　者

CONTENTS :

第 1 講 ≫ 教育制度を学ぶことの意味　14
　　1　小・中学校の昼食は学校給食？　弁当？　14
　　2　法治国家・立憲国家と教育制度　16
　　3　なぜ教育制度を学ぶのか　18
　　　1　なぜ教育制度を学ぶのか──教育制度に対する忠実性と主体性・創造性　18
　　　2　教育制度をみる視点──「教育を受ける権利」の自由権的保障と社会権的保障　19

第 2 講 ≫ 子どもの権利　21
　　1　子どもの意見をきいて　21
　　　1　権利を主張するのはわがままか？　21
　　　2　フランスの事例に学ぶ　22
　　2　子どもの人権・権利の歩み　24
　　　1　人権とは何か　24
　　　2　近代における子どもの発見と子どもの権利　26
　　3　子どもの権利条約を知っていますか　27
　　　1　子どもの権利条約と日本　27
　　　2　子どもの権利条約の内容と特徴　27
　　　　▶ コラム 2-1　子どもか児童か──条約の名称をめぐって　29
　　4　日本における子どもの権利保障の現実　30
　　　1　日本の法制度の不十分さ　30
　　　2　国連子どもの権利委員会の勧告　30
　　5　子どもの権利条約を活かすには　32
　　　1　日本の学校における取り組み　32
　　　　▶ コラム 2-2　フランスの高校生が起こした教育改善要求運動　35
　　　2　子どもの権利を尊重する社会の実現に向けて　35
　　　　▶ コラム 2-3　学校安全と学校環境　36

第 3 講 ≫ 教育法のしくみ　39
　　1　教育に関する成文法　39
　　　1　国の教育法　39
　　　2　義務教育に関する国の教育法体系　41
　　　3　国際教育法　43

4　地方公共団体の教育法　44
② 教育制度の法律主義　44
　1　法律によってつくられた教育制度　44
　2　教育制度の法律主義がかかえる問題点　45
③ 教育に関する不文法　46
　1　教育条理法　46
　2　教育判例法　47
　3　教育慣習法　47

第4講 >> 教育内容の制度　50

① 教育内容と学習指導要領　50
② 学習指導要領と教育課程の自主編成運動　51
③ 教科書検定と歴史教科書問題　53
　▶ コラム 4-1　教科書採択のしくみ　56
　▶ コラム 4-2　教科書裁判　58
④ 教育課程編成の3つのレベル　58
　▶ コラム 4-3　義務教育諸学校及び高等学校教科用図書検定基準　59
　▶ コラム 4-4　教育基本法と政治教育　60
⑤ 教育課程編成の主体としての教師　61
　▶ コラム 4-5　学習指導要領の性格　62

第5講 >> 日本国憲法と教育基本法　64

① 戦前における日本の教育制度の特質　64
　1　大日本帝国憲法と「教育勅語」体制　64
　2　戦後教育改革と教育制度の転換　67
② 「憲法・教育基本法」体制の特質と歴史的意義　68
　1　権利としての「教育を受ける」こと　68
　2　「教育を受けさせる義務」　68
　3　日本国憲法と旧教育基本法の一体性　69
　4　教育制度の法律主義　69
　5　教育の直接責任性と教師の教育の自由　70
　6　教育行政の地方自治　70
　7　教育行政の教育条件整備義務　71
③ 教育基本法の改定とその問題　71
　1　教育基本法改定の経緯　71
　2　教育基本法改定のねらい　72
　3　新教育基本法の特徴と問題点　73

4 「憲法・教育基本法」体制のゆくえ　75
　　▶ コラム 5-1　学習権の思想　76

第 6 講 ≫ 教育の目的と目標　81
　1 新教育基本法における教育の目的・目標　81
　　1 教育の目的（1 条）　81
　　2 教育の目標（2 条）　82
　2 教育の目標（新教育基本法 2 条）が抱える問題　83
　　1 教育目標の法定化　84
　　2 個人よりも国家を優先する価値観の注入　84
　　3 教育の態度主義　85
　　4 教育目標の具体化　85
　　　▶ コラム 6-1　入学式・卒業式における国旗・国歌の指導　87
　　　▶ コラム 6-2　東京都「君が代」不起立処分取消訴訟最高裁判決（2012 年 1 月）　90
　3 新教育基本法とどう向きあうか　91
　　1 新教育基本法の立憲主義的解釈　91
　　2 教師の手にかかる「教育」と「教化」のわかれ道　92

第 7 講 ≫ 学校の制度　95
　1 フリースクールは「学校」か　95
　2 教育基本法・学校教育法における「学校」　97
　　1 法律に定める学校（一条校）　97
　　　▶ コラム 7-1　学校体系──日本とドイツ　99
　　2 それ以外の教育施設　100
　3 法律に定める学校（一条校）の公の性質と設置者　101
　　1 一条校の公の性質　101
　　2 一条校の設置者の限定と学校法人による私立学校設置　102
　　3 一条校の設置者の責務　103
　　4 一条校中心の学校制度の意義　105
　4 一条校中心の学校制度がかかえる問題　106
　　1 管理ゆえの学校教育の柔軟性の欠如　106
　　2 管理のなかに見られる権力的統制　107
　　　▶ コラム 7-2　七生養護学校事件（「こころとからだの学習」裁判）　108

第 8 講 ≫ 義務教育の制度　111
　1 義務教育の「義務」とはだれの「義務」か？　111
　　1 日本国憲法と義務教育　111

　　2　義務教育の3原則　112
　　3　「教育勅語」体制における義務教育制度の誕生　113
　②　義務教育の目的・目標　115
　　1　義務教育の目的　115
　　2　義務教育の目標　115
　③　保護者の就学義務　117
　　1　保護者の就学させる義務　117
　　2　就学義務の猶予・免除　118
　　　▶コラム8-1　重度の障害のある子どもたちと義務教育　119
　④　義務教育に関する国・地方公共団体の責務　120
　　1　地方公共団体の学校設置義務　120
　　2　国・地方公共団体の就学保障義務　121
　　　▶コラム8-2　通学区域制度と学校選択制　122
　⑤　すべての子どもの学び・発達が保障される義務教育へ　123

第9講 ≫ 教育の機会均等　126

　①　夜間中学校を知っていますか？　126
　②　義務教育は「タダ」ですか？　127
　　1　義務教育では何にお金がかかるのか　127
　　2　義務教育の無償の範囲はどこまでか　128
　③　貧しい家庭の子どもに義務教育段階の教育を保障する制度　129
　　1　教育の機会を左右する経済的地位　129
　　2　貧しい家庭の子どもの就学を保障する制度　130
　　　▶コラム9-1　子どもの貧困　131
　　　▶コラム9-2　経済的困難を抱える子どもへの学習支援　133
　④　義務教育の修了後における教育機会の保障　134
　　1　国際的に目指されている中等教育と高等教育の無償化　134
　　2　児童養護施設の青年たちが見せる現実　135
　　　▶コラム9-3　児童養護施設で育った子どもの高等教育を受ける権利保障の
　　　　　　ために　136
　　3　奨学金制度の功罪　137
　　4　働きながら学ぶことができる学校　138
　⑤　「教育の機会均等」の実現を展望するために　139

第10講 ≫ 教職員の制度　142

　①　地域を歩いた教師の姿から見えてくるもの　142
　②　専門職としての教員とその採用　143

　　　1　専門職としての教員　143
　　　2　教員の採用　144
　　③　教育の自由とその制約　145
　　　1　教育の自由と教師の教育権　145
　　　2　教育の自由の制約　146
　　　　▶ コラム 10-1　懲戒と体罰　147
　　　3　教育の集団的自由と教員組織　148
　　④　養成と研修による力量形成　150
　　　　▶ コラム 10-2　教員の働き方改革　151
　　　　▶ コラム 10-3　チーム学校　152
　　　1　教員養成制度　153
　　　2　教員研修制度　153
　　⑤　教職員の制度をより良いものにするために　155

第11講 ≫ 教育行政の制度　**157**

　　①　戦後教育行政の基本原則　157
　　　1　教育行政の基本原則　157
　　　2　地方教育行政の原則　159
　　②　地方教育行政制度の変質と現状　160
　　　1　公選制教育委員会制度の廃止と中央集権的教育行政の成立　160
　　　2　教育基本法改定と地方教育行政制度　162
　　　3　2014 年の地方教育行政法の改定　166
　　③　国の教育行政制度の原則と現実　168
　　　1　国の教育行政の原則　168
　　　2　現在の文部科学省の概要　168
　　　3　国の教育行政の現実　169
　　　　▶ コラム 11-1　中央教育審議会　172
　　④　現状の克服に向けて　173

第12講 ≫ 保育の制度——保育所の制度　**177**

　　①　保育を保障する憲法・法律上の理念　177
　　　1　憲法における生存権の理念　177
　　　2　児童福祉法における子どもの権利保障の理念　178
　　②　子ども・子育て支援新制度　179
　　　1　保育制度改革の背景と経過　179
　　　2　新制度の概要　179
　　③　公的保育所制度のしくみ　183

   1　市町村の保育実施責任　183
   2　保育所の最低基準　185
   3　保育所の財政　186
   4　保育制度改革の行方　187

第13講 ≫ 保育の制度──幼稚園・認定こども園の制度　190
  1　新教育基本法における家庭教育と幼児期の教育の振興　190
  2　幼稚園の制度　191
   1　幼稚園の目的と教育内容　191
   2　幼稚園の入園のしくみと施設・設備　193
  3　幼保連携型認定こどもの制度　195
   1　認定こども園制度の背景と経過　195
   2　認定こども園の概要　196
  4　子育て支援と発達保障としての保育制度を　198

第14講 ≫ 社会教育の制度　201
  1　社会教育とは何か──事例から考える　201
   1　愛知県名古屋市天白生涯学習センター　201
   2　埼玉県浦和市（当時）公民館での子ども会活動　203
  2　法における社会教育の意味　204
  3　社会教育制度の理念　205
   1　住民の自由で自主的な学習・教育活動の環境を整える　206
   2　生涯にわたる学習権を保障する　207
  4　社会教育制度の権力統制的な側面　209
   1　不当配転の原因は何か？　209
   2　生涯学習政策と教育基本法改定　211
    ▶ コラム 14-1　学校と地域をつなぐことの意味　213
  5　社会教育制度を発展させるために　214
    ▶ コラム 14-2　岡山市の公民館充実運動の取り組み　215
    ▶ コラム 14-3　九条俳句不掲載事件と大人の学習権　216

第15講 ≫ ゆたかな教育制度を創造するために　219
  1　教育制度がもつ二つの顔──教育制度の本質　219
  2　教育制度の創造的な発展のために　221
   1　学習権の思想をよりどころにして　221
   2　ゆたかな教育制度の創造に向けて　223
  3　教師を目指すみなさんへ　225

未来を創る
教育制度論
【新版】

第1講 教育制度を学ぶことの意味

> なぜ、わたしたちは教育制度を学ぶのでしょうか。ここではその理由を、身近な事例や、教育や学習を権利としてとらえる観点から、考えてみましょう。

 1 小・中学校の昼食は学校給食？　弁当？

　わたしたちは、一般的に、ある目的を達成するために整えられ、ある程度社会的に認められるしくみやきまり、組織を「制度」と呼びます。したがって、教育制度とは、簡単にいえば、一定の目的を達成するためにヒト・モノ・カネを整えた、教育の実施に関する公的なしくみやきまりであるといえるでしょう。教育制度には、義務教育制度、学校教育制度、教職員制度、学校経営制度、教育行財政制度、社会教育制度、さらに近年では子育てや家庭教育への支援制度などが含まれます。そして、今日の日本の教育制度は、法令の規定によって形成されています。そうした法令を教育法（教育法規）と呼びます。

　みなさんはこれまでに教育制度や教育法を意識することは多くなかったかもしれません。しかし、学校生活は教育法によってかたちづくられた教育制度のなかにあります。実は学校給食も同様です。ここでは、学校給食をとりあげ、学校生活の「あたりまえ」のうしろにある教育制度・教育法について触れてみましょう。

　みなさんが通った小・中学校の昼食は給食でしたか、それともお弁当持参で

したか。文部科学省の学校給食実施状況等調査によれば、2018年の学校給食実施率は全国の小学校で99.1%、中学校で86.1%となっています。多くの小・中学校で給食が実施されているのは、学校給食法という法律があるためです。同法にもとづき、栄養士や調理員などのヒト、調理場や食材・食器などのモノ、それらの雇用・整備・調達のためのカネを整えた学校給食制度が確立しています。

学校給食法
第2条（学校給食の目標）　学校給食を実施するに当たつては、義務教育諸学校における教育の目的を実現するために、次に掲げる目標が達成されるよう努めなければならない。
一　適切な栄養の摂取による健康の保持増進を図ること。
二　日常生活における食事について正しい理解を深め、健全な食生活を営むことができる判断力を培い、及び望ましい食習慣を養うこと。
三　学校生活を豊かにし、明るい社交性及び協同の精神を養うこと。
四　食生活が自然の恩恵の上に成り立つものであることについての理解を深め、生命及び自然を尊重する精神並びに環境の保全に寄与する態度を養うこと。
五　食生活が食にかかわる人々の様々な活動に支えられていることについての理解を深め、勤労を重んずる態度を養うこと。
六　我が国や各地域の優れた伝統的な食文化についての理解を深めること。
七　食料の生産、流通及び消費について、正しい理解に導くこと。
第4条（義務教育諸学校の設置者の任務）　義務教育諸学校の設置者は、当該義務教育諸学校において学校給食が実施されるように努めなければならない。

　学校給食法2条は、義務教育諸学校（義務教育を実施する小学校、中学校、義務教育学校、中等教育学校の前期課程、特別支援学校の小学部・中学部の総称）の学校給食の目標を定めています。それによると、学校給食の目標は、栄養バランスの整った昼食を提供することだけではありません。昼食を用意できない家庭の子どもが義務教育を受けられないということがないように、安価で安全な昼食を提供するとともに、食に関する理解を進め、子どもの人間性を深めるという学校教育の一環として行われています。

このような学校給食の意義や重要性から、学校給食法4条は義務教育諸学校の設置者の任務に関する規定を設けています。同条を読むと、給食を実施せず、弁当を持参させる小・中学校は学校給食法"違反"であるかのように受けとるかもしれません。しかし、この条文は、設置者に対して、学校給食が実施されるように「努め」ることを求めているものであって（努力義務）、学校給食を必ず実施することを求めているわけではありません。そのため、学校給食を実施しようとしたが、資金や施設などが整わなかったため、学校給食を実施できなかったとしても決して"違反"ではないのです。

　ただ、学校給食の意義・重要性を考えれば、学校給食の未実施は様々な問題を抱えています。学校給食が実施されなければ、育ち盛りの子どもたちに栄養バランスのよい昼食が提供できませんし、食に関する指導の機会を日常的にもちづらくなります。さらには保護者の負担も増します。そのため、学校給食の未実施の地域では、親や子ども、教師たちによって、設置者に対して学校給食の実施を求める根強い運動が続けられています。そして、現在の学校給食の実施率の高さはこれまでの地道な要求運動による結果であったといえます。

 ❷　法治国家・立憲国家と教育制度

　今日の日本は、国民の意思にもとづく法の制定によって国内の様々な社会制度をつくりあげています。このような国家 ⁽¹⁾ のあり方を法治国家といいます。法治国家における教育制度は、教育法によってかたちづくられています。したがって、教育制度を学ぶとき、教育法を無視することはできません。

　法は常に一定不変のものではありません。社会の要求に応じて、法は改変・廃止されたり、新たに制定されたりします。教育法も同様です。例えば、2010年度から高等学校の授業料が無償化もしくは減額されました。それは、2009年の政権交代によって与党となった民主党政権が「公立高等学校に係る授業料の不徴収及び高等学校等就学支援金の支給に関する法律」を成立させたためです。これによって、公立高校の授業料が不徴収とされ、国・私立の高校等の授業料

は、就学支援金の支給によって、公立高校授業料分が減額されました。経済状況が悪化するなか、家計状況に左右されずに安心して高校教育を受けられるようにしたいという国民の願いがこの法律を成立させました。なお、政権復帰した自民党・公明党による安倍政権は、2013年に同法を改定しています。「高等学校等就学支援金の支給に関する法律」と改称され、対象者の所得要件（政令によって世帯所得約910万円未満）が設けられました[2]。

　そして、今日の日本は、立憲国家という国のあり方をもう一つの原則としています。憲法が最高法規として他の法よりも上に位置付けられ、すべての法は原則として憲法の内容に反することなく制定されます。教育制度を形成する教育法も、日本国憲法の理念や条文にもとづいて制定されます。

日本国憲法
第26条（教育を受ける権利）　すべて国民は、法律の定めるところにより、その能力に応じて、ひとしく教育を受ける権利を有する。
2　すべて国民は、法律の定めるところにより、その保護する子女に普通教育を受けさせる義務を負ふ。義務教育は、これを無償とする。

　日本国憲法26条は、「教育を受ける権利」（この権利は、後に学習権へと発展していきます[●コラム5-1]）を明記し、教育を受けることを国民の基本的人権の一つとして認め、国家や子どもの保護者に対してその保障を求めています。戦前では、教育を受けることは天皇の「聖恩」に報いる臣民の義務であるとみなされていました。したがって、日本国憲法が「教育を受ける」ことを基本的人権として捉え直したことは大きな転換でした。この点に着目すれば、教育制度とは、教育の実施のための制度であるのはもちろんですが、国民の「教育を受ける権利」・学習権を的確に保障しながら、国民の教育や学びの活動を支えることを目的とするしくみとして形成され、運用されなくてはならないものであるといえます。

3 なぜ教育制度を学ぶのか

1 なぜ教育制度を学ぶのか──教育制度に対する忠実性と主体性・創造性

　本書は、主な読者が大学で教職課程を学ぶ学生や学校現場の教師のみなさんであることを想定して執筆されています。では、なぜ教師を志す者や現職の教師が教育制度を学ぶ必要があるのでしょうか。わたしたちはこの問いに対して二つの答えを用意しました。

　一つ目は、教育制度に対する忠実性を身につけるためです。日本国憲法が国民の基本的人権の一つとして「教育を受ける権利」を定めているということは、国家に対してその保障を強制していることを意味します。国家は「教育を受ける権利」を保障するために、国民に対してその保護する子女に普通教育を受けさせる義務を負わせるとともに、教育制度を整備して国の財政を用いてその制度を運用させています。しかし、それだけでは「教育を受ける権利」は保障されません。子どもを目の前にして、彼らの学習を支援し、教育活動を展開するのは教師です。教師とは、子どもへの教育活動を通して、彼らの「教育を受ける権利」を直接的・実質的に保障する立場にあります。教師は、教育法の条文やその解釈から子どもの「教育を受ける権利」・学習権を保障するしくみを正しく理解し、制度に則った教育活動を展開することが求められます。このような教師の姿勢を、わたしたちは教育制度に対する忠実性と呼ぶことにします。

　二つ目は、教育制度に対する主体性・創造性を身につけるためです。教師は、既存の教育制度にただ単に忠実に従えばよいのかといえば、そうではありません。教師に求められることは、制度に従うことではなく、子どもの「教育を受ける権利」・学習権を直接的・実質的に保障することです。近年の政治状況では、日本国憲法に反して「教育を受ける権利」・学習権を侵害するおそれがある教育法や教育制度がつくられることが少なくありません。もし、教育制度が子どもにとって良くないものであれば、教師は教育の現場からその問題点を指摘し、制度の運用を工夫し、制度そのものの変更を求める声をあげる必要があります。教師は、日本国憲法にある権利保障の原則に照らして教育制度が

まっとうなものであるか判断できる力や、それにもとづいて新たな教育制度を
つくりだしていく力を身に付けてほしいとわたしたちは願っています。わたし
たちはこれらを教育制度に対する主体性・創造性と呼ぶことにします。これが
二つ目の答えです。

2　教育制度をみる視点──「教育を受ける権利」の自由権的保障と社会権的保障

　教育制度とは、日本国憲法に定められた「教育を受ける権利」をすべての国
民に保障するしくみでなくてはいけません。したがって、わたしたちが教育制
度を論じるときには、国家が教育制度を形成・運用するなかで国民の「教育を
受ける権利」を保障しているのか否かという視点をもつ必要があります。

　では、国家が「教育を受ける権利」を保障するということはどういうことで
しょうか。「教育を受ける権利」についての二つの理解から、その保障をめぐ
る国家の二つの役割が導き出されます。

　一つ目は、子どもを含めて国民が、所得や居住地、障害の有無などによって
教育を受けることができるか・できないかが決まることのないように、国家が
その権限と財力を使って、すべての国民の教育機会を積極的に実現するという
ものです。これを「教育を受ける権利」の社会権的保障といいます。国家は、
国民が経済的、社会的、身体的条件などによって教育を受けられないことがな
いように、経済的援助や施設・設備など（教育の外的事項）について条件整備を
行わなくてはいけません。例えば、特別支援学校を含む国公立学校の設置や私
立学校への公的補助、国公立の義務教育諸学校の授業料の無償、公的な奨学金
などがこれにあたります。

　二つ目は、国家が国民の教育活動に直接的に干渉しないというものです。教
育活動の実施については専門性を有する教師などに任せることが原則です（教
師の教育の自由）。その一方、国家は学校等で扱う教育内容や方法（教育の内的事
項）についてその適否を判断したり、選別したりしてはいけません。これを
「教育を受ける権利」の自由権的保障といいます。戦前、国家は事実をねじ曲
げて国体護持や戦争遂行のために都合のいい内容を学校で教えさせていまし

た。このような経験から、真実を真実として学ぶことができるように、国家には国民の教育活動について必要以上に干渉しないことが求められます。そのため、今日では、戦前のような国定教科書制度ではなく、検定教科書制度がとられています。しかしながら、国家は、歴史的にも今日においても、国家の財政負担を減らすために国民の教育機会を保障する費用を減らそうとすることがあります。その反面、国家は、国家や経済社会が求める国民・人材を育成するために権力統制的に教育内容に干渉する傾向を見せています。特に、近年進められている新自由主義的教育改革ではこの傾向が顕著なものとなっています。学校や社会教育施設、保育施設の民営化や学校選択制の導入などに見られるように、「小さな政府」「市場原理」「規制緩和」などをキーワードにして、従来、国家が「教育を受ける権利」の社会権的保障のために実施してきた事業を廃止したり、民間に委ねたりしています。その一方で、国民を統治・統合するために、国家は学校に対して愛国心教育の実施や国旗掲揚・国歌斉唱を強く求め、教員管理を強化し、積極的に教育の内的事項に干渉してきています。

　国家は聞こえのよい言葉を使って自らの責任放棄を正当化する教育法・教育制度を制定しようとすることがあります。しかし、そうした教育制度についてその本質を見誤ってはいけません。「教育を受ける権利」の社会権的保障と自由権的保障という二つの役割を国が的確に果たしているのかを見極めながら、わたしたちは教育制度を検討する必要があるのです。本書が読者のみなさんのそうした視点を育むきっかけとなることを願ってやみません。

　【注】
(1) 国家は、中央（狭義の国）と地方（都道府県・市区町村）により構成され、その権限（国家権力・国権）は立法権・行政権・司法権（さらには憲法改正権）に分立されています。
(2) 同改定では、公立学校の授業料の不徴収が廃止され、国公私の高校等の生徒が就学支援金支給の対象となりました。

　【引用・参考文献】
・青木宏治ほか「教育法の基本原理をどのように考えるか」神田修・兼子仁編著『ホーンブック教育法』北樹出版、1995 年、42－59 ページ。
・兼子仁『新版教育法』有斐閣、1978 年、350－354 ページ。
・杉原泰雄『憲法読本（第 3 版）』岩波ジュニア新書、2007 年、124－146 ページ。

第2講　子どもの権利

　人権・権利とは、わたしたち一人ひとりが自分らしく幸せに生きるうえでかけがえのないものです。こうした人権・権利の観点から、人間の発達保障が公教育の任務にすえられなければなりません。しかし、日本の学校の場合、そこで学ぶ子どもの権利がなかなか尊重されないことも多いようです。ここでは、子どもの権利を正しく学ぶことを通じて、人権・権利についての考えを深めていきましょう。

1　子どもの意見をきいて

1　権利を主張するのはわがままか？

　みなさんは、人権や権利と聞くと、なんだか堅苦しくて難解だと思っていませんか。現代の日本社会では、「権利を主張するなら義務を果たせ」というような言葉をしばしば耳にすることがあります。そのため、「義務を果たさなければ権利は認められない」とか、「権利を主張するのはわがままだ」というように思い込んでいる人もいるかもしれません。しかし、義務を果たさなければ権利が保障されないというような考え方や、権利を単なる「わがまま」や「甘え」とみなす考え方は、誤解や偏見にすぎないのです。それは、人権や権利の正しい意味や意義を理解していないことの表れともいえるでしょう。とはいえ、現実の日本社会では、子どもが何かを主張してもそれが受けとめられないばかりか、かえって批判の的になることがあります。また、しばしば子どもの

意志を無視し、大人だけで子どもに関わることを決定してしまうようなことが平然とまかり通っています。

　京都府立桂高校では、1970年代に制服着用の校則が廃止され、生徒は自由な服装で学校に通っていました。ところが、1996年に、突然校長が制服導入を決めてしまいました。生徒会は、校長に何度も話し合いの場をもつよう要望しましたが、認められませんでした。そこで、生徒たちは、12,000筆もの署名を集め、京都府教育委員会にも訴えましたが、聞き入れてはもらえませんでした。そして、翌年の4月には制服が導入されてしまったのです。

　生徒たちが問題にしたのは、制服の是非ではなく、制服導入時に自分たちの意見を全く聞き入れてもらえなかったことでした。桂高校生徒有志の女子生徒は、「私たち子どもは『子どもだから』と話し合う場を用意されず、学校では言うように教えられても言う場を与えられず、もし意見を言っても聞いてもらえません。また、意見を言わなくても生きていける、物質的には裕福な社会にいます。逆に意見を言ったために周りから白い目で見られ、孤立させられてしまうなど、時には思いもよらぬ不当な扱いを受けることもあります。そうしているうちに、多くの子どもたちは、意見を言うのを恐れ、また言っても変わらない現状に疲れ、自分の意見を主張するのをやめていきます」と述べています。

　このように、日本では、家庭も学校も社会も、子どもがもっている素朴な疑問や自然な欲求・要求をありのままに受けとめることがなかなかできていません。むしろ、「保護」の名のもとに、子どものプライバシーを侵害し、暴力や体罰または競争によって子どもを管理支配し、権利と自立性ではなく義務と従順さを強要するような傾向が根強くあります。それゆえ、日本の子どもたちは、自分の意見を自由に表明することができず、自分の思いや願いを伝える言葉を奪われてしまっています。

2　フランスの事例に学ぶ

　しかし、本来人間ならば誰でも、感じたこと、思ったこと、考えたことを表現する自由があります。子どもであっても、自分の意見を自由に表明していい

のです。これは法で認められた権利です。反対に、大人には子どもの意見に耳を傾ける義務があります。

　実際に、海外では子どもの意見を尊重することはあたりまえのことと考えられています。例えば、フランスの中等学校では、校則や授業、予算の使い方、さらには給食のメニューに至るまで、生徒自身に関わることを決めるときには生徒の代表が必ず参加するしくみが整えられています。フランスの中等学校には、学校を運営する管理委員会が設置されており、ここで学校に関するさまざまなことを決定します。管理委員会に生徒代表が参加するしくみは法律で定められています。また、管理委員会には生徒代表のほか、選挙で選ばれた教師と親が参加します。委員 30 人のうち、子どもと親は合計 10 人と決められており、その内訳は学校段階によって異なります。中学校では子どもが 3 人、親が 7 人となり、高校になると子ども親ともに 5 人ずつと、次第に親から子ども本人に任せるしくみになっています。このように、フランスでは管理委員会での話し合いをもとにして学校が運営されています。委員会の決定に際しては、生徒も校長も同じ一票をもち投票の結果に従います。学校が勝手に決めることはできません。

　それでは、パリ市内にある公立中学校の事例をみていきましょう。この中学校は、12 歳から 15 歳まで 600 人が通うパリではごく普通の中学校です。この学校の生徒代表は、選挙で選ばれた 3 人です。学校では、これまでも生徒の要求によっていろいろなことが改善されてきました。女子トイレの鏡の設置、カバン置き場の改善、カリキュラムの変更など、生徒の要望をもとに何度かの話し合いを経て少しずつ改善が図られています。たとえ、生徒の望む解決に至らなかったとしても、学校の措置はあらかじめ生徒に説明されます。フランスの中学生は、自分たちの声で学校を過ごしやすくできることを実感しています。

　生徒代表はいいます。「私たちの要求が、いつもすぐ受け入れられるわけではありません。管理委員会で何度も要求して少しずつ改善されていくのです。要求しなければ変わっていくはずはありません。もし、受け入れられなかったとしたら、それには十分な理由があってのことです。私たちの要求に先生や

親が反対して、その反対の理由に納得できなかったらブーイングですよね。絶対、抗議します」。他方、同校校長も次のように述べています。「生徒の参加は学校運営に大いに役立っています。残念ながら、教師や大人の世界と子どもの世界の間にはしばしば対立が起こります。それを避けることができるのです。お互いの理解を深めるデモクラシー的つきあいといえましょうか。小さな日常のことから大事な決定の際までお互いが理解しあうことが必要なのです」と。

　このように、フランスでは子どもの意見表明権を具体的に保障するしくみが教育制度として整えられています。子どもに関わることだから、子どもたちが決める。大人だけで勝手に決めて押しつけない。大人と子どもがお互いを尊重しながら決定していくことで、お互いを理解することができる。子どもの意見を尊重する考え方がフランス社会には浸透しています。子どもの意見表明を励ます制度に支えられながら経験を積むなかで、フランスの中学生は自分たちの声を粘り強くあげ続けることの大切さを学んでいるのです。

　以上の日本とフランスの事例は 1990 年代のものですが、こうした状況は現在でもあまり変化していないように思われます。なぜフランスではあたりまえのように子どもの意見が尊重されているのに、日本ではいまだに子どもの意見が聞き入れてもらえないのでしょうか。子どもの意見が尊重される社会を実現するにはどうしたらいいのでしょうか。以下では、子どもの人権・権利を正しく学ぶことを通じて、子どもの意見にどう向き合えばよいのか、また子どもの意見を尊重する社会を築く方法を考えていきたいと思います。

2　子どもの人権・権利の歩み

1　人権とは何か

　人権とは、人間ならば誰もが生まれながらにして当然にもっている権利のことをいいます。いわば人間としての権利です。人間として誕生したすべての人に贈られる宝物のようなものです。このように、人権とは、生まれながらにして誰もがもっているものですから、国家によって与えられるものでもなけれ

ば、義務を果たさなければ認められないものでもありません。こうした人間ならば誰もがひとしく人権をもっているという考え方は、人類が長い歴史のなかであみ出した財産です。

　ところが、人類の歴史をふりかえると、人権や権利、ましてや子どもの権利は、決して自明のものではありませんでした。近代人権思想の成立は、ブルジョア革命[1] の最中に定められた人権宣言にみることができます。それは、自由と平等を求める人びとのたたかいの結晶として生み出された人類の歴史的遺産です。しかし、残念ながら人権宣言は、すべての人の自由や平等を保障するものではありませんでした。つまり、人権宣言は、白人だけに、男性だけに、金持ちだけに、そして大人だけに向けられたものだったのです。黒人を含む有色人種、女性、貧しい人びと、そして子どもは、人権宣言の掲げる「すべての人」のなかには含まれていなかったのです。ブルジョア革命における人権宣言は不十分なものでしたが、その歴史的な限界は自由と平等を求める人びとのさらなるたたかいによって克服されていきました。人類の歩みは、限られた人だけのものだった人権宣言を真にすべての人の自由と平等へと押し広げていく歴史でもありました。同時に、人類は、人権の意味内容をゆたかに発展させながら、それをより実質的に保障していくしくみを創りあげていったのです。

　現代の日本では、日本国憲法 97 条で「この憲法が日本国民に保障する基本的人権は、人類の多年にわたる自由獲得の努力の成果であつて、これらの権利は、過去幾多の試練に堪へ、現在及び将来の国民に対し、侵すことのできない永久の権利として信託されたものである」と定めています。まさに「人類の多年にわたる自由獲得の努力の成果」として、すべての国民が基本的人権を享有[2] するようになったのです。基本的人権は、自分らしく生きる権利ともいえます。人びとが自分らしく幸福な人生を歩んでいくうえで、基本的人権はかけがえのない役割を果たしています。こうした基本的人権をよりゆたかに保障するような社会を実現していくことが、人類の歴史的遺産を引き継ぐ私たちの努めといえます。

2　近代における子どもの発見と子どもの権利

　ところで、近代人権思想の成立とともに、大人と子どもを区別する考え方が登場してきました。絶対王政に抵抗するブルジョア革命を予感し、新しい時代を生き抜く人間と教育のあり方を描いたルソー（1712-1778）の『エミール』（1762年）は、「子どもの発見」の書であると同時に「子どもの権利の宣言」の書ともいわれています。ルソーは、「人は子どもというものを知らない。……このうえなく賢明な人々でさえ、大人が知らなければならないことに熱中して、子どもには何が学べるかを考えない。かれらは子どものうちに大人をもとめ、大人になるまえに子どもがどういうものであるかを考えない」と述べ、大人とは区別される子どもの固有性と子どもの発達の可能性を指摘しました。いい換えれば、それは「人間としての子ども」（子どもの人権）、「子どもとしての人間」（子どもに固有の権利）、「成長し発達する存在としての人間」（成長・発達の権利）の発見でもありました。

　しかしながら、子どももまた人間であり、大人と同じ基本的人権を享有する主体だといっても、現実の子どもは自らの権利を十分に行使するだけの力をもっていません。ルソーはいいます。「わたしたちは弱いものとして生まれる。わたしたちには力が必要だ。わたしたちはなにももたずに生まれる。わたしたちには助けが必要だ。……生まれたときにわたしたちがもっていなかったもので、大人になって必要となるものは、すべて教育によってあたえられる」と。つまり、子どもが、人間的に成長・発達し、自らの権利を行使できる大人になるためには、大人によって保護される権利と教育への権利、すなわち学習権が保障されなくてはなりません。それと同時に、子どもを守り育てる親の生存権や諸権利、子どもを教え導く教師の人権や教育権が保障されなくてはなりません。このように、子どもの権利は、子どもの学習権を中核としながら、大人や社会全体の人権・権利とも密接に結びついた関係にあるのです。

3 子どもの権利条約を知っていますか

1 子どもの権利条約と日本

　1989 年 11 月 20 日、国際連合は、「子どもの権利に関する条約」[3]（以下、子どもの権利条約）を全会一致で採択しました。ルソーによって見出された子どもの権利は、二度におよぶ世界大戦によって多くの子どもが犠牲となる人類的危機を経験し、ようやく国際的な合意として結実することになったのです。

　1959 年 11 月 20 日には、子どもの権利宣言が国際連合総会において採択されました。子どもの権利宣言は、人類が子どもに最善のものを与える義務を負っていることを宣言しましたが、それは呼びかけにとどまるものでした。そこで、国際連合は、子どもの権利宣言採択 30 周年を機に、これをさらに深化、発展させて条約化しました。このようにしてできあがったのが、子どもの権利条約です。日本は、1994 年に子どもの権利条約を批准し、世界で 158 番目の締約国となりました。現在、子どもの権利条約の締約国・地域の数は、世界で 196 にのぼります。

　子どもの権利条約を批准、公布することにより、本条約には自動的に国内法としての効力が生じます。つまり、子どもの権利条約は、日本国憲法よりは下位にありますが、法律よりも優位な法的効力をもつ規範として位置づいています。したがって、今日では、日本国憲法につぐ指導原理として、子どもの権利条約をふまえることが大切になっています。

2 子どもの権利条約の内容と特徴

　先に述べたように、子どもの権利の中核は学習権にあるため、教師は子どもの権利を保障する担い手として重大な責任を負っています。それゆえ、教師を志すみなさんには子どもの権利条約の理念と内容を正しく理解することが求められています。さっそく子どもの権利条約の内容をみていきましょう。

　子どもの権利条約は、全部で 54 条から構成されており、子どもの権利とその保障について包括的かつ体系的に規定しています。本条約の前文は、「子ど

もが、人格の全面的かつ調和のとれた発達のために、家庭環境の下で、幸福、愛情および理解ある雰囲気の中で成長すべきであることを認め、子どもが、十分に社会の中で個人としての生活を送れるようにすべきであり、……とくに平和、尊厳、寛容、自由、平等および連帯の精神の下で育てられるべきであることを考慮し、子どもに対して特別なケアを及ぼす必要性」を謳_{うた}っています。つまり、本条約は、すべての子どもが愛されて育つ権利または自分らしく幸福に生きる権利を享受しながら権利行使の主体として成長・発達するために、子どもには特別な保護が必要であることを説いているのです。

　子どもの権利条約では、「子ども」とは「18歳未満のすべての者」と定義されています。そして、本条約は、あらゆる差別の禁止（2条）、子どもの最善の利益の確保（3条）、生命・生存および発達への権利（6条）、子どもの意見の尊重（12条）を一般原則としています。そのうえで、さまざまな市民的権利、家庭環境に関する権利、教育や福祉の権利、特別な保護を必要とする子ども、すなわち難民やマイノリティ、先住民の子ども、障害をもつ子ども、法に抵触した子どもの権利を規定しています。本条約は、すべての子どもが平和な環境と愛情に満ちたゆたかな人間関係のなかで学び発達し、幸福のうちに一人前の大人として自立していくために必要な諸権利を包括的に保障しているのです。

　ところで、本条約は、子どもには特別な保護が必要であることを述べていますが、子どもを単なる「保護の対象」とみなしているわけではありません。本条約の最大の特徴は、子どもを権利行使の主体、いわば主人公としてとらえる点にあります。本条約は、大人と同様に市民的自由が子どもにも認められるべきことを定めるとともに、12条では「締約国は、自己の見解をまとめる力のある子どもに対して、その子どもに影響を与えるすべての事柄について自由に自己の意見を表明する権利を保障する。そのさい、子どもの見解が、その年齢および成熟に従い、正当に重視される」と、子どもの意見表明権を保障しています。意見表明権は、子どもの参加権や自己決定権に連なるものです。子どもが権利行使の主人公として成長・発達していくためには、子ども自身の思いや願いを大人に受け止めてもらいながら、自らの意思で人生を切り拓いていく経験を

積むことが大切です。反対に、大人には子どもの最善の利益を確保するうえで、子どもの思いや願いに耳を傾け、それに応答することが求められているのです。

　以上のような子どもの権利を保障する第一義的責任は、何よりもまず親に課せられています。その次に、国家が、親の責任や義務を援助し、子どもの権利を社会において実現していく責務を負っています。すなわち、子どもの権利条約は、締約国の実施義務として「その管轄内にある子ども⁽⁴⁾一人一人に対して……いかなる種類の差別もなしに、この条約に掲げる権利を尊重しかつ確保する」（2条）ことと、「この条約において認められる権利の実施のためのあらゆる適当な立法上、行政上およびその他の措置をとる」（4条）ことを定めています。つまり、締約国は、本条約を具体化するために、積極的な立法、政策、予算措置を図らなくてはならないのです。さらに、締約国には、国際協力を通じて、世界中のすべての子どもの権利を地球規模で保障していく努力が期待されています。このように、今日では、すべての子どもの権利の実現が国際社会の責務となっているのです。

> ### コラム 2-1　子どもか児童か──条約の名称をめぐって
>
> 　日本政府は、子どもの権利に関する条約（Convention on the Rights of the Child）を、「児童の権利に関する条約」と訳し、"child" を「児童」と訳している。しかし、本文で述べたように、本条約の "child" とは「18 歳未満のすべての者」を指す。日本政府は "child" の訳語として「児童」という用語を採用したが、いくつかの国内法における「児童」年齢は統一されていない。例えば、学校教育法における「児童」とは小学生を意味し、母子及び寡婦福祉法では 20 歳未満、道路交通法では 6 歳以上 13 歳未満、児童福祉法では満 18 歳に満たない者というように、法によってその定義はまちまちである。また、「児童」という用語はもっぱら保護の対象としての子ども観に立脚したものであるため、子どもを権利行使の主体としてとらえる本条の基本理念を表す用語としては適切でないと考えられている。したがって、本講では、"child" を「子ども」と訳す立場を採用した。
>
> 　なお、本条約の政府訳には明らかな誤訳も含まれており、いくつか不適切な部分がある。政府訳を本条約の基本理念に沿うよう正していくことが求められる。

4 日本における子どもの権利保障の現実

1 日本の法制度の不十分さ

　日本が子どもの権利条約を批准してから、すでに長い歳月が経過しました。しかしながら、日本社会ではいまだに子どもの権利条約の理念が十分に浸透していません。むしろ、子どもの権利をめぐる状況は悪化の一途をたどっています。なぜでしょうか。それは、日本政府の姿勢や法制度の現状が、一貫して子どもの権利条約の理念を正しく認識し、誠実に実行しようとしているとはいい難い状況にあるからです。

　子どもの権利条約は、締約国の努めとして、子どもの権利を国家の責任のもとに保障すること、子どもの権利に対する理解を社会全体に浸透させるべきことを課しています。そして、必要な場合には、新しい法制度を策定したり、子どもの権利を実現するために十分な予算を配分したりするなど、積極的な措置を講じるよう求めています。

　ところが、日本では、子どもの権利条約を具体化し、実施するための積極的な措置がほとんどとられてきませんでした。それどころか、政府も国会も、そして裁判所でさえも、子どもの権利条約を十分に尊重し、子どもの権利の観点から子どもの問題を考え直すことをしていません。加えて、近年の一連の教育改革においても、さらには 2006 年の教育基本法の改定のさいにも、子どもの権利という視点は全く取り入れられませんでした[5]。日本政府は、こうした子どもの権利に対する冷淡な態度を改めるよう何度も勧告を受けていますが、今日に至ってもその態度を是正する様子はみられません。

2 国連子どもの権利委員会の勧告

　子どもの権利条約は、条約の実施状況に関する報告書の提出を締約国に義務づけています。国連には、締約国が条約をどのように実施しているかを審査する機関、すなわち、子どもの権利委員会（CRC）が設けられています。CRC は、締約国の報告を受けて、条約の実施状況を審査・検証し、総括所見というかた

ちで今後の課題を示したり、必要な措置を取るよう提案・勧告したりしています。CRCにより行われる提案・勧告は、厳密には法的拘束力があるとはいえません。とはいえ、無視してよいものでもありません。締約国には、CRCの勧告を誠実に検討し、実行することが求められており、実行しない場合にはその理由を説明する責任が課せられているのです（誠実応答義務）。

　日本政府は、1994年の批准以来、CRCに条約の実施状況を定期的に報告し、審査を受けてきました。日本政府は、1996年に第1回政府報告書を提出し、1998年にはCRC第1回総括所見が出されています。第2回政府報告書は2001年、CRC第2回総括所見は2004年に出されました。第3回政府報告書の提出期限は2006年でしたが、日本政府は2年遅れの2008年に提出したため、CRC第3回総括所見は2010年になりました。今回、日本政府は期限から1年遅れた2017年に第4回・第5回政府報告書を提出しました。これを受けて、2019年にCRC第4回・第5回総括所見が採択されました。

　CRCは前回の総括所見において、これまで示された懸念表明や勧告の多くが「十分に実施されておらず、またまったく対応されていないことを遺憾に思う」と述べ、改善に向けた努力を行うよう促していましたが、問題の多くが依然として改善されないまま今日に至っています。2019年の総括所見では、「子どもの権利に関する包括的な法律を採択し、かつ国内法を本条約の原則および規定と完全に調和させるための措置をとる」ことを強く勧告するだけでなく、包括的な子ども保護政策の策定と実施についても勧告しました。

　前回の総括所見では、日本の子どもの幸福感の低さが指摘され[6]、その要因が親子関係や子どもと教師の関係の貧困さにあること、さらに財政・経済政策による労働の規制緩和や民営化戦略が家庭生活を疲弊させ子どもの貧困を拡大させる要因になっていることが言及されました。今回も、子どもの相対的貧困率がここ数年高いままであることに鑑み、子どもの権利を実現するための十分な資源確保を達成するため、有効性・効率性・公平性・透明性および持続可能性に配慮した予算編成を行うことを引き続き日本政府に勧告しています。

　また、CRCは、以前より日本の学校の過度に競争主義的な性格が子どもの発

達にゆがみ（いじめ、精神的障害、不登校、自殺など）をもたらしていると繰り返し指摘してきました。今回の総括所見では、子どもたちが「社会の競争的性質によって子ども時代および発達を害されることなく子ども時代享受できることを確保するための措置をとる」よう促すとともに、ストレスの多い学校環境から子どもを解放するための措置を強化するよう勧告しています。

　さらに、注目されるのは、緊急の措置をとらなければならない分野として、「差別の禁止」、「子どもの意見の尊重」、「体罰」などが挙げられた点です。CRCは、民族的マイノリティや外国籍児童など周縁化された集団の子どもに対する社会的差別的が根強く残っていることを懸念し、包括的な反差別法の制定を政府に求めています。加えて、日本では依然として「自己に関わるあらゆる事柄について自由に意見を表明する権利が尊重されていないこと」を懸念し、子どもの意見表明権の保障するとともに、子どもの意見が正当に重視されるよう確保することを促しています。また、学校における体罰の禁止が効果的に実施されていないだけでなく［●コラム10-1］、家庭や代替的養育現場における体罰が法律で全面的に禁止されていないことについても懸念を示しました。

　上記以外にも、CRCは多岐にわたる分野について詳細な勧告を行っています。今後日本政府が、CRCの勧告をどの程度実行するのかが問われています。CRCの勧告を実現させていくには、私たち国民が、子どもの権利に誠実に向き合うよう日本政府に働きかけていくことが何よりも必要です。

5　子どもの権利条約を活かすには

1　日本の学校における取り組み

　これまで、日本における子どもの権利保障の現実をみてきましたが、日本でも子どもの権利条約を具体化する取り組みが全くないわけではありません。いくつかの心ある地方自治体や学校などでは、子どもの権利条約を活かす試みが行われています。そこで、最後に、その試みの一例として滋賀県の近江八幡市立島小学校における子どもの権利憲章づくりの実践を紹介したいと思います。

島小学校では、新しい行事づくりのために開催した児童総会をきっかけに、学校運営における子どもの参加を進めてきました。子どもたちによる学校評価「子どもの学校通信簿」もその一つです。ところが、その集計にたずさわっていた６年生たちは、「一年間で一番いやだったこと」に６年生のことがたくさん

平和な島小の宝物～島小子どもの権利憲章～

島小学校　2006 年度６年生

1　作りたい理由
　僕たち私たちは卒業式で６年生から「島小子どもの権利憲章」をもらいました。この憲章は３年以上の人で一生懸命話し合い、決めたものです。その時話し合ったことは、体育館割り当てのことや環境を守るのは権利か義務かのことです。こんな風に作った権利憲章をさらに自分たちのものにするために自分たちの言葉で作りかえることにしました。それによって島小がもっと良くなると思います。この「島小子どもの権利憲章」を島小の【宝物】にしたいです。

2　前文
　私たち島小の子どもが本当に望むことは、みんなが仲良く助け合い、「自由」というお互いの権利を大切にし合い、また、「自由」のもたらす恵みをみんなのものとし、決して「いじめ」「なかまはずれ」「暴力・言葉の暴力」などでおどしたり解決しないで、島小の伝統ともいえる「児童総会」や「話し合い」を解決の方法とする。そして、どんな子でも意見を出し合い、子どもの力と先生の力を合わせて、楽しい学校生活を送れるようにいつでも力を合わせ努力する。

第１条	島小の子どもは、楽しく生活できる権利がある。
第２条	島小の子どもは、みんなと自由に楽しく遊んだり、休む権利がある。
第３条	島小の子どもは、１年から６年まで全員平等である。
第４条	島小の子どもは、一人でも児童総会を開けて、誰でも気軽に質問や意見を言い合って、学校を変えていける権利がある。
第５条	島小の子どもは、分からなかったら、先生やみんなに教えてもらうなど、分かるまで学習できる権利がある。
第６条	島小の子どもは、講師や先輩を呼べる権利がある。
第７条	島小の子どもは、島の豊かな自然の中で遊ぶ権利があり、島の自然を守るよう努力する。（全面書きかえ）
第８条	島小の子どもは子ども祭りや卒業式などの行事に地域の人やお世話になった先生方を招待状や手紙で呼べる権利がある。
第９条	島小の子どもは、好きなクラブを計画して作りあげる権利がある。
第 10 条	島小の子どもは、先生達に手伝ってもらって委員会を作れる権利がある。また、自由に入れる委員会もある。
第 11 条	島小の子どもは、ビオトープ係、Wing・音楽係のような学級をこえた係やグループを作れる。
第 12 条	島小の子どもは、気軽に島小の良いところ、悪いところを発表できる権利がある。
第 13 条	島小の子どもは、「先輩たちからの贈り物」を受け取る権利がある。
第 14 条	島小の子どもは、大変なとき、助けてほしいとき、みんなで助け合い、最後までやりとげる権利がある。

書いてあることに気づきます。はじめは憤っていた６年生たちでしたが、このままでは卒業できないと、憲法学習を土台に８条からなる「島小子どもの権利憲章」を創りあげました。その後、この憲章は後輩たちに受け継がれ、毎年の児童総会で提案・討議され、必要があれば改定されていくことになりました。

　2006年の「島小子どもの権利憲章」は14条から構成されています。その前文をみてみましょう。「島小子どもの権利憲章」は、子どもの意見表明を励ますとともに、それを集団的な議論を通じて学校全体の意志として練り上げることを前提としています。さらに、条文には、子どもたちの学校生活に対する率直な要求から出発したユニークな内容が述べられています。「島小子どもの権利憲章」は、島小学校に通うどの子どもも学校の主人公として楽しく生活できる権利があること、自分が困ったり悩んだりしたときには友達や先生に呼びかけて助けてもらう権利があること、さらに必要ならば、自分が楽しく生活できるような学校に変えていくために声をあげて、みんなと一緒に考えればいいのだということを、子どもたち自身の手で定めているのです。

　しかしながら、この憲章が実際の学校生活で実現していなければ意味はありません。そのため、島小学校では毎年の児童総会で憲章を自分たちの生活に照らして検証しています。そこでは必ず「ぼくは、私は楽しく生活できていない、遊びに入れてもらえない」等々、下級生からの異議申し立てが出てくるそうです。そうした声を学校全体で受けとめながら、憲章を本当に実現できるよう子どもも大人も努力を重ねています。まさに、幸福追求権の集団的行使ともいえる実践が島小学校では行われてきたのです。

　この実践の中心を担った植田一夫先生は、「子どもを参加させることはとても面倒で手間のかかることだが、子どもが参加し、その主体性を発揮し始めると、子どもの力に驚き、子どもの力を頼みにしてみようと、子どもへの信頼感が生まれる」と述べています。子どもへの信頼は、子どもを一人の人間として尊重することから生まれます。明日を生きる子どもたちの可能性を大人がまず信頼することから始めることが必要だといえます。このように、家庭や学校や社会で子どもの権利条約を活かす実践に取り組む努力が求められています。

コラム 2-2　フランスの高校生が起こした教育改善要求運動

　なぜ、フランスでは、子どもの意見表明権を具体化する制度が整えられているのだろうか。実は、フランスの学校も少し前までは、子どもの意見が尊重されていなかった。フランスの子どもたちが学校に対して主張するようになった大きなきっかけをみていこう。

　1990年秋、ある学校での暴行事件をきっかけに、フランス中の高校生たちが連帯して大規模なデモを起こした。このとき、フランスの高校生たちは、学校の治安維持、設備の改善、そして子どもの権利の保障を求めて立ち上がったのだ。デモは、高校生だけでなく、次第に教員組合、父母団体なども参加する「教育のための全国大行進」として取り組まれ、瞬く間に全国で30万人にも達する大規模な運動へと発展した。そして、高校生の代表は、自分たちの権利について政府と直接交渉する機会を得たのである。

　その時の高校生代表の一人は、当時を次のように回想している。「当時、学校には表現の自由がありませんでした。これは本当に大きな問題でした。コミュニケーションは、いつも先生から生徒への一方通行。子どもは勉強するために学校にいるのであって、権利について考えるためにいるのではないと思われていたのです」。

　高校生代表との直接交渉のあと、政府は学校の環境をよくするために、45億フラン（およそ1,215億円）にのぼる緊急予算を決定した。また、学校内で子どもの権利が十分に尊重されていないことを認め、表現の自由や結社・集会の自由などを法律どおりに保障するよう通達を出したのである。

　こうして、フランスでは、子どもの権利を保障する制度が整えられていくことになった。子どもの権利を求めて立ち上がった高校生たちのたたかいが、子どもの権利を「絵に描いた餅」に終わらせずに、ゆたかに実現していく社会を創りあげるきっかけとなったのである。

2　子どもの権利を尊重する社会の実現に向けて

　子どもの権利を尊重することは、親や教職員または大人の権利を狭めたり、押さえつけたりすることではありません。むしろ逆に、親や教職員または大人の権利を守ることにつながるものなのです。子どもが自分らしく幸福に生きることができる社会は、大人も自分らしく幸福に生きることができる社会でもあるのです。反対に、大人が幸福ではない社会では、子どもも幸福にはなれないのです。日本の子どもの幸福感の低さは、日本社会全体の幸福感の低さに連なっていると考えることができます [7]。日本社会が抱えるゆがみが子どもの成

長・発達に反映しているのです。

　すなわち、子どもが抱える困難に向き合うことは、大人が抱える困難に向き合うことでもあり、社会全体が抱える困難に向き合うことでもあるのだと理解することが必要です。その意味でも、子どもの権利を尊重する社会を目指すことがますます大切になっています。日本国憲法12条が「この憲法が国民に保障する自由及び権利は、国民の不断の努力によつて、これを保持しなければ

コラム2-3　学校安全と学校環境

　子どもたちに豊かな学びと育ちの機会を保障しようとするとき、その大前提として、こころとからだの安心・安全が守られなければならない。児童憲章（1951年）にうたわれているように、「児童は、よい環境のなかで育てられる」のである。

　学校における児童・生徒の安全の確保を目的として制定された法律として、学校保健安全法がある。この法律では、文部科学大臣は、学校における換気、採光、照明、保温、清潔保持その他環境衛生に関わる事項について、児童生徒等及び職員の健康を保護する上で維持されることが望ましい基準（学校環境衛生基準）を定めるものとしており、学校の設置者は基準に照らして、適切な環境の維持に努めなければならず、校長も適正を欠く事項があると認めた場合には、遅滞なく改善の措置を講ずるものとされている（第6条）。基準は、守られるべき値である「であること」で表現される基準と、遵守されることが望ましい値である「であることが望ましい」で表現される基準の二つの基準からなっており、例えば、教室等の温度について「17℃以上、28℃以下であることが望ましい」と定められている。また、学校安全については、事故や加害行為、災害によって児童生徒等に生ずる危険を防止し、危険や危害が生じた場合には適切に対処することができるよう、学校の設備や管理運営体制の整備充実等の措置を講ずるよう努めることを学校の設置者に義務づけており（第26条）、学校には学校安全計画を策定・実施すること（第27条）や、地域との関係機関との連携を図るよう努めること（第30条）を義務付けている。

　第4回・第5回子どもの権利委員会総括所見では、「気候変動が子どもの権利に及ぼす影響」について勧告されている。しかし、大人が働く職場においてほぼ当たり前となっているエアコンの設置をとってみても、2019年9月時点で、公立小中学校で62.8%、公立高校では57.6%と、決して高い設置率とは言えない現状にとどまっている。また、残念ながら、2018年には校外実習中の熱中症によって子どもが亡くなるという事故が起きた。子どもの生存・生命や成長・発達の権利を保障するという観点から、さらなる条件整備が進められる必要がある。

ならない」と定めているように、国民の自由や権利がゆたかに実現するか否かは、国民自身による「不断の努力」にかかっています。権利は、努力しなければ維持できないどころか、権力によってしばしば狭められるものなのです。子どもの権利も同様です。だからこそ、私たちは、子どもの権利を尊重するしくみを日本社会のあらゆる場面においてゆたかに創造していかなければならないのです。それこそが、私たち大人に課せられた責任だといえるでしょう。

【注】
(1) ブルジョア革命とは、新たに台頭してきたブルジョアジー（資本家階級）が、王や貴族といった封建的支配階級を打ち倒して権力をにぎり、資本主義の発展に道を開くきっかけとなった革命を指します。1789年のフランス革命はもちろん、イギリスにおけるピューリタン革命（1640年）と名誉革命（1686年）、アメリカ独立戦争（1775年）やドイツの三月革命（1848年）などもブルジョア革命といえます。

(2) 享有とは、権利などを人が生まれながらに身につけ、もっていることを意味します。

(3) 本講では、条約の訳文に国際教育法研究会訳を使用しています。その理由は、本条約の "child" を「児童」として訳し、条約名を「児童の権利に関する条約」とする政府訳は、条約の趣旨にふさわしくないと考えるからです。[●コラム2-1]。

(4) 日本の管轄下にある外国人・難民・庇護申請者の子どもも対象に含まれます。

(5) 例えば、新教育基本法6条2項の「教育を受ける者が、学校生活を営む上で必要な規律を重んずるとともに、自ら進んで学習に取り組む意欲を高めることを重視して行われなければならない」という規定は、子どもたちに間接的に規律重視と意欲的学習を強制するものとなっています。子どもの尊厳や学習権といった視点を欠いたまま、子どもたちに規律重視や意欲的学習を義務づける新教育基本法は、日本国憲法および子どもの権利条約の精神から乖離しているといわざるをえません。

(6) ユニセフによる子どもの幸福度調査では、日本の子どもの3分の1が「孤独」を感じていることが明らかにされています。この結果は、OECD諸国の平均を大幅に上回るものです。詳しくは、ユニセフ・イノチェンティ研究所の2007年の研究報告書『先進国における子どもの幸せ：生活と福祉の総合的評価』を参照してください。

(7) 日本は、世界で9番目に自殺率の高い国です。また、日本の10～30代の若者の死因の第一位が自殺です。1998年から2011年まで、毎年の自殺者数は3万人を超え、現在も2万人近くの人が自ら命を絶っています。

【引用・参考文献】
・荒牧重人「子どもの権利条約の成立・内容・実施」喜多明人ほか編『[逐条解説] 子どもの権利条約』日本評論社、2009年、3-17ページ。
・植田一夫「小学生がつくり深める『子どもの権利憲章』滋賀・島小学校での実践から」クレスコ編集委員会・全日本教職員組合編『クレスコ』No.114、大月書店、2010年9月、21

－23 ページ。

・植田一夫「子どもの権利憲章づくりの実践から今を考える」民主教育研究所編『［季刊］人間と教育』第 68 号、旬報社、2010 年 12 月、42－47 ページ。
・小野田正利『教育参加と民主制——フランスにおける教育審議機関に関する研究』風間書房、1996 年、379－415 ページ。
・子どもの権利を守る国連 NGO・DCI 日本支部編『国連・子どもの権利委員会最終所見の実現を……子ども期の回復——子どもの"ことば"をうばわない関係を求めて』花伝社、1999 年、52－62 ページ。
・神田修・兼子仁編著『教育法規新事典』北樹出版、1999 年、157－158 ページ。
・喜多明人ほか編、前掲書、47 ページ。
・木附千晶・福田雅章・森野さかな『「子どもの権利条約」絵事典』PHP 研究所、2005 年、64－71 ページ。
・新村洋史『人権の時代　教育法・児童法と子どもの権利を中心に』青山社、1999 年、ⅰ－ⅲ・1－33 ページ。
・浜林正夫『人権の歴史と日本国憲法』学習の友社、2005 年、8－39 ページ。
・平野裕二「問われる日本の法制度・社会制度——国連・子どもの権利委員会（CRC）第 3 回報告書審査から」日本弁護士連合会編『子どもの権利条約・日弁連レポート　問われる子どもの人権』駒草出版、2011 年、178－192 ページ。
・林量俶「第 6 条（学校教育）」浪本勝年・三上昭彦編著『「改正」教育基本法を考える』北樹出版、2007 年、55－59 ページ。
・世取山洋介「国連子どもの権利委員会第 3 回勧告をどう読むか　子どもたちの『新しい困難』と新自由主義改革の関係」クレスコ編集委員会・全日本教職員組合編、前掲書、14－19 ページ。
・国際教育法研究会訳「子どもの権利に関する条約」広田明『憲法と子どもの権利条約』エイデル研究所、1993 年、262－273 ページ。
・「『子ども（児童）の権利に関する条約』に関する『第 3 回政府報告所審査後の国連子ども（児童）の権利委員会の最終見解』」日本弁護士連合会編、前掲書、288－304 ページ。
・「シリーズ子どもと人権第 3 回パートナーシップを築くには～新しい試み～」（NHK、1996 年 3 月 6 日放送）。
・ARC 平野裕二の子どもの権利・国際情報サイト ©2003「子どもの権利条約に関する FAQ（よくある質問）」（http://homepage2.nifty.com/childrights/international/crc/faq_crc.htm）。
・堀尾輝久『現代教育の思想と構造』岩波書店、1971 年。
・世取山洋介「国連子どもの権利委員会第三回最終所見を読み解く」民主教育研究所編、前掲書、14－21 ページ。
・子どもの権利条約 NGO レポート連絡会訳「日本の第 4 回・第 5 回総合定期報告書に関する総括所見」日本弁護士連合会「子どもの権利条約報告書審査」（https://www.nichibenren.or.jp/library/ja/kokusai/humanrights_library/treaty/data/soukatsu_ja.pdf）。

第3講 教育法のしくみ

第2講で学んだように、教育法には、憲法や教育基本法のような日本国内で制定されている法だけではなく、子どもの権利条約のような国際的な法もあります。では、そもそも、教育法にはどれだけの種類があり、それらはどのような関係にあるのでしょうか。ここでは、この点について、理解しましょう。

1 教育に関する成文法

法は、その表現形式によって、大きく二つに分類されます。一つは主に第1条〜、第2条〜という文書の形式で示される成文法であり、もう一つはそのような文書の形式で示されていない不文法です。教育法についても、教育に関する成文法と教育に関する不文法に大きく分類されます。

教育に関する成文法には、憲法を頂点にして、法律、政令・省令、告示・通達・訓令などの国の教育法、条約、勧告、宣言などの国際教育法、条例や教育委員会規則などの地方公共団体（地方自治体）の教育法がそれぞれあります。

1 国の教育法

日本国憲法は「国の最高法規」であり、憲法に反するその他の法は「効力を有しない」とされています（98条）。さらに法律以下の法についても上位法は下位法に優先し、上位法に反する下位法は無効であるとされています（上位法優先の原則）。そのため、国の教育法は、憲法─法律─政令・省令─告示・通達・訓

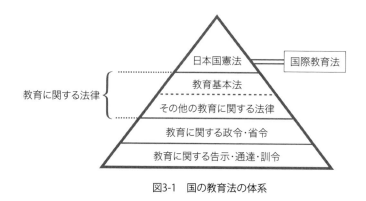

図3-1　国の教育法の体系

表 3-1　国の成文法の種類と制定権限

憲法		「国の最高法規」（憲法 98 条）。国会各議院の総議員の 2/3 以上の賛成の上、行われる国民投票で、過半数の賛成を得て改正する（同 96 条）。
法律		「国権の最高機関であつて、唯一の立法機関」（同 41 条）である国会の各議院の出席議員の過半数の賛成によって成立する（同 56・59 条）。
行政命令	政令	憲法・法律の規定を実施するために内閣が制定する法令。
	省令	法律・政令の規定を実施するために各省大臣が制定する法令。
行政規則	告示	行政機関などがある事柄を公式に広く一般に知らせる行為。
	訓令	各省大臣などが所管機関や職員に職務運営上の命令を発する行為。
	通達	行政機関が所管する機関や職員にある事柄を知らせる行為。

（法令用語研究会編『有斐閣法律用語辞典』有斐閣、2000 年をもとに執筆者が作成）

令という序列化された法体系がつくられています。

　憲法は、国家権力を規制する性格をもった最高法規です。そして、法律、政令・省令は法的拘束力を有しており、国民や学校、行政機関はそれらの規定に従わなくてはいけません。一方、告示は、行政機関などから国民に情報を伝達する行為であり、それ自体は国民に対する法的拘束力はありません。通達・訓令についても行政機関内部への法的拘束力は認められますが、一般の国民に対する法的拘束力はありません。

2 義務教育に関する国の教育法体系

日本国憲法が「教育を受ける権利」・「教育を受けさせる義務」という国民の権利・義務を定め、それにもとづいて教育基本法が教育の基本理念や制度原則を定めています。それらにもとづいて、学校教育法などのその他の教育に関する法律が教育制度の根幹部分をかたちづくり、さらに政令・省令以下の下位法がその実施に必要な事項を定めています。このようにして、教育法にもとづいて「教育を受ける権利」を保障する教育制度が形成されています。義務教育を例にして、学校教育法を中心に国の教育法の体系を確認してみましょう。

(1) 日本国憲法と義務教育

日本国憲法 26 条は「教育を受ける権利」(1 項) と「保護する子女に普通教育を受けさせる義務」、義務教育の「無償」(2 項) を規定しています。この条文は、今日の教育制度の基礎となる重要な条文ではありますが、非常に短く、あいまいな記述しかありません。「義務教育」とはどのような教育なのでしょうか。義務教育の「無償」とはいったい何がタダなのでしょうか。「保護する子女」とは誰のことでしょうか。そして、「教育を受ける権利」・「教育を受けさせる義務」とは誰の、どのような権利・義務なのでしょうか。憲法の条文だけではわかりません。憲法は、「法律の定めるところにより」として、それらを下位法である法律による規定に委ねています。

(2) 教育基本法・その他の法律における義務教育の規定

憲法を受けて、法律である教育基本法 5 条が、国民の「保護する子に……普通教育を受けさせる義務」、義務教育の目的、義務教育の実施に関わる国・地方公共団体の「責任」、国公立学校における義務教育の授業料の不徴収という、義務教育の基本理念や制度原則を定めています。

さらに同じく法律である学校教育法が、憲法・教育基本法に示された理念・原理にもとづいて、義務教育制度の根幹を定めています。同法は、9 年の義務教育年限 (16 条) や保護者の就学義務 (17 条) を定めています。これによって、

憲法・教育基本法にある「教育を受けさせる義務」の内容が9年間、子どもを小学校・中学校などに就学させることであるとわかります。そのほか、国公立義務教育諸学校の授業料の不徴収（6条）、就学援助（19条）、体罰の禁止（11条）と出席停止（35条）、義務教育の目標（21条）、各学校の目的・教育目標（29条ほか）、教育課程（33条ほか）、教職員の種類と配置（37条ほか）、市町村の小・中学校の設置義務（38条ほか）などを定めています。

（3）政令・省令における義務教育の規定

　では、このように法律が制定されれば、義務教育が実施できるようになるのでしょうか。法律は、憲法に則って、基本理念や制度の根幹部分を定めているだけで、制度を動かしていくのに必要な細かな部分までは定めておらず、法律だけで制度は動いていきません。そこで、制度を動かしていくために、法律にもとづいて、政令・省令が制度の詳細部分を定めています。政令である学校教育法施行令は義務教育の実施に関する市町村教育委員会の手続きを定めています。同施行令にもとづいて、市町村教育委員会は、市町村内にいる義務教育を受ける子どもを把握するために学齢簿を作成し（1条・2条）、保護者に対して子どもの入学期日や入学する学校を通知・指定します（5条）。

　さらに、文部科学省令である学校教育法施行規則は市町村教育委員会の手続きのほか、教育課程編成、学年・学期・休業日、校内の教員組織や運営組織、書類作成・管理などに関する規定を設けています。例えば、教科の種類（50条）や学校が4月1日にはじまること（59条）、校長が卒業証書を授与すること（58条）は同施行規則に定められています。

　同じく文部科学省令である各学校の設置基準が、各学校の編制や施設・設備の最低基準を定めています。ここでは、小・中学校の1学級あたりの児童・生徒数は、原則40名以下（小学校設置基準4条、中学校設置基準4条）とされ、1学級あたり1名以上の教諭等を置くことが求められています。そのほか、児童生徒数に応じた運動場・校舎の面積（同8条）や必要な教室（同9条）などの施設・設備に関する最低基準が定められています。

（4）義務教育に関する告示・訓令・通達

　最後に、告示・訓令・通達などがより詳細で具体的・個別的な事項を扱います。告示の一つに学習指導要領があります。学習指導要領は、各学校が教育課程を編成するさいの基準であり、各学年・各教科などで扱う教育内容が書かれています。例えば、「小学校学習指導要領」(2017年改訂) には、第1学年の国語科で80字の漢字の読み書きを指導することや、第6学年の社会科で卑弥呼から野口英世までの42の人物をとりあげることなどが明記されています [1]。

3　国際教育法

　「教育を受ける権利」・学習権は、日本国内だけではなく、国際的にも広く認められる基本的人権です。そのため、これまでに同権利を保障する制度やその理念について、各国政府や国際機関のあいだで国際的な合意がなされてきました。そのような国際合意の文書を国際教育法と呼びます。そこには国連やUNESCO（国連教育科学文化機関）、ILO（国際労働機関）などの会議で確認された条約、宣言、勧告などが含まれます。国際教育法は、教育への権利・学習権の保障に関する国際的なスタンダードとして、日本国憲法や教育基本法とともに国内の教育法制定の基本理念や解釈の指針となっています。

　国際教育法には法的拘束力があるものとないものがあります。条約は、国会による承認を経て内閣によって締結され、法的拘束力を有します。教育に関する代表的な条約には、「経済的、社会的及び文化的権利に関する国際規約」〔A規約〕、「市民的及び政治的権利に関する国際規約」〔B規約〕、「子どもの権利に関する条約」などがあります。一方、「子どもの権利宣言」（国連）や「学習権宣言」(UNESCO)、「教員の地位に関する勧告」(ILO／UNESCO) などの宣言や勧告には法的拘束力はありません。ただし、日本国憲法は、条約だけでなく、「確立された国際法規」を誠実に遵守することを定めていますので（98条2項）、法的拘束力の有無に関係なく、国には国際教育法の遵守が求められます。

4 地方公共団体の教育法

　日本国憲法は、一定の範囲内で、地方公共団体（都道府県・市区町村）が、国から独立してその住民の意思にもとづいてものごとを決定し、運営することを認めています。これを地方自治といいます（92条）。そのため、地方公共団体は、国の法令に反しない限りにおいて、独自の教育法を制定できます。地方公共団体の教育法には、地方公共団体の議会によって制定される条例（94条）や教育委員会が制定する教育委員会規則などがあります。これらは、制定した地方公共団体内のみで法的拘束力を有します（ただし、教育委員会規則は一般の住民に対する法的拘束力は有しません）。さらに、地方公共団体の長（首長）や教育委員会は、国と同様に、告示・訓令・通達を制定することができます。

　公立学校を設置する場合には、各地方公共団体は学校設置条例を制定しています。また、神奈川県川崎市において、子どもの学びや育ちに関する権利を広く認める子どもの権利条例が制定されて以降（2000年）、岐阜県多治見市（2003年）、愛知県豊田市（2007年）、北海道札幌市（2008年）などが続いて同様の条例を制定しています。

 ❷　教育制度の法律主義

1 法律によってつくられた教育制度

　今日の日本の教育制度は、日本国憲法を頂点にしたピラミッド型の教育法体系によって形成されています。教育制度の基本理念や根幹部分は、憲法にもとづいて制定された法律によって定められます。そして、法律にもとづく政令・省令以下の教育法が教育制度の詳細部分を定めています。このような法律を中心にして形成された教育制度のあり方を、教育制度の法律主義といいます。法律は国民の代表者によって構成される国会が制定します。そのため、国民は、議員選挙への立候補・投票、請願・陳情などを通して、みずからの教育・学習への思いや願いを法律の制定や教育制度の創造に反映させることができます。

　一方、教育制度の法律主義と対になる考え方に、教育制度の勅令主義があり

ます。戦前の教育制度は、財政に関する事項をのぞき、勅令によって定められていました。勅令とは天皇が下す規則や命令をいい、当時の帝国議会は勅令の発令に関わることはできませんでした。戦前の教育制度には、国民の教育への思いや願いを広く反映する民主的ルートは確保されていなかったのです。その結果、国体の維持・戦争遂行のための教育の実施を許してしまいました。

2　教育制度の法律主義がかかえる問題点

　このような歴史的経験から戦後、教育制度の法律主義が形成され、教育制度の創造への民主的ルートが確保されました。しかしながら、以下のように、今日、その意義どおりに教育制度の法律主義が機能していないところに問題があります。

　一つ目は、上位法の理念や条文と矛盾するおそれがある下位法を制定することによって、上位法の理念や条文をゆがめようとする傾向があります。例えば、日本国憲法26条は義務教育の無償を定めています。一方、下位法である教育基本法や学校教育法、義務教育諸学校の教科用図書の無償に関する法律は、国公立の義務教育諸学校の授業料の不徴収とすべての義務教育諸学校の教科書の無償配布を定めています。これらによって、憲法が定める義務教育の無償の範囲が狭められてしまったと考えられます ［▶第9講］。

　二つ目に、教育制度の詳細を定める政令・省令、告示・訓令・通達の制定には、国民の教育への思い・願いを反映するルートがほぼ確保されていないということです。政令などは、国会や地方公共団体の議会の議決なしに行政機関が制定します（行政立法）。そのため、国民の思いを無視して、行政機関が都合よく上位法を解釈し、政令などを制定することがあります。

　例えば、内心の自由と国旗・国歌の問題があります ［▶第6講］。日の丸・君が代については歴史認識や宗教、国籍などの理由からさまざまな考え方があります。日本国憲法19条は、国家によって特定の思想を強制・禁止されないという内心の自由を定めています。ですから、国旗・国歌を認めるのも拒否するのもそれは個人の自由です。しかし、これまでに、行政機関は、行政立法に

よって、学校での国旗掲揚・国歌斉唱を義務付けてきました。学習指導要領は、教師に対して、卒業式などで国旗掲揚や国歌斉唱について指導することを求めています。さらに、東京都教育委員会は、国旗・国歌の「適正」実施と称して国歌斉唱時の不起立や伴奏拒否の教員を処分する通達を出しています。

 ## ❸ 教育に関する不文法

　教育制度の法律主義は、決して法律万能主義を意味するのではありません。法律に書かれているからといって、「教育を受ける権利」を不当に制限することはできません。また、法律やそれにもとづく下位法が国民の教育や学習のいっさいを規定できるわけでもありません。教育・学習の営みとは人間と人間とのあいだの柔軟な活動です。成文法がそのすべてをこと細かく定めることはできませんし、無理に成文法に定めようとすれば、教育や学習が画一的なものとなり、かえって「教育を受ける権利」を保障できなくなってしまいます。よって、直接の教育や学習の営みに関わる目的や内容・方法（教育の内的事項）については、それに直接関わる人びと（教職員、児童生徒学生、保護者）や地域住民らによる自治的・主体的な取り組みのなかで創造されるのがのぞましいと考えられます。そこで創造される法が、教育条理法や教育判例法、教育慣習法といった教育に関する不文法です。

1　教育条理法

　教育や学習に内在する理論や道理（教育条理）にもとづくルールを教育条理法といいます。教育条理とは、「教育を受ける権利」を保障していくための教育のあるべき姿といえるもので、長年の教育学研究や教育現場での実践で培われてきたものです。例えば、直接の教育・学習活動には国家は干渉すべきではなく、専門性を有する教師の教育の自由に委ねられるべきであること、そして教師・保護者・子ども・地域住民の合意をもって教育の目的や内容・方法が決められるべきであることなどがあげられます。「教育を受ける権利」をめぐって争

われる裁判において、成文法に明確な規定がない場合、こうした教育条理や教育条理法が、裁判官が判決をくだすときのよりどころとなります。

2　教育判例法

裁判所が過去に扱った類似の事例でくだした裁判例（判例）を法としてみなすものを、判例法といいます。裁判官が教育条理にもとづいて判決をくだすと、それが判決文に盛り込まれ、教育判例法となります。例えば、教師の教育の自由については、国内の成文法には直接的な規定はありませんが、「杉本判決」と呼ばれる家永教科書裁判東京地裁判決（1970 年 7 月 17 日）や旭川学テ裁判最高裁判決 [2]（1976 年 5 月 21 日）がその根拠となっています。

3　教育慣習法

学校や地域社会などのそれぞれの教育現場における長年の自治的・主体的な営みのなかで形成されたルール・法を、教育慣習法といいます。例えば、長野県辰野高校などでの「三者協議会」の開催や、近江八幡市立島小学校での「島小子どもの権利憲章」の制定がこれにあたります。辰野高校の三者協議会では、生徒、教師、保護者・地域住民の参加を得て、学校内外の諸問題を解決したり、学校の運営方針を決めたりしています。三者協議会の実施については成文法には規定はないものの、子どもの学習要求を明らかにしながら関係者との合意形成をしてそれらを実現していく慣習として根付いています。

自治的な取り組みのなかで、成文法がつくられることもあります。例えば、校則や生徒会規約といった校内のルールは、それまでに慣習的に成立していた不文のルールが成文化されたものであるといえます。また、島小学校の「子どもの権利憲章」は、児童による学校運営参加や話し合いのなかで確認されたことがらを成文法のかたちで示したものです。

今日まで、研究者や実践者による教育や学習の理論の探求を経て、また、それぞれの教育現場での自治的な営みを通して、「教育を受ける権利」はよりゆたかな解釈を得てきました。そうした解釈は教育に関する不文法として形成さ

れ、それぞれの教育現場において具体的な制度として定着してきました。不文法は、一般的に、成文法が規定していない部分・規定できない部分を追加したり、補完したりするという役割をもっています。教育に関する不文法は、画一的な成文法と柔軟な教育・学習活動をつなぐ役割を果たしています[3]。

【注】
(1) なお、本来、告示である学習指導要領そのものには法的拘束力はありません。しかし、文部科学省は、学校教育法33条・学校教育法施行規則52条などを根拠にして、学習指導要領が法的拘束力を有するとの見解を示しています。このように、学習指導要領が指導すべき教育内容（教育の内的事項）を詳細に定め、それらを各学校や教師に強制することは、「教育を受ける権利」の自由権的保障の観点からは問題があると考えられます。
(2) この2つの判決、学テ（学力テスト）裁判については、本山政雄・榊達雄・川口彰義・柴田順三『日本の教育裁判（第2刷）』（勁草書房、1983年、87‐140ページ）、堀尾輝久『人権としての教育』（岩波書店、1991年、121‐149、265‐315ページ）、坪井由実・井深雄二・大橋基博編『資料で読む教育と教育行政』（勁草書房、2002年、27‐53、201‐203、206‐207ページ）などを参照。
(3) 子どもによる部活動の自治的運営について研究・実践をされている神谷拓さんは、部活動を教育慣習法によって成立した教育制度であると捉えます。そもそも学習指導要領では部活動を必修とする記述はいっさいありません。しかし、実際には中学校・高校等で部活動が実施され、子どもの全員参加を原則とする学校も多いでしょう。また、部活動指導が教員の多忙化の原因とされたり、行き過ぎた指導が勝利至上主義に陥ったり、体罰や指導死を招いた事例も少なくありません。こうした部活動をめぐる状況を生んだ原因について、神谷さんは教育慣習法の観点から次の二点を指摘しています（「運動部活動の問題と法、制度、権利」、『日本教育法学会年報』第48号、2019年、133-146ページ）。一つは、指導要録のなかで、部活動の「競技成績の評価が一貫して続」けられ、「競技成績を推薦入試で評価する制度も構築」されてきたことです。「生徒の進学・進路に不利益が生じ」ないように、各学校は部活動を学校の教育活動として実施する対応をとってきました。もう一つは、学校教育全体を通じて道徳教育を実施する方針（学習指導要領）の下、すべての生徒に対する内面の指導が強く求められたことです。「部活動を学校の教育活動として実施する場合には、そこでの態度や行動も評価の対象」とされ、部活動も道徳教育の一貫とされました。そこには部活動を必修クラブ活動の履修とみなしていた「代替措置」や非行対策とも関わりながら、「子どもの立場からすれば、何が評価されるか分からず、教師に従順な態度や行動を取らざるを得」ず、部活動の封建的組織運営を生み出しました。その上で、神谷さんは、こうした事態に対して職員会議での教職員の合意形成や「子どもの自治」を基盤とした部活動運営の継続・拡大という教育慣習法的・学校自治的なアプローチによる解決策を提示しています（神谷拓『生徒が自分たちで強くなる部活動指導』明治図書出版、2016年）。

【引用・参考文献】

・兼子仁「教育を受ける権利と教育権——学テ・北海道事件」兼子仁編『教育判例百選
（第3版）』有斐閣、1992年、18-20ページ。
・兼子仁『新版教育法』有斐閣、1978年、21-45ページ。
・高見茂「教育法規の体系と構造をマスターしよう」高見茂・開沼太郎編『教育法規スタ
ートアップ——教育行政・政策入門』昭和堂、2010年、10-15ページ。
・中嶋哲彦「現代の学校と法」汐見稔幸ほか編著『よくわかる教育原理』ミネルヴァ書房、
2011年、254-255ページ。
・室井修「いま、日本の教育法は」平原春好ほか『現代教育法概説』学陽書房、2001年、
3-20ページ。

第4講 教育内容の制度

　子どもたちは、学校の授業を通じて、さまざまな知識や考え方を学習しています。それでは、かれらの学習する内容や教科書は、誰がどのように決めているのでしょうか？実は、子どもたちにとって身近な教育内容や教科書も、教育制度と深い関わりがあります。ここでは、これらについて、くわしく見ていきましょう。

教育内容と学習指導要領

　わたしたちは、これまで学校で国語、数学、理科、社会、英語などの授業を受け、多くの知識や事実、ものの考えかたについて学習してきました。今度は逆に教師の立場から、どのように授業を行うのかについて考えてみましょう。たとえば、授業実践は次の4段階にわけることができます。

① 子どもに教える内容（教育内容）を決める

② 教える順序、授業方法など、授業展開を具体的に計画する

③ 授業計画にしたがって、授業を行う

④ 自分が行った授業を振り返り、評価する

　ここでは、上記の①から④の行為をあわせて教育課程と呼ぶことにしましょう。なかでも重要なのが、①「子どもに教える内容（教育内容）を決める」という行為です。もちろん最終的には、学校現場で教えている教師が教育内容を決めているわけですが、その決定に大きな影響を与えているのが学習指導要領で

す。学習指導要領とは、文部科学省（旧文部省）によって編集され、約10年ごとに改訂されます。2020年現在の学習指導要領は、小学校・中学校については2017年、高等学校については2018年に改訂されたものです。

　それでは、学習指導要領はどのように教育内容を決めているのでしょうか。たとえば「小学校学習指導要領」のうち社会科の内容を見てみましょう。わたしたちは、小学校6年生の社会の授業で歴史を学習したとき、いろいろな歴史上の人物について学びました。では、なぜその人物たちについて学習したのでしょうか？　その理由は、「小学校学習指導要領」の社会科第6学年の「教育内容」に次のような記述があるためです。

> 　例えば、次に掲げる人物を取り上げ、人物の働きを通して学習できるように指導すること。
> 　卑弥呼、聖徳太子、小野妹子、中大兄皇子、中臣鎌足、聖武天皇、行基、鑑真、藤原道長、紫式部、清少納言、平清盛、源頼朝、源義経、北条時宗、足利義満、足利義政、雪舟、ザビエル、織田信長、豊臣秀吉、徳川家康、徳川家光、近松門左衛門、歌川広重、本居宣長、杉田玄白、伊能忠敬、ペリー、勝海舟、西郷隆盛、大久保利通、木戸孝允、明治天皇、福沢諭吉、大隈重信、板垣退助、伊藤博文、陸奥宗光、東郷平八郎、小村寿太郎、野口英世

　わたしたちの使ってきた学校の教科書も、この学習指導要領に従って作成されています。このように、今日の学校の教育課程は、学習指導要領およびそれを基にした教科書を通じて、文部科学省ないし国の影響を受けているといえます。

　しかし、このような現状に対しては反対の声もあります。そこで次に、学習指導要領とそれに関わる教科書のあり方をめぐる意見対立について、戦後の歴史を振り返ってみましょう。

 ❷　学習指導要領と教育課程の自主編成運動

　戦後、最初に学習指導要領が作成されたのは、1947年のことでした。この学

習指導要領は「試案」とされて、その目的が次のように記されました。

> 　この書は、学習の指導について述べるのが目的であるが、これまでの教師用書のように、一つの動かすことのできない道をきめて、それを示そうとするような目的でつくられたものではない。新しく児童の要求と社会の要求とに応じて生まれた教科課程をどんなふうにして生かして行くかを教師自身が自分で研究して行く手びきとして書かれたものである。

　上の引用文で重要なのは、①学習指導要領は、授業でかならず教えなければならない「一つの動かすことのできない道」、つまり特定の教育内容を示すものではないこと、②授業の教育内容を決めるのは教師自身であることが述べられています。そこで、学習指導要領は、教師が教育課程をつくっていくときに参考とする手引書であるとされ、授業例を示した「試案」であるとされたのです。こうした考え方は、1951 年改訂の学習指導要領にも受けつがれました。

　しかし、1958 年の改訂以降、学習指導要領は「試案」から告示文書へと変化しました。今日の法令は、次のように定めています。

> **学校教育法**
> **第 33 条（教育課程）**　小学校の教育課程に関する事項は、第二十九条及び第三十条の規定に従い、文部科学大臣が定める。
>
> **学校教育法施行規則**
> **第 52 条（教育課程の基準）**　小学校の教育課程については、この節に定めるもののほか、教育課程の基準として文部科学大臣が別に公示する小学校学習指導要領によるものとする。

　文部科学省は、上の法令を手がかりに、学習指導要領は文部科学大臣の告示する国の基準であるから、教師はそこに書かれている内容を教えなければならない（法的拘束力を持つ）と説明しています。

　これに対して、「教師が教えたいと思ったことが学習指導要領の内容と違う場合、それを教えられない」とか、「教師は子ども一人ひとりの実態に合わせて教える内容や教えかたを工夫するのに、全員に同じ内容を教える学習指導要

領のために工夫が難しくなる」といった意見が出されます。そこで、学習指導要領とは異なる教育課程を自分たちでつくろうという教育課程の自主編成運動が、教師や教育学者によって行われています。1970年代には、日本教職員組合が身近な教育学者や父母の協力を得て教育課程改革試案を作成しました。この試案は、学習指導要領と同じく国語・算数・理科・社会・英語などの各教科のなかで教える内容を記したものですが、現場で教えている教師の立場から作成されました。自主編成運動はその後も続き、2007年には民主教育研究所に集まった教師や教育学者を中心に「子どもと教師でつくる教育課程試案」が作成されています。

3　教科書検定と歴史教科書問題

　学習指導要領をめぐる意見対立に加えて、だれが教育課程（教育内容）を決めるのかが注目された事例として、教科書（正式には教科用図書といいます）をめぐる対立があります。

　私たちが学校で使ってきた教科書は1種類ではありません。たとえば、今の中学校の社会科教科書（歴史）を見ると、東京書籍、教育出版、帝国書院、清水書院など、複数の出版社から出版されています。これらの書物が教科書として認められているのは、文部科学大臣による教科書検定に合格したためです。これを検定教科書制度といい、学校教育法34条に定めがあります。

　教科書検定は、大きく4段階に分かれます。①まず出版社や教師・研究者などの教科書発行者は、教科用図書検定規則3条に書かれている教科用図書検定基準や学習指導要領を手がかりに図書を作成し、検定の申請をします。②次に、文部科学省の職員でもある教科書調査官は、申請された図書の内容について、学習指導要領に従って書かれているかどうか等について調査します。③この調査結果を参考に、文部科学省に設置された教科用図書検定審議会は、申請図書の合否を審査し、結果を文部科学大臣に報告します。④最後に、文部科学大臣は、審議会の報告を参考にしながら申請された図書の合否を判断し、申請

学校教育法

第34条（教科用図書その他の教材の使用）　小学校においては、文部科学大
　臣の検定を経た教科用図書又は文部科学省が著作の名義を有する教科用図
　書を使用しなければならない。

2・3　（略）

4　教科用図書及び第二項に規定する教材以外の教材で、有益適切なものは、
　これを使用することができる。

5　（略）

教科用図書検定規則

第1条（趣旨）　学校教育法（昭和二十二年法律第二十六号）第三十四条第
　一項（同法第四十九条、第四十九条の八、第六十二条、第七十条第一項及
　び第八十二条において準用する場合を含む。）に規定する教科用図書の検定
　に関し必要な事項は、この省令の定めるところによる。

第2条（教科用図書）　この省令において「教科用図書」とは、小学校、中
　学校、義務教育学校、中等教育学校、高等学校並びに特別支援学校の小学
　部、中学部及び高等部の児童又は生徒が用いるため、教科用として編修さ
　れた図書をいう。

第3条（検定の基準）　教科用図書（以下「図書」という。）の検定の基準は、
　文部科学大臣が別に公示する教科用図書検定基準の定めるところによる。

者に知らせます。教科書検定に合格した図書は、教科書として学校での使用が
認められることになります。

　このように教科書検定では、学習指導要領が図書の合否を決める重要な基準
になります。そのため、もし教科書執筆者の書いた内容と学習指導要領（ある
いはそれを告示した文部科学省）のめざす内容が大きく違う場合、教科書の「書き
直し」を求められたり、さらには「検定不合格」（つまり「教科書」として使用で
きない）になったりする可能性があります。こうした文部科学省と教科書執筆
者との対立がもっとも激しかったのが、歴史教科書をめぐる問題です。

　かつての侵略戦争に対する反省から、戦後初期の日本の歴史教科書では、日本
が中国や朝鮮半島を侵略し、軍隊によって現地の人々を傷つけたり土地を奪っ
たり、さらに日本語を話すように強制したりしたことが書かれていました。こ
うした教科書の内容に対して、文部省（現文部科学省）は、1950年代の終わりご
ろから教科書検定によって中身の書き換えを要求するようになっていきます。

たとえば1960年代、日本の中国および朝鮮への侵略を書いた文章について文部省から次のような修正意見が付きました。

> 　日本の立場からすれば侵略という言葉はおかしい。日本の教科書だから表現を改めよ。日本が朝鮮へ進出したという表現は一方的である。相手にも悪いところがあったろう。記述せよ。

　さらに、日本統治の中国および朝鮮の状況についても、次のような修正意見が付きます。

> 　「北朝鮮の」フンナムの化学肥料工場やスープンの発電所は日本が建設したことを記すように。
> 　中国の鉄鋼業は、日本の統治下にできたことを付記すると生徒も親しみを感じる。朝鮮を日本が支配していたと書いてあるのは適当ではない。

　このように学校で子どもに教える日本の歴史について、文部省は、なるべく日本の侵略など「悪かった点」は教えず、逆に日本の支配の「良かった点」を強調しようとしたわけです。

　このような文部省の教科書検定に対して、一部の教科書執筆者たちが抗議することになりました。その代表的人物が、歴史学者の家永三郎です。家永の書いた著書『新日本史』は、政府とは違う点を重視していました。たとえば、①「歴史のはなやかな舞台の背後には、縁の下の力持ちとなって、これをささえる無数の人々がいる」として、織田信長や徳川家康といった有名人の代わりに、農民や労働者の生活を強調する、②「戦争が終わっても、戦傷兵士の失われた手足は永久に帰ってこない」という説明と傷痍軍人（戦争で傷を負った軍人）の写真を載せ、憲法の平和主義を強調するなどの特徴が見られます。

　しかしながら、①と②のような家永が子どもに教えたかった内容と、文部省の教えたい内容には、ズレがありました。その結果、文部省は、教科書検定によって家永の著作を検定不合格にし、教科書として認めませんでした。そこで家永は、教科書執筆者の自由な記述を認めない教科書検定は、憲法（21条2項）

コラム 4-1 教科書採択のしくみ

　教科書の採択とは、学校で使用する教科書を決定することである。国・私立学校で使用される教科書を決定する権限は校長にある。これに対して、公立の義務教育段階の諸学校（小学校や中学校など）で使用される教科書の採択権は、その学校を設置する市町村や都道府県の教育委員会にある。その場合、いくつかの市や郡をあわせた地域を「採択地区」として設定し、地区内の市町村が共同で同じ教科書を採択している（「広域採択」と呼ばれる）。したがって、同じ採択地区にある小中学校では、同じ教科書が使われることになる。

　義務教育諸学校での教科書採択の仕組みは、図 4-1 の通りである（公立の高等学校の教科書採択については、法令による定めがない）。

　図 4-1 を手がかりに、教科書採択の具体的経過をまとめておこう。

（1）教科書の発行者は、次年度に発行しようとする検定教科書の種目・使用学年・書名・著作者名等（書目）を文部科学大臣に届け出る（①）。この届出を受けて、文部科学大臣は教科書目録を作成する。この教科書目録は、都道府県教育委員会を通じ各学校や市町村教育委員会に送付される（②）。

（2）発行者は、採択の参考のため、教科書の見本を都道府県教育委員会や市町村教育委員会、国・私立学校長等に送付する（③）。

（3）都道府県教育委員会は、専門的知識を有する学校の校長及び教員、教育委

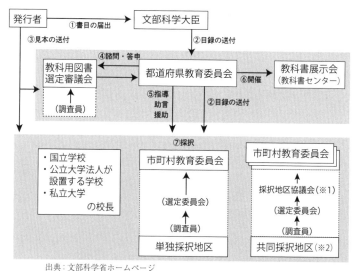

出典：文部科学省ホームページ
　　　（http://www.mext.go.jp/a_menu/shotou/kyoukasho/gaiyou/04060901/1235091.htm）

図 4-1　義務教育諸学校用の教科書採択の仕組み

員会関係者、学識経験者から構成される教科用図書選定審議会を設置する。都道府県教育委員会は、この審議会の調査結果をもとに資料を作成し、それを採択権者（教育委員会あるいは国・私立学校長）に送付することで助言をおこなう（④、⑤）。また、都道府県教育委員会は、学校の校長及び教員、採択関係者の調査・研究のため毎年、6月から7月にかけて一定期間、教科書展示会をおこなう（⑥）。

（4）採択権者は、都道府県の選定資料を参考にするほか、独自に調査・研究し、各教科につき1種類の教科書を採択する（⑦）。

このような教科書採択のあり方に対して、近年、教育委員会が教科書を採択する際の参考資料をつくる教科用図書選定審議会に、校長や教師などの教育関係者のほか、児童生徒の保護者も加えるよう提案されている。さらに、現場の教師一人ひとりが自分の授業で使う教科書を決めるべきであるとの意見もある。つまり、教科書の採択をめぐっては、いかに様々な人々の声を取り入れ、現場の実態をふまえることができるかどうかが問われている。その際、「教師」や「保護者」を審議会に加えて満足するのでなく、様々な意見や立場に配慮して教科書を採択できるような人をメンバーに選ぶ必要があるだろう。

違反・法律（旧教育基本法10条）違反であるとして、裁判を起こしました。これが教科書裁判です［●コラム4-2］。

　教科書裁判もまた、学習指導要領をめぐる意見対立と同じく、「だれが学校で教える教育課程を決めるのか」という論点を示しています。その際、これまでは、日本の歴史のように多くの意見のある内容について、政府が一方的に「……のように教えなさい」と決めてよいのかがおもな論点になっていました。これに対して、1996年に「新しい歴史教科書をつくる会」（以下、つくる会）が結成されたことで教科書検定の新しい論点が注目されるようになります。つくる会は、これまでの歴史教科書を「日本の悪い点ばかり強調している」と批判し、かわりに日本の植民地支配の「良かった点」などを政府以上に押し出した教科書を編集しました。このようなつくる会の教科書に対して、今までの議論とは逆に、教科書検定によって書き直しあるいは不合格にすべきだとの主張が見られるようになりました。

　歴史上、多くの国でおこなわれてきた行為のなかに「検閲」というものがある。検閲とは、政府が本などの出版物をチェックし、「この本は政府や政策のことを悪く書いているので出版されたら困る」と考えた場合に、その本の出版を禁止する行為である。検閲がおこなわれると、国民は、思ったことを自由に発表できなくなる。さらに、国民が政策についての意見を発表し、問題点を議論するのを禁止するならば、国民中心の政治（民主主義）にならない。そこで、日本国憲法 21 条 2 項は、検閲を禁止している。

　本講の ⓷ で見た「教科書裁判」ではこうした検閲が問題になった。歴史学者の家永三郎は、自分の書いた図書『新日本史』が文部省の教科書検定によって「不合格」となったのに対し、「教科書検定は憲法の禁ずる検閲に当たる」として、国および文部大臣を相手に 3 つの訴訟を起こした。

　1965 年 6 月に家永が提訴して始まった教科書裁判は、1997 年 8 月に最高裁判所の判決が出されるまで 30 年以上にわたって続けられた。その過程で合計 10 の判決が出されている。このうち、1970 年 7 月 17 日に東京地方裁判所で出された判決（裁判長の名前をとって杉本判決と呼ばれる）は、「家永の歴史の考えかたをチェックして検定不合格にした文部省の行為は、憲法 21 条 2 項（検閲の禁止）および旧教育基本法 10 条（教育に対する「不当な支配」の禁止）に違反する」と判断した。

　その後の最高裁判所の判決では、上の杉本判決を否定し、「教科書検定制度そのものは合憲である」と判断している。ただし、検定制度は合憲だとしても、検定の実際のおこないかたについて、一部に「やりすぎ」があったことが複数の判決で認められた。

　教科書裁判が報道されたことで、「教科書はどうやって検定されているのか」が広く国民に知られるようになり、さらには「どのような教科書検定が望ましいのか」「教科書はどのように書かれるべきか」について考えるきっかけにもなった。

4　教育課程編成の 3 つのレベル

　以上見てきたように、学習指導要領および教科書検定をめぐっては、激しい意見対立が続いてきました。そして、この「だれが教育課程を決めるのか」をめぐる議論は、今日も続いています［▶コラム 4-3］。たとえば、現行の「中学校学習指導要領」の社会科（歴史的分野）の教育目標を見ると、p.60（1）のように書かれています。

コラム 4-3 義務教育諸学校及び高等学校教科用図書検定基準

　教科書裁判、つくる会の教科書をめぐる意見対立につづき、教科書検定に関する新たな議論が起きている。

　本文で触れたように、教科書検定では、学習指導要領が図書の合否を決める重要な基準とされてきた。その一方で、検定の審査基準として「義務教育諸学校教科用図書検定基準」「高等学校教科用図書検定基準」が定められている。これらの検定基準が2014年に一部改訂され、たとえば前者については、次のように改められた（以下の引用は、2017年の告示による）。

義務教育諸学校教科用図書検定基準
　第3章　教科固有の条件
　　社会科
　　１　選択・扱い及び構成・排列
　　（1）（略）
　　（2）（略）
　　（3）未確定な時事的事象について断定的に記述していたり、特定の事柄を強
　　　　調し過ぎていたり、一面的な見解を十分な配慮なく取り上げていたりする
　　　　ところはないこと。
　　（4）近現代の歴史的事象のうち、通説的な見解がない数字などの事項につい
　　　　て記述する場合には、通説的な見解がないことが明示されているととも
　　　　に、児童又は生徒が誤解するおそれのある表現がないこと。
　　（5）閣議決定その他の方法により示された政府の統一的な見解又は最高裁判
　　　　所の判例が存在する場合には、それらに基づいた記述がされていること。

　以上の文面からは、文部科学省や政府が、歴史的事象や政治・社会問題について、自らの考えや立場に沿った教育課程（内容）を子どもたちに伝えたいと考えていることがわかる。また、政府とは異なる立場からの「一面的な」説明を警戒しているように見える。

　これに対し、上記の検定基準の内容に対しては、「政府の見解を唯一の『正解』として、子どもに押し付けるものである」「学校や教師が教育課程を決めることに対する不当な干渉である」等の批判がなされている。

　このように「誰が教育課程を決めるのか」、さらには「どのような教育課程が学ばれるべきか」という問いをめぐっては、依然として意見の対立がある。私たちは、こうした政治・社会動向に注視しつつも、次の点を見落とすべきでないだろう。つまり教育活動は、あくまで子どもの主体性を前提としつつ、かれらが自ら考え、判断し、行動できるようになることを目標にしているという点である。

> （1）歴史的事象に対する関心を高め、我が国の歴史の大きな流れを、世界の歴史を背景に、各時代の特色を踏まえて理解させ、それを通して我が国の伝統と文化の特色を広い視野に立って考えさせるとともに、我が国の歴史に対する愛情を深め、国民としての自覚を育てる。

　上の文章を見ると、文部科学省や政府は、子どもに日本の伝統や文化を理解させ、それへの愛情を深めさせたいと考えていることがわかります。他方で、日本の伝統や文化を強調したり国を愛する心を育てようとすることは、過度に日本人という集団を強調することになり、それは外国の人々を敵視したり国の

コラム4-4　教育基本法と政治教育

　現在の日本は民主主義の社会であると言われる。そこで国民一人ひとりに対して、たとえば「消費税をもっと高くすべきかどうか」「原子力発電所を将来どうすべきか」「沖縄のアメリカ軍基地をどうすべきか」といった課題について、自分の考えを持ち、選挙などで自分と考えの近い政党に投票するといった形で政治に関わっていくことが求められている。その時、「消費税はどんな税金か」「日本の発電所にはどんな種類があって、各発電所が全体のどのくらいの電気を生産しているのか」「アメリカ軍基地は、だれが何のために置いているのか」など、さまざまなことを知らなければ政策が正しいかどうか判断できない。

　そこで、教育基本法14条は、次のように定めている。

（政治教育）
第14条　良識ある公民として必要な政治的教養は、教育上尊重されなければならない。
2　法律に定める学校は、特定の政党を支持し、又はこれに反対するための政治教育その他政治的活動をしてはならない。

　民主主義の社会では、国民一人ひとりが政策について判断することを期待される。そこで、14条1項は、政策を判断するときに必要となる憲法や法律、実際の政策についての知識などの幅広い「政治的教養」について、学校で教えることの重要性を記している。
　しかし、消費税や原子力発電の問題、自衛隊の問題に対しては、さまざまな意見がある。もし、学校が特定の政党の政策を一方的に押しつけるならば、子どもは政治について、自分で考え、判断できなくなる。こうした学校の党派的な政治教育や政治的活動の禁止を定めているのが、14条2項の規定である。

ために自分を犠牲にしたりする考えかたを生み出してしまうといった意見もあります。このように、歴史や文化についてのイメージは人によって違います。政府の立場もそうした多くの考えかたの１つにすぎず、それを「たった１つの真実」として一方的に子どもに押し付けることには問題があります［コラム4-4]。

　しかしながら、教育課程（教育内容）の作成をめぐる問題は、学習指導要領や教科書検定などにとどまる問題ではありません。たとえば、教育学者の柴田義松は、教育課程の作成を次のように３つのレベルに分けています。

① 　国家的レベルでの政治的・経済的・社会的要求
② 　学校で教職員の合議により編成される教育課程
③ 　個々の教師が計画し、実施する教育課程

　ここまで本講で見てきた学習指導要領や教科書検定は、①の国家レベルで決まっていく教育課程に関わる問題です。しかしながら、授業とは、そうした①のレベルで性格がすべて決まるほど単純なものではありません。なぜなら実際に授業をつくり実践しているのは、現場にいる教師一人ひとりであり、上の③のレベルの話だからです。文部科学省にしても、各教育委員会にしても、学校の教育課程を完全にコントロールすることはできません。そこで授業には、教師一人ひとりの考えかたが必ずあらわれてきます。

5　教育課程編成の主体としての教師

　現在、学習指導要領は大綱的基準であると説明されることがあります。この説明によれば、一方で学習指導要領は、子どもたち全員に教える必要のある最低限度の内容を記しているので、教師が授業をするときの基準となります。しかし他方で、実際の授業では、子どもたちの性格や理解度、クラスの雰囲気などを考え、授業の目標や教える内容、授業方法を独自に考える自由が、現場の教師にあるとされます［コラム 4-5]。

　教師一人ひとりがまったく自由に教える内容を決めることになれば、全国の

学校での教育がバラバラになり、場合によっては、授業の質が保証できなくなるおそれもあります。そこで、教師や学校が教育活動を行う際の手引書を作成することには、それなりの意味があります。

しかし他方で、「小学校学習指導要領」の6年生社会科（歴史的分野）の「歴史上の人物42人」の例のように、学習指導要領は、教える内容をとても細かく決

コラム 4-5　学習指導要領の性格

文部省が学習指導要領によって学校で教える内容を決定できるかどうかを判断した判決がある。1976年5月21日の最高裁判所の判決（旭川学テ裁判最高裁判決）である。以下、判決の一部を引用する。

> 親の教育の自由は、主として家庭教育等学校外における教育や学校選択の自由にあらわれるものと考えられるし、また、私学教育における自由や前述した教師の教授の自由も、それぞれ限られた一定の範囲においてこれを肯定するのが相当であるけれども、それ以外の領域においては、一般に社会公共的な問題について国民全体の意思を組織的に決定、実現すべき立場にある国は、国政の一部として広く適切な教育政策を樹立、実施すべく、また、しうる者として、憲法上は、あるいは子ども自身の利益の擁護のため、あるいは子どもの成長に対する社会公共の利益と関心にこたえるため、必要かつ相当と認められる範囲において、教育内容についてもこれを決定する権能を有するものと解さざるをえず、これを否定すべき理由ないし根拠は、どこにもみいだせないのである。

上の判決は、さまざまな立場を意識しており、複雑な構成になっている。それゆえ、「政府が一定の教育内容を決めること」「教師が自由に教育課程をつくること」についてどのような意見をもっているかによって、上の判決の読みかた（解釈のしかた）が違ってくる。

一方で、政府による教育内容の決定を認める立場は上の判決について、「学習指導要領が全国共通で教育されることの必要な最低限度の基準を示した『大綱的基準』であることを認めた」ととらえる。

他方で、政府が教育内容を決定することに慎重な立場は上の判決について、「教師の教育の自由を部分的に認めたことで、学校の教育内容が政府によって完全に決められるものでないことを明らかにした」と理解する。

いずれにせよ、上の判決は、政府が一方的に教育内容を決定し、子どもに押し付けることに対して、一定の歯止めをかけるものとなっている。

めていることもあります。あるいは ③ の歴史教科書の例で見たように、教科書検定によって政府の考え方に合うように書き直させられることもあります。もしも特定の考えかたしか教えてはいけないというのであれば、教師に教育内容を考え、授業を工夫する自由がなくなってしまうし、何よりも、授業を受けた子どもが自分で物事を考えたり判断したりできなくなってしまいます。

　そこで教師一人ひとりは、学習指導要領や教科書をマニュアルのようにそのまま用いるのでなく、それらを参考にしつつも、子どもにとってよい授業とはなにかを自分で考え、授業をつくっていく姿勢を身につける必要があります。こうした姿勢を教師が示すことで、文部科学省を中心とする学習指導要領や教科書検定に欠けていた視点を授業に取り入れることができます。それだけではなく、全国の教師たちがこうしたボトム・アップの授業を積み重ね、その重要性を訴えることは、そうした現場の意見を学習指導要領や教科書の内容に反映させることにもつながります。

　このように、学習指導要領や教科書に頼りきらず、オリジナルな教育のねらいや教育内容、教材を工夫していくという主体性が、教師には求められます。

【引用・参考文献】
・『学習指導要領』（小学校・中学校・高等学校）文部科学省ホームページ（http://www.mext.go.jp/a_menu/shotou/new-cs/youryou/1356249.htm）。
・文部科学省初等中等教育局「教科書制度の概要」文部科学省ホームページ（http://www.mext.go.jp/a_menu/shotou/kyoukasho/gaiyou/04060901.htm）。
・岡本智周『国民史の変貌：日米歴史教科書とグローバル時代のナショナリズム』日本評論社、2001年、47－131ページ。
・平原春好『教育行政学』東京大学出版会、1993年、169－205ページ。
・柴田義松「教育課程づくりとは何か」柴田義松監修、阿原成光他編『子どもと教師でつくる教育課程試案』日本標準、2007年、8－13ページ。
・水原克敏『学習指導要領は国民形成の設計書：その能力観と人間像の歴史的変遷』東北大学出版会、2010年。
・家永三郎『教科書裁判』日本評論社、1981年。
・田中耕治編『よくわかる教育課程』ミネルヴァ書房、2009年。

第5講 日本国憲法と教育基本法

第4講では、教育内容とくに教科書のあり方をめぐって厳しい考え方の対立があることを学んできました。実は、こうした対立の背景には、日本において戦前から今日に至るまで続いてきた、「教育を国などによって権力的に支配しようとする動き」と「教育を国民の権利として保障しようとする動き」とのせめぎ合いがあります。このせめぎ合いの代表的なものが、「教育勅語」体制（新教育基本法もこの流れです）と「憲法・教育基本法」体制とのせめぎ合いです。そこでここでは、戦前の「教育勅語」体制と比較しながら、戦後の「憲法・教育基本法」体制の特質やその意義について理解します。そのうえで、2006年12月に改定された教育基本法（新教育基本法）の問題点について考えます。

1 戦前における日本の教育制度の特質

1 大日本帝国憲法と「教育勅語」体制

まず戦前の日本の教育制度の特質をみておきましょう。戦前日本の教育制度を特徴づけていたのは、大日本帝国憲法と教育勅語でした。1889（明治22）年2月、明治天皇から国民へと下付された大日本帝国憲法（帝国憲法）は、天皇を主権とする欽定憲法[1] でした。帝国憲法は、「大日本帝国は万世一系の天皇之を統治す」（1条）、「天皇は神聖にして侵すへからす」（3条）、「天皇は国の元首にして統治権を総攬し」（4条）と定め、「万世一系」の「神聖不可侵」の存在である天皇が国家の元首としてすべての統治権を掌握していると定めています。3条の規定は、天皇がその権力行使について一切の法的・政治的責任を負

64

わないというだけではなく、天皇を「現人神」として神格化し国民統合の精神的な支柱とするものでした。こうして、天皇が国家を統治する体制こそが日本の国体であるとされ、これに対する批判や反対は許されなくなったのです。

　また、帝国憲法には、権力によって侵害されない永久の権利としての基本的人権という考え方はありませんでした。すなわち、国民の権利は、天皇の恩恵として与えられた「臣民の権利」にすぎず、法律に認められる範囲でしか保障されなかったのです。それは反対に、法律によりさえすれば、いくらでも人々の権利を制限しうることを意味していました。実際に、戦前にはさまざまな法律によって人々の権利が制限され、しばしば抑圧されました[(2)]。

　その一方で、国民にはさまざまな義務が課せられていました。兵役と納税、そして教育の義務が帝国憲法下の臣民の三大義務であったといわれています。すなわち、教育は天皇の「慈恵」とされ、子どもに教育を受けさせることは天皇または国家に対する臣民の義務とされたのです。

　ところで、帝国憲法には教育に関する条項がありません。「天皇は……公共の安寧秩序を保持し及臣民の幸福を増進する為に必要なる命令を発し又は発せしむ」（9条）との規定により、教育に関わる法令は天皇の命令である勅令によって定められることになっていたのです。これを勅令主義といいます。教育に関する事項は、教育財政制度を除いて、帝国議会での審議を経ることなく、内閣から枢密院を経て天皇により裁可されるという手続きがとられました。このように、教育は天皇の大権の下にあり、国民の関与は許されませんでした。

　帝国憲法下の教育の理念として示されたのが、1890（明治23）年10月に発布された「教育に関する勅語」（教育勅語）です。以後、教育勅語は、戦前の日本における教育の根本理念とされました。教育勅語は、天皇と臣民の忠孝の関係こそが「我が国体の精華にして教育の淵源」であるとし、天皇の忠良な臣民として身につけるべき徳目を示しています。すなわち、そこでは儒教主義的な家族道徳と近代の立憲主義的な社会道徳が掲げられるとともに、「一旦緩急あれは義勇公に奉し以て天壌無窮の皇運を扶翼すへし」と、非常時には命をなげうって天皇のために尽くさなければならないことが述べられています[(3)]。実際

に戦前の小学校で用いられた初等科修身の教科書でも、この部分は「いつたん国に事ある場合には、勇気をふるひおこして、命をささげ、君国のためにつくさなければなりません」と解説されています。このように、天皇と国のために自らの命を差し出すことが臣民の務めだと教えられていたのです。こうした忠君愛国の精神を子どもたちに身につけさせることが、戦前の教育の最大の目的でした。

　教育勅語は、御真影[4]とともに全国の学校に配布され、学校での儀式や日常の教育活動を通じて忠君愛国の精神を国民に浸透させる役割を果たしました。1891（明治24）年の小学校祝日大祭日儀式規程によって祝日の式次第が一律に定められ、御真影への最敬礼、教育勅語の奉読、君が代の斉唱といった学校儀式の様式が確立されました[5]。学校儀式や行事は、子どもたちのみならず地域社会全体にまで忠君愛国の精神を定着させる機会でもあったのです。

　また、小学校の筆頭教科であった修身の授業でも教育勅語の指導が徹底して行われました。さらに、1903（明治36）年に教科書が国定化されて以降、国定教科書が唯一絶対の教材として用いられるようになりました。これによって、国家権力が時代の要請にもとづいて教育内容を自由に統制することがたやすくなり、天皇制にそぐわない歴史的事実や真理がしばしばゆがめられて教えられることになりました[6]。このような教育を通じて、子どもたちは、国家に対して忠実な皇民へと仕立てあげられ、戦争による多大な犠牲が生みだされることにつながっていったのです。

朕惟フニ我カ皇祖皇宗國ヲ肇ムルコト宏遠ニ徳ヲ樹ツルコト深厚ナリ
我カ臣民克ク忠ニ克ク孝ニ億兆心ヲ一ニシテ世々厥ノ美ヲ濟セルハ此
レ我カ國體ノ精華ニシテ教育ノ淵源亦實ニ此ニ存ス
爾臣民父母ニ孝ニ兄弟ニ友ニ夫婦相和シ朋友相信シ恭儉己レヲ持シ博
愛衆ニ及ホシ學ヲ修メ業ヲ習ヒ以テ智能ヲ啓發シ德器ヲ成就シ進テ公
益ヲ廣メ世務ヲ開キ常ニ國憲ヲ重シ國法ニ遵ヒ一旦緩急アレハ義勇公
ニ奉シ以テ天壤無窮ノ皇運ヲ扶翼スヘシ是ノ如キハ獨リ朕カ忠良ノ臣
民タルノミナラス又以テ爾祖先ノ遺風ヲ顯彰スルニ足ラン
斯ノ道ハ實ニ我カ皇祖皇宗ノ遺訓ニシテ子孫臣民ノ倶ニ遵守スヘキ所
之ヲ古今ニ通シテ謬ラス之ヲ中外ニ施シテ悖ラス朕爾臣民ト倶ニ拳々
服膺シテ咸其德ヲ一ニセンコトヲ庶幾フ

明治二十三年十月三十日
御名御璽

資料 5-1　教育に関する勅語

2　戦後教育改革と教育制度の転換

　1945 年 8 月 15 日、玉音放送によってポツダム宣言を受諾したことが国民に伝えられ、9 月 2 日に日本政府が降伏文書に調印したことにより日本の敗戦が確定しました。これ以後、日本は連合国軍の占領下に置かれ、連合国軍最高司令部（GHQ）の指示の下、ポツダム宣言に沿った改革が実施されていくことになります。ポツダム宣言は、軍国主義の除去と民主主義の確立を二大方針として掲げており、戦後教育改革もこの方針に沿って進められていきました。教育の非軍事化と民主化という方針は、戦前体制の中でも少数派ながら教育の自由を唱えてきた人々を中心に受け入れられていったのでした。こうして、学校教育における軍国主義的および国家主義的要素が徹底的に排除され、「教育勅語」体制は根底から否定されて、民主化の基礎が築かれていくことになりました。

　1946 年 3 月には第一次米国教育使節団が来日し、日本側教育家委員会の協力の下、民主主義や教育の自由、個人の価値と尊厳を基調にする新しい教育制度の創設を提言しました。日本側教育家委員会も自ら積極的に戦後教育の改革方針を提言し、新しい日本の教育制度を構想しました。戦後教育改革の枠組みは、こうした国際的な平和・民主主義の思想潮流の中で育まれていったのです。

　こうした努力が結実し、1946 年には国民大多数の支持のもと国民主権をうたう日本国憲法が、翌 47 年には教育基本法が制定・公布されます。ここに、戦後日本の新しい教育の基本理念が明確に打ち立てられることになりました。日本国憲法 26 条が「すべて国民は、法律の定めるところにより、その能力に応じて、ひとしく教育を受ける権利を有する」と高らかに宣言したことにより、国民にとって教育は権利となったのです。まさしくそれは、「教育勅語」体制下における義務としての教育から、権利としての教育への根本的転換を遂げるものでした。

　他方、教育勅語は、1948 年の衆議院と参議院で教育勅語等の排除ないし失効確認に関する決議がそれぞれ採択され、国民の手によって廃棄されました。

2 「憲法・教育基本法」体制の特質と歴史的意義

　戦後、日本国憲法と教育基本法にもとづき、国民の「教育を受ける権利」を
保障する教育制度が整備されました。これを「憲法・教育基本法」体制といい
ます。日本国憲法は、国家がその権限をみだりに用いることなく、国家に対し
て国民の基本的人権を保障することを義務づける法規です。そして、教育基本
法 (1947年3月制定) も、憲法にもとづく教育の基本的理念を定め、国家に対し
てその実現を義務づける法律です。ただし、1947年に制定された教育基本法
は、2006年12月に全部改定されました。そこで、両者を区別するため、前者
を旧教育基本法と、後者を新教育基本法と呼ぶことにします。以下では、旧教
育基本法の歴史的意義に着目しながら、「憲法・教育基本法」体制の特質をみ
ていきましょう。

1　権利としての「教育を受ける」こと

　「教育勅語」体制では、教育を受けることは臣民の天皇・国家に対する義務
でしたが、日本国憲法26条1項によって、「教育を受ける」ことが国民の基本
的人権であることが憲法上で確かめられました (26条1・2項の条文は、第1講を参
照)。これによって、天皇や国家のための教育を実施する教育制度から、一人ひ
とりを大切にして、国民の人格形成や発達のための教育や学習を援助する教育
制度へと転換が目指されました。

　日本国憲法26条1項は「能力に応じて、ひとしく教育を受ける」ことが基本
的人権であると規定しています。教育法学者である兼子仁は「能力に応じて」を
「能力発達上の必要に応じて」と解釈して、すべての子ども・人びとに教育を受
ける権利が保障されるものであることを明らかにしました (教育法学的理解)[7]。

2　「教育を受けさせる義務」

　日本国憲法26条2項は「保護する子女に普通教育を受けさせる義務」を定め
ました。子どもはまだ未熟であり、権利意識が希薄であるため、子どものみの

判断に任せると、自身の「教育を受ける権利」を行使できないおそれがあります。ですから、子どもの「教育を受ける権利」を保障するため、「子女」（＝子ども）を「保護」する国民に対して、その子どもに「普通教育(8)を受けさせる義務」を課しました。この義務のもと、実施されるのが義務教育です [▶第8講]。

3 日本国憲法と旧教育基本法の一体性

日本国憲法は、戦後日本の新しい国のかたちとして、国民主権、基本的人権の尊重、平和主義という基本理念を掲げました。一方、旧教育基本法は、その前文で、憲法の理想の実現は「教育の力にまつべきもの」であり、「日本国憲法の精神に則り、……、新しい日本の教育を確立するため、この法律を制定する」として、憲法と旧教育基本法の一体性が強調されました。ここには、教育を通して憲法の担い手である国民＝主権者を育てようという教育への期待とともに、憲法理念にもとづいた教育を推進しようという決意が宣言されています。このような憲法との一体性から、旧教育基本法は準憲法的性格を有し、「教育憲法」や「憲法付属法」とも呼ばれてきました。

> **旧教育基本法　（前文）**
> 　われらは、さきに、日本国憲法を確定し、民主的で文化的な国家を建設して、世界の平和と人類の福祉に貢献しようとする決意を示した。この理想の実現は、根本において教育の力にまつべきものである。
> 　われらは、個人の尊厳を重んじ、真理と平和を希求する人間の育成を期するとともに、普遍的にしてしかも個性ゆたかな文化の創造をめざす教育を普及徹底しなければならない。
> 　ここに、日本国憲法の精神に則り、教育の目的を明示して、新しい日本の教育の基本を確立するため、この法律を制定する。

4 教育制度の法律主義

「教育勅語」体制では、教育制度のほとんどが勅令にもとづいて定められており、国民の思いや願いが教育制度に反映するルートが確保されていませんでした。一方、日本国憲法 26 条は、「法律の定めるところにより」として、教育制度の根幹部分を法律に定めさせています。法律は、国民の代表であり、「国の唯一

の立法機関」（日本国憲法 41 条）である国会のみが制定できる法です。そのため、「憲法・教育基本法」体制では、教育制度のあり方を決定するのに、主権者である国民の思いや願いを反映できるしくみが確保されました［▶第 3 講］。

5　教育の直接責任性と教師の教育の自由

　旧教育基本法 10 条は、2 項にわたって、教育と国家、国民の関係に関わる原理を定めました。同 1 項では、教育への不当な支配の禁止と教育の直接責任性という二つの原理が定められていました。これらは、教育という営みが「国民全体」ではない一部の政治的・社会的勢力（政党、官僚、経済界など）、とりわけ教育行政をふくむ国家権力によって「支配」されてはならず、「直接」に子どもや保護者をはじめ国民全体に責任を負い、彼らの期待と要求に沿って行われなければならないという原理です。これらから、教師の教育の自由や子ども・保護者・地域住民の学校参加が導き出されてきました［▶第 10 講］。

> 旧教育基本法
> 第 10 条（教育行政）　教育は、不当な支配に服することなく、国民全体に対し直接に責任を負つて行われるべきものである。
> 2　教育行政は、この自覚のもとに、教育の目的を遂行するに必要な諸条件の整備確立を目標として行われなければならない。

6　教育行政の地方自治

　旧教育基本法 10 条 1 項がいう「教育」には、教師や子どもたちの教育・学習活動だけでなく、今日、文部科学省や教育委員会を中心に担われる教育行政の活動も含まれます。したがって、教育行政も不当な支配を受けてはならず、国民全体の意思を反映した運営が求められます。さらに、「地方自治の本旨」（日本国憲法 92 条）にもとづいて、中央集権的な教育行政から、地方自治的な教育行政へと転換が図られました。これらの理念を具体化する地方教育行政のあり方として、教育委員会法にもとづき、住民の選挙によって教育委員を選出する公選制教育委員会が発足しました［▶第 11 講］。

7 教育行政の教育条件整備義務

　旧教育基本法10条2項は、教育行政の任務を教育の条件整備に限定することで、国家（教育行政）と学校現場（教師）との役割分担が明確にされました。教育の条件整備とは、教育の外的事項（施設・設備や教育予算、教職員の人事・労働条件）の整備をいいます。教育行政は、教育の外から教育を守り育てるための諸条件の整備に専念することになりました［第11講］。その一方、教育の内的事項（教育内容や教育方法を含む直接の教育活動）については、教師の教育の自由に任されました。こうした教育行政の任務の限定は、「教育勅語」体制下、国家が教育内容に過剰に関与し、ときに事実をねじ曲げ、天皇中心主義・軍国主義を支える臣民の育成に寄与したことへの反省に立ったものでした。

3 教育基本法の改定とその問題

1 教育基本法改定の経緯

　日本国憲法とともに「憲法・教育基本法」体制の基本的理念を定めてきた旧教育基本法は、2006年12月、その約60年の歴史のなかではじめての改定がなされました。これは、国民のなかで根強い改定反対の意見を無視しておこなわれたもので、当時の政権与党の暴挙といえるものでした。

　政権与党にあった自民党にとって、教育基本法改定は、日本国憲法「改正」（改憲）とともに、結党以来の党是の一つでした。そのため、自民党政権は、これまでにさまざまなかたちで教育基本法の改定を試み、「憲法・教育基本法」体制の形骸化・空洞化を図ろうとしてきました。

　まず、教育基本法のなし崩し的改正や解釈改正が試みられてきました。なし崩し的改正は、教育基本法とは異なる教育理念（おもに教育勅語に通じるような国民道徳）を定めることで、教育基本法を有名無実のものにしようというものです。天野貞祐文部大臣（当時）の「国民実践要領」（1951年）や中央教育審議会の「期待される人間像」（1966年）等の公表がこれにあたり、教育勅語の「復活」をもくろむものでした。解釈改正とは、教育基本法の条文の解釈を変更するこ

とによって、条文はそのままで同法の理念を変更しようとするものです。これは、同法の理念を具体化する下位法の改正・廃止によって試みられてきました。公選制教育委員会を定めた教育委員会法の廃止と任命制教育委員会制度を定める「地方教育行政の組織及び運営に関する法律」（地方教育行政法。1956年制定）によって、旧教育基本法10条の直接責任性は解釈改正されたといわれています［●第11講］。

　21世紀が近づくと、制定から50年以上が経った教育基本法はもはや時代遅れだとして、条文そのものを改定しようという明文改正の姿勢が強く打ち出されるようになりました。2006年12月の同法改定もこの流れに位置づくものであり、そのきっかけは首相の私的諮問会議であった教育改革国民会議の最終報告（2000年）でした。同報告は、「教育施策の総合的推進のための教育振興基本計画を」、「新しい時代にふさわしい教育基本法を」という二つの観点から同法改定を提言し、これを受けて、中央教育審議会答申（「新しい時代にふさわしい教育基本法と教育振興基本計画の在り方について」2003年）が、同法改定の具体的な方向性を示しました。その後、与党議員によって作成された同法改定案が、政府案として国会に提出され（2006年4月）、国会審議を経て成立に至りました。

2　教育基本法改定のねらい

　では、教育基本法改定のねらいは何であったのでしょうか。上記の文書や文部科学大臣などの国会答弁から、次の3点に集約できるでしょう。

　一つ目は、制定から60年近く経過した教育基本法が社会の変化（少子高齢化の進行、科学技術の進歩、大学や高等学校への進学率の上昇、産業別就業率の変化など）に対応できなくなったため、それらに対応できるような改定が必要だというものです。二つ目に、近年の学力・モラルの低下、いじめなどの教育問題の原因は教育基本法にあるというものです。戦後教育は、個人の権利ばかりを強調してきたと言われ、公共の精神や愛国心、道徳心、規律の尊重、規範意識などの「公」を大切にする教育理念を補完すべきであるとされました。三つ目に、教育行政の管理機能を強化するとともに、政府全体として教育振興に総合的にと

りくむ計画（教育振興基本計画）を策定できるようにするための同法改定が必要であるというものです。

　しかしながら、これらの改定のねらいは、改定を進めるための強引なものであり、タテマエであったといえます。教育基本法に書かれている教育の基本理念は、時代を超えて普遍的なものですし、今日の教育問題の原因とするのは筋違いでした。60年近く経っても、同法の理念はいまだ実現の途上にありました。例えば、今なお経済的理由によって高等学校や大学の進学や在学をあきらめなくてはいけない子ども・若者がいる状況にあります。また、子ども個人が大切にされないような学力偏重の競争主義の風潮が、子どもの学びや心に影を落としているのではないでしょうか。むしろ問題にされるべきは、教育基本法にあるのではなく、同法の理念の実現に消極的であった政権与党の姿勢であったといえます。では、政権与党の「ホンネ」はどこにあったのでしょうか。教育学者の佐藤広美さんは、教育基本法改定の背景には、「日米経済の生き残りをかけた国際競争力の強化と、日米同盟を主軸とする軍事大国化・戦争のできる国家の構築という新自由主義的国家戦略」[9] の実現という財界・政界の強い意志があったと指摘します [10]。つまり、国家戦略にかなう教育改革を進め、国家戦略に見合う国民を育成するために、教育基本法の改定が必要だったのです。こうした国家戦略をストレートに教育現場にもち込もうとするには、国家の権限を制限する日本国憲法や教育基本法はじゃまなものでした。

3　新教育基本法の特徴と問題点

　新教育基本法は前文と18か条によって構成されています。旧法にあった教育の方針（旧2条）、男女共学（旧5条）は削除され、新法には教育の目標（2条）、生涯学習の理念（3条）、大学（7条）、私立学校（8条）、家庭教育（10条）、幼児期の教育（11条）、学校、家庭及び地域住民等の相互協力（13条）、教育振興基本計画（17条）などが新たに設けられました。旧法・新法ともに似たような言葉づかいがされていますが、改定によってその理念や教育制度上の位置づけは大きく変わりました。新教育基本法の特徴と問題点は以下のとおりです。

> **新教育基本法 （前文）**
>
> 　我々日本国民は、たゆまぬ努力によって築いてきた民主的で文化的な国家を更に発展させるとともに、世界の平和と人類の福祉の向上に貢献することを願うものである。
>
> 　我々は、この理想を実現するため、個人の尊厳を重んじ、真理と正義を希求し、公共の精神を尊び、豊かな人間性と創造性を備えた人間の育成を期するとともに、伝統を継承し、新しい文化の創造を目指す教育を推進する。
>
> 　ここに、我々は、日本国憲法の精神にのっとり、我が国の未来を切り拓く教育の基本を確立し、その振興を図るため、この法律を制定する。

（1） 教育基本法の準憲法的性格の後退

　新教育基本法の前文では、旧法にあった憲法の「理想の実現は、根本において教育の力にまつべきもの」という一節が削除されました。ここには、教育による憲法理念の実現という旧法の精神を放棄しようとする意図が見られます。そして、新法2条に掲げられる教育目標には「我が国と郷土を愛する」態度（いわゆる愛国心）の育成が盛り込まれました。これは憲法19条に定められた思想・良心の自由（内心の自由）を侵害するおそれがあります。教育基本法は憲法と矛盾するおそれのある条文を抱えることになりました。したがって、旧法の準憲法的性格は、改定によって大きく後退したといわざるをえません。

　なお、新法前文には、旧法とほぼ同様に、「日本国憲法の精神にのっとり、……この法律を制定する」と明記されています。かろうじて憲法と新法との形式的な関係性は示されています。

（2） 教育目標の設定

　新教育基本法2条には、「教育の目標」が細かく定められました。細かな教育目標の法定化は、国による教育内容（教育の内的事項）への必要以上の干渉を許し、教師は国が指示するとおりの教育を行うことしかできなくなり、子どもの発達に必要な教育や子どもの願いに沿った教育が不可能になるおそれがあります。さらに、それらの目標は心に関わることがらであり、しかも「道徳心」・

「公共の精神」・「伝統と文化」の尊重、「我が国と郷土を愛する」態度といった個人よりも公共や国を優先しようとする価値観・道徳観が列挙されています。それはかつての教育勅語のようです。教育活動のなかで、個人の価値観を無視してこうした価値観・道徳観が強制されれば、それは内心の自由（日本国憲法19条）を侵害することになるでしょう［●第6講］。

(3) 教育の直接責任性と教育行政の条件整備義務の否定

　新教育基本法にも、旧法同様に、教育行政の条文（16条）が設けられました。しかし、新法では、「国民全体に対し直接に責任を負つて」（旧10条1項）・「諸条件の整備確立」（2項）が削除され、条文上、教育の直接責任性と教育行政の条件整備義務が否定されました。これらの原則の否定は、それらから導き出される教師の教育の自由や保護者などの学校参加の否定につながるとともに、教育行政による教育の内的事項への関与を正当化する根拠となりかねません。しかも、新法には、教育目標の法定化（2条）のほか、国・地方公共団体によって策定される教育振興基本計画（17条）の条文が新しく設けられているため、16条とともに、国家による学校・教師への教育内容の強制を許すおそれがあります。

　また、新法16条には、新たに「（教育は）この法律及び他の法律の定めるところにより行われるべきものであ」（1項）るとの一節が挿入されました。これによって、法律に定めがある教育の支配については「不当な支配」には該当しないとされるおそれがあります。法律にもとづいていれば、たとえ「教育を受ける権利」を侵害する行為でも正当化されるという、法律万能主義になりかねません［●第3講］。

4　「憲法・教育基本法」体制のゆくえ

　以上のように、2006年の改定を経て、教育基本法はその性格を大きく変えられました。旧法は、憲法とともに、国家に国民の「教育を受ける権利」の保障を義務付けるものでした。しかし、新法は、憲法との関係が弱まり、反対に

国家の教育に関わる権限を拡大しました。また、新教育基本法は、他の教育に関する法律より上位に位置するという、基本法としての性格を維持しています。そのため、教育基本法改定後、下位法では新教育基本法の理念を具体化させる法改定が進みました。では、わたしたちは新教育基本法とどのように向きあえばよいのでしょうか。この点について、教育法学者の中嶋哲彦さんは次のように述べています。

「政府・与党の教育基本法改正のねらいや意図がどうであれ、(1)上位法である日本国憲法や国際教育条約等に則り、(2)国民の学びと育ちや公教育という事柄の本質が生かされるよう、(3)日本語の言語的・文法的意味もしっかりふ

コラム 5-1 学習権の思想

　本講で述べているように、日本国憲法の制定によって教育が国民の基本的人権の一つとして位置づけられたことは、画期的なことであった。ただし、その憲法 26 条の「教育を受ける権利」（傍点引用者）というとらえ方には、問題もあった。

　それは、この条文を文字どおりに解釈すると、どこか外でつくられた教育を国民が「受動的」に受ける権利ということになってしまい、肝心の教育の中身については、国民の願いや学問的真実とは異なってしまうおそれがあったことである。つまり、場合によっては、教育の中身に国や権力者が介入してきて、国民の思いとは違ったところで、その発達にとって不必要なことや権力者にとって都合のいいことを教えられるおそれがあったということである。第 4 講で取り上げられた学習指導要領や教科書検定をめぐる問題は、こうしたことの典型例である。

　これでは、憲法 26 条で規定されたはずの基本的人権が、必ずしも国民の幸福追求のために運用されない危険性が出てきてしまう。そこで、こうした問題状況のもとで、教育実践と研究の発展にともなって、教育の権利のあり方が追究された。その成果が、1960 年代から 70 年代にかけて創造された学習権の思想である。

　学習権の定義は、人権の一つであり、学ぶことによって人々が人間らしく発達していく権利である。学習権論の要点は、次の 4 点にまとめることができる。

　まず一つ目は、「教育を受ける権利」という受動的な権利を、国民が能動的に「学習する権利」として学ぶ主体の側からとらえ直していることである。これにより、憲法 26 条は、人々の発達にとって必要なこと、自らが学びたいと願っていることを主体的に学ぶことができる権利として、積極的な解釈と運用ができることとなった。

二つ目は、上のような「教育を受ける権利」のとらえ方の転換にともなって、教育に関わる様々な権利と義務のとらえ直しが可能になったことである。つまり、教育の様々な権利と義務は、人々の発達と学習権を保障するためにこそ必要な権利・義務として、とらえ直すことが可能になった。例えば、教育の内容や課程の編成については、学ぶ人々と近いところにいて、その学習と発達を保障しうる位置にいる教師達や、住民を含む社会教育関係者達などにその権利が与えられ、国の介入は制限されることとなった。また、子どもの保護者達や学んでいる人々は、子どもや自らの学習権を保障できるために必要な教育を、国、教育行政や教職員たちに対して要求することが権利として可能となった。さらに、現実の教育が学ぶ者にとって不適切なものであった場合は、人々はそれを拒否できる権利を持てることとなる。学習権思想を発展させた教育学者・堀尾輝久は、こうした教育に関わる様々な権利を「教育への権利」と名付けている。

　三つ目は、学習権思想では、いわば「人権中の人権」として学習権を位置づけているということである。子どもの生存権や幸福追求権は、人間らしく成長発達できる権利を含んでいるが、こうした権利の充実のためには、適切な学習と教育が保障される必要があるという。また、憲法では、幸福追求権をはじめとして、生存権、参政権、労働権、思想・良心の自由など様々な人権が定められているが、これらの権利を行使できるようになるためには、学習権が十分に保障され、人々が権利主体として充分に発達していることが必要である。こうした点を踏まえると、学習権は、単に基本的人権の一つであるということにとどまらず、他の人権を行使できるために不可欠な「人権中の人権」として位置づくことになると考えられるのである。

　四つ目は、学習権は、人権と自由を原理とする近代憲法の原理から必然的に導き出される権利であるということである。人権思想の歴史から見れば、学習権は、18世紀啓蒙思想における教育の権利と自由の思想に起源を持ち、20世紀以降の国際新教育運動の中で発展しつつ、現代に至って、法や判例（杉本判決など）にも位置づき、国際的にも認められるようになった権利（学習権宣言など）である。学習権は、日本の現行憲法では、13条（幸福追求権）、19条（思想・良心の自由）、20条（信教の自由）、23条（学問の自由）、25条（生存権）および26条などを根拠とする権利とされる。しかし、先の学習権の歴史に従えば、仮に法の条文に表現されていなかったとしても、逆に、学習権の思想こそが一つの基本的人権として、憲法23条、26条などを共通に支える原則になると考えられるのである。

　このように、学習権の思想は、その当時において、憲法26条に規定された権利の本来的な保障のあり方を方向づけたという点で、画期的な意味をもっていた。また、教育基本法が改定されてしまった今、人権としての学習権思想は、憲法26条をはじめとした教育に関する法を、学ぶ人々の立場に立って解釈と運用をしていくさいの指針として、その意義はますます高まっているといえる。いまこそ、学習権思想が再評価され、理論的にさらに深められる必要があるだろう。

まえて、新教育基本法の条文一つひとつを吟味し、よりよい解釈を確定することがこれからの課題です。この作業を通じて、政府・与党が所期のねらいどおりに新教育基本法を解釈運用することを許さず、新教育基本法を国民の公教育における権利と自由を守り拡大する手段に変えていくことが大切です」[11]。

　わたしたちは、新教育基本法の抱える問題点を冷静に把握しつつ、その条文について、立憲主義的解釈、つまり、日本国憲法や子どもの権利条約の理念・条文、これらの根底にある人権としての学習権思想にもとづき、国民の教育や学びをより支えることができるような解釈に努め、改定のねらいや想定される危険性が実現することを許してはいけません［●コラム 5-1］。新教育基本法は、憲法との形式的な関係については断絶させていません。それを糸口にして同法を立憲主義的に解釈することは不可能ではないでしょう。

【注】
(1) 欽定憲法とは、君主の単独の意思によって制定された憲法のことをいいます。
(2) 例えば、治安維持法や国家総動員法など、時局に応じて人々の権利を制限する法律が定められました。権力による人権侵害は戦時体制下でより一層厳しさを増し、天皇制や国家政策に反対・批判する人々は、容赦なく捕えられ処罰されました。また、共産主義や社会主義、さらには自由主義的な考え方も危険思想とみなされ、弾圧の対象になりました。
(3) 国語や国史の教科書等にも、天皇や国家のために尽くした人々を美談として讃える話がいくつも取り上げられており、天皇や国家に身も心も捧げる臣民となるよう子どもたちを鼓舞する役割を果たしました。
(4) 御真影とは、天皇と皇后の肖像写真であり、「現人神」である天皇の分身として扱われました。
(5) 儀式では、天皇の「おことば」である教育勅語を読み違えたり、いいよどんだりすることは許されず、万一間違えた場合は処罰の対象になりました。また、勅語の謄本や御真影を損傷させることも許されなかったため、火災や津波による災害から御真影などを守ろうとして教師が殉職する事件が後を絶ちませんでした。こうした事態を防ぐために、耐震耐火建築の奉安殿が各学校に設置されることになったのです。
(6) 1910（明治 43）年の南北朝正閏問題や 1924（大正 13）年の川井訓導事件は、教育への国家統制を象徴する出来事といえます。
(7) かつて憲法学（憲法学的理解）では「能力」を「教育を受けるに適するかどうかの能力に応じて、の意味」と解釈し、「教育を受ける能力」がない者が教育を受ける権利を保障されないことはやむを得ないと理解されてきました（宮沢俊義『全訂日本国憲法』、1978年、274 ページ。）。その一方で、兼子さんは、「能力」の有無にかかわらず、また「能力」

は適切な支援があれば発達するものであると考え、すべての子ども・人びとに教育を受ける権利が保障されるべきであるという教育法学的理解を呈しました。

「すべての子どもが能力発達のしかたに応じてなるべく能力発達ができるような（能力発達上の必要に応じた）教育を保障される。これが、すでに教育法学界における通説的解釈と言えよう。…人間の「発達の法則性」に叶った真に教育的専門性の高い指導がなされれば、すべての子どもがそれぞれに能力を伸ばしていけるはずで、現代国家は、教育がすべての子どもがその能力発達のしかた（人間の発達の法則性の個人的・個性的あらわれ）に応じて能力発達を専門性高く保障できるように、積極的な条件整備に努めるべきなのである。」（兼子仁『教育法〔新版〕』有斐閣、1978 年、231－232 ページ。）

こうした理解は、養護学校の設置義務化（コラム 8-1 参照）や高校全入など戦後の教育機会拡大を求める運動を支えました。

(8) 普通教育とは、専門教育や職業教育と対になる概念であって、人間の発達に必要な普遍的・基本的な内容を扱う教育をいいます。

(9) 佐藤広美「教育の目的と立憲主義」浦野東洋一ほか編著『改定教育基本法どう読みどう向きあうか』かもがわ出版、2007 年、11 ページ。

(10) 自民党にとっての教育基本法改定は、日本国憲法「改正」へ向けたプロセスの一段階であると考えられています。教育学者の堀尾輝久さんは次のように述べています。「強力な自衛隊の存在という現実は憲法との矛盾を拡大してきたが、とくに 90 年の湾岸戦争を機に、アメリカの圧力は強まり、01 年の 9・11 からアフガン、そしてイラク戦争はついに自衛隊の海外派兵という現実をつくり出し、『安全地帯への派遣』という詭弁ではとりつくろうことができなくなった。さらに追い打ちをかけるかのように、米国の世界戦略の再編と日米同盟の強化が求められ、そのための憲法 9 条『改正』を求める圧力が、(中略) 強まっており、日米同盟を基軸とする日米首脳の強い姿勢が、そのまま 9 条『改正』への強い圧力となっていることを無視してはならない。しかし、憲法『改正』は手続きを含んで容易ではない。そのため、共謀罪、国民投票法と並行して教育基本法を『改正』して外濠を埋め、本丸である憲法『改正』をすすめようというのがその戦略的手順であることも見え見えである」（堀尾輝久「国の教育支配で閉ざされる子どもたちの未来」『クレスコ』第 64 号、2006 年 7 月、5－9 ページ）。

(11) 中嶋哲彦「教育行政と教育振興基本計画を国民の手に」浦野東洋一ほか『改定教育基本法どう読みどう向き合うか』かもがわ出版、2007 年、53－54 ページ。

【引用・参考文献】
・井深雄二「憲法・教育基本法の意義」坪井由実・井深雄二・大橋基博編『資料で読む教育と教育行政』勁草書房、2002 年、3－7 ページ。
・江藤恭二監修『新版　子どもの教育の歴史』名古屋大学出版会、2008 年。
・大津尚志「教育基本法の制定過程とその問題点」伊藤良高・大津尚志・中谷彪編『新教育基本法のフロンティア』晃洋書房、2010 年、12－17 ページ。
・片桐芳雄・木村元編著『教育から見る日本の社会と歴史』八千代出版、2008 年。

・久保富三夫「憲法・教育基本法体制」土屋基規編著『現代教育制度論』ミネルヴァ書房、2011年、35－61ページ。
・佐藤秀夫『新訂　教育の歴史』放送大学教育振興会、2000年。
・佐藤広美「教育基本法の精神を考え、『教育基本法改正案』を批判する」『教育』第726号、2006年、8－15ページ。
・高嶋伸欣『教育勅語と学校教育　思想統制に果たした役割』岩波ブックレットNo.174、1990年、26－40ページ。
・中谷彪「旧教育基本法の精神とその歴史的意義」前掲『新教育基本法のフロンティア』1－9ページ。
・日本教育法学会教育基本法研究特別委員会編『憲法改正の途をひらく教育の国家統制法──教育基本法改正政府案と民主党案の逐条批判』母と子社、2006年。
・堀尾輝久『人権としての教育』岩波書店、1991年。
・文部省『初等科修身四』1943年、1－7ページ。

第6講 教育の目的と目標

「教育を国などによって権力的に支配しようとする動き」の一環として制定された新教育基本法。なかでも、2条は新教育基本法の性格が大きく表れています。ここでは、同法1条・2条をとりあげ、内心の自由の観点から、その問題点を検討します。そして、新教育基本法を先どるかたちで、もしくは同法をより具体化するかたちで進められてきた学校における国旗・国歌の指導をとりあげます。

1 新教育基本法における教育の目的・目標

新教育基本法は、1条に「教育の目的」を、2条に「教育の目標」をそれぞれ定めています。これらの目的・目標は、学校教育だけではなく、社会教育や家庭教育といった国民が行う教育・学習活動にひろくおよびます。

1 教育の目的（1条）

新教育基本法
第1条（教育の目的）　教育は、人格の完成を目指し、平和で民主的な国家及び社会の形成者として必要な資質を備えた心身ともに健康な国民の育成を期して行われなければならない。

1条が定める「教育の目的」は、旧法同様に、「人格の完成」にあるとしています。人格の完成とは、知・徳・体の調和のとれた人間性の発達をいいま

す。人格が完成した人間像については、「平和で民主的な国家及び社会の形成者として必要な資質を備えた……国民」、つまり、日本国憲法が理想とする国家を担える国民としているだけで、教育基本法ではその具体的な姿は明らかにされていません。「教育の目的」があいまいな規定になっているのは、国が、国民に対して、特定の人間像をめざす教育を強制することがないように配慮されているためです。本来、国民には、人格の完成の中身をみずから考え、豊かな教育・学習活動をつくりだすことが期待されているのです。

2　教育の目標（2条）

旧教育基本法
第2条（教育の方針）　教育の目的は、あらゆる機会に、あらゆる場所において実現されなければならない。この目的を達成するためには、学問の自由を尊重し、実際生活に即し、自発的精神を養い、自他の敬愛と協力によつて、文化の創造と発展に貢献するように努めなければならない。

新教育基本法
第2条（教育の目標）　教育は、その目的を実現するため、学問の自由を尊重しつつ、次に掲げる目標を達成するよう行われるものとする。
　一　幅広い知識と教養を身に付け、真理を求める態度を養い、豊かな情操と道徳心を培うとともに、健やかな身体を養うこと。
　二　個人の価値を尊重して、その能力を伸ばし、創造性を培い、自主及び自律の精神を養うとともに、職業及び生活との関連を重視し、勤労を重んずる態度を養うこと。
　三　正義と責任、男女の平等、自他の敬愛と協力を重んずるとともに、公共の精神に基づき、主体的に社会の形成に参画し、その発展に寄与する態度を養うこと。
　四　生命を尊び、自然を大切にし、環境の保全に寄与する態度を養うこと。
　五　伝統と文化を尊重し、それらをはぐくんできた我が国と郷土を愛するとともに、他国を尊重し、国際社会の平和と発展に寄与する態度を養うこと。

　しかしながら、新教育基本法2条には、「教育の目的」（1条）を実現するために達成しなければいけない教育目標がこまかく定められています。
　旧法2条では目的を実現するための一般的・原則的な「教育の方針」が簡潔

に定められており、人類共通の普遍的な価値観が書かれていました。一方、新法2条では「教育の目標」と改められました。ここには、特定の価値観・道徳観、つまり、「豊かな情操と道徳心」、「自主及び自律の精神」、「公共の精神」、「伝統と文化」の尊重、「我が国と郷土を愛する」態度（いわゆる愛国心）などの20を超える「態度」を養うことが教育目標としてあげられています。

　こうした態度に関わる教育目標は、国民個人の心のあり方、つまり、どのように生きるかという道徳観や価値観に踏み込むものです[1]。2〜5号は、外に現れる「態度」を養うというかたちで定められ、カムフラージュがされていますが、こころと態度は無関係なものではありません。ふつう、人の心（気持ちや感情、心構えなど）は、その人の態度（発言や行動など）を通して他者へと伝わるものです。何らかの態度を育成するということは、そうした態度をとることができる心の育成と密接につながっています。文部科学大臣も「態度を養うことと心を培うことというのは一体として行われるものである」（衆議院教育特別委員会、2006年6月8日）と答弁しています。

 ## ❷　教育の目標（新教育基本法2条）が抱える問題

　同条に定められた教育目標のなかには、これまでに親や教師などから子どもたちに教えられてきたようなことがらもあり、その多くが広く一般に受け入れられている価値観といえるかもしれません。例えば、「公共の精神」（3号）とは、わがままを言わず、他人のためにみずからの力を注ごうとする心構えとでも言い換えることができるでしょう。困っている人のためにボランティア活動をすることや、自分が与えられた役割や仕事を最後までやり切ろうとする気持ちは、公共の精神に通じるものです。ですから、このような意味での公共の精神を、親や教師などから教わって、もしくは自ら気づいて、それぞれ個人が心に抱くこと自体は否定されるものではないでしょう。ここで問題となるのは、法律である教育基本法に教育目標を定めることであり、その教育目標が国民の心のあり方に関わっていることです。

1　教育目標の法定化

　教師は、自らの専門性にもとづいて、子どもの発達に必要なものは何かを考えながら、自由な教育活動を繰り広げていくことができます。一方、教育内容はその教育がめざす目的や目標にもとづいて整えられますから、国が法律によって教育目標をこまかく定めることは、国による教育の内的事項への必要以上の干渉を許してしまうおそれがあります。そうなれば、教師は、国が指示するとおりの教育しか行うことができず、教師が子どもの発達を願って自由に教育を創意工夫することが難しくなります。したがって、教育目標を法律に定めることは、教師の教育の自由や子どもの「教育を受ける権利」の自由権的保障に反することになります。国の言うとおりにしか教育を行えないような学校は、子どもにとっても、教師にとっても息苦しいものになってしまうでしょう。

2　個人よりも国家を優先する価値観の注入

　日本国憲法 19 条は思想・良心の自由（内心の自由）を定めています。内心の自由とは、国家が国民に対して特定の考え方を強制・禁止することを認めず、国民は自由に思い、考えることができるという基本的人権の一つです。個人の心に関わる教育目標の法定化は、内心の自由を侵害するおそれがあります。

　新教育基本法 2 条に書かれた教育目標の一つひとつは、人によってさまざまな考えや思い、イメージを抱くことができるあいまいなものであり、それらがしめす具体的な人間像は決して一つではありません。そうであるのに、国はみずからに都合よくそれらを解釈して、個人よりも国家を優先する価値観を国民に植え付けるおそれがあります。とくに、「豊かな情操と道徳心」（1 号）や「公共の精神」（3 号）、「伝統と文化」の尊重（5 号）、「我が国と郷土を愛する」態度（同）の育成などの文言は、その危険性が非常に強いと考えられています。

　先ほどとりあげた「公共の精神」についていえば、「公」が強調されると、「私」が軽視されてしまいます。「公」とは、不特定多数の人々（「みんな」）を指すこともあれば、国家（国・地方公共団体、天皇などの「お上」）を指すこともあります。したがって、国が国民に「公共の精神」を求めた場合、「公」が後者

の意味で理解され、「公共の精神」は国家への忠誠や献身、奉仕を美化しようとする国民の道徳となってしまう危険性をはらんでいます。

　よって、国民の心に関わる教育目標を定める教育基本法2条は、国が国民の心を統制することを認める規定として機能しかねない条文です。このことから、改定によって、教育基本法は、国民が国家権力の濫用をしばる法から、国家が国民をしばる法へとその性格を大きく変えたともいわれています[2]。

3　教育の態度主義

　つぎに、「態度」の育成を教育目標とすること（態度主義）の問題をとりあげます。教育基本法2条が定める心のあり方に関わる教育目標について、その達成の度合は、発言や行動、文章などの表面的な「態度」を通して評価されます。態度を評価することは、子どもたちに、常に教師の目を気にさせて、自分の本当の気持ちを隠しながら教育目標に適った言動をさせてしまうかもしれません。

　自分の本当の気持ちや考えを押し殺して、ありのままを表すことができないということは大変なストレスで、さまざまな発達のゆがみを引き起こすおそれがあります。他人からの評価でしか、自分を肯定できなくなってしまうことなどです[3]。また、子どもの時期のこのようなストレスは、将来、大人になってからさまざまな問題を引き起こします。例えば、上司などの他人の目を気にして自分の意見を言えなくなったり、他人の指示がなければ行動ができなくなってしまうことが想像されます。

4　教育目標の具体化

　教育基本法2条に掲げられた教育目標は、学校教育法の改定によって義務教育の目標（21条）ほかの各学校の教育目標などに下ろされています。また、一部の地方公共団体では、教育基本法改定を先どるかたちで、もしくは同法の教育目標をより厳格に実現するため、通達や条例によって、教育目標にそった学校教育の実施が強制されています。

　教育基本法2条の教育目標の一つとして「我が国と郷土を愛する」態度の育

表6-1　小学校・中学校学習指導要領（2017年改訂）における愛国心に関わる主な教育内容

教科等	愛国心に関わる教育内容
国語	・「昔話や神話・伝承などの読み聞かせ」、「易しい文語調の短歌や俳句」の音読・暗唱、「親しみやすい古文や漢文、近代以降の文語調の文章」の音読（小） ・「古文や漢文を音読し、古典特有のリズムを通して、古典の世界に親しむこと」（中）
社会	・教科の目標としての「我が国の国土と歴史に対する愛情」（小）、「自国を愛」（中）すること、「我が国の国土に対する愛情」（中）の育成 ・「天皇についての理解と敬愛の念」（小） ・神話・伝承について「古事記、日本書紀、風土記などの中から適切なものを取り上げること」（小）、「古事記、日本書紀、風土記などにまとめられた神話・伝承などの学習」（中） ・「我が国の国旗と国歌の意義」の理解と尊重（小）、「国旗及び国歌の意義並びにそれらを相互に尊重することが国際的な儀礼であることの理解」（中） ・「我が国が、固有の領土である竹島や北方領土に関し残されている問題の平和的な手段による解決に向けて努力していることや、尖閣諸島をめぐり解決すべき領有権の問題は存在していないことなどを取り上げること」（中）
外国語（英語）	・「我が国の文化や、英語の背景にある文化に対する関心を高め、理解を深めようとする態度を養う」（小） ・「国際社会と向き合うことが求められている我が国の一員としての自覚を高める」（中）
家庭科 技術・家庭科	・「伝統的な日常食である米飯及びみそ汁」の調理（小）・「地域の伝統的な行事食や郷土料理を扱うこともできる」（中） ・「日本の伝統的な衣服である和服について触れること。また、和服の基本的な着装を扱うこともできること」（中）
音楽	・「我が国や郷土の音楽」への愛着（小） ・「和楽器の音楽を含めた我が国の音楽」（小）、「我が国や郷土の伝統音楽」（中）の鑑賞 ・「国歌「君が代」は、いずれの学年においても歌えるよう指導すること」（小）
美術	・「伝統や文化のよさや美しさを感じ取り愛情を深める」（中）
体育	・武道について「柔道、剣道、相撲、空手道、なぎなた、弓道、合気道、少林寺拳法、銃剣道などを通して、我が国固有の伝統と文化により一層触れることができるようにすること」（中）
特別の教科 道徳	・内容項目（徳目）としての「伝統と文化の尊重，国や郷土を愛する態度」（小中） ・道徳教育の要として道徳科、各教科等の特質に応じた道徳教育（小中）
特別活動	・「入学式や卒業式などにおいては、その意義を踏まえ、国旗を掲揚するとともに、国歌を斉唱するよう指導するものとする。」（小中高）

成が定められたことによって、学校において愛国心教育が進められています。愛国心とは、例えば「日本が好きだ」とか「日本人としての誇り」とかという、自らが居住・所属する国家への愛情・愛着をいい[4]、それを育てようとするのが愛国心教育です。同法改定前の学習指導要領にも愛国心に関わる記述がありましたが、現在の学習指導要領（2017年・2018年改訂）はそれらを引き継ぐとともに、愛国心教育に関わる教育内容を充実させています。そもそも、「愛」という感情は、個人の心のうちから込み上げてくる感情であり、国や教師などの他人から強制されて抱く感情ではありません。愛国心をもつように強制されることは、内心の自由の侵害になります。「日本人だから日本の国を愛することはあたりまえ」というわけではなく、国の愛し方や国を思う気持ちは人によって違いますし、違っていていいのです。

コラム 6-1 入学式・卒業式における国旗・国歌の指導

入学式や卒業式などの国歌斉唱の際、起立をしない「不起立」の教師やピアノ伴奏を拒否する教師がいることを知っているだろうか。

永井愛作・演出の舞台「歌わせたい男たち」（2005年初演）は、そうした教師たちの葛藤をとりあげた喜劇である。同劇では、都立高校の卒業式の朝を舞台にして、俳優の戸田恵子演じる元シャンソン歌手で音楽の臨時教員ミチルが、不起立を決めている社会科教師の拝島と、教育委員会からの列席者を前にして卒業式の円滑な実施を望む与田校長とのあいだで、国歌のピアノ伴奏をするべきか、やめるべきかで思い悩む情景を、ときにコミカルに、またときにシリアスに描き出している。東京都教育委員会は、教職員に対して、国歌斉唱時の起立・ピアノ伴奏を義務付ける通達（「入学式、卒業式等における国旗掲揚及び国歌斉唱の実施について」2003年10月23日）を出している。同劇はフィクションであるが、同通達が出されて以降の東京都での国旗・国歌をめぐる状況を忠実に表現している。ミチルのような葛藤に直面する教師の存在は決して作り話ではない。

学校での国旗・国歌の指導は、学習指導要領にも記述があり、愛国心教育の一環として行われている。とくに東京都や大阪府では、不起立・伴奏拒否の教師たちがそれを理由に懲戒処分を受けている。それでも教師はなぜ不起立・伴奏拒否をするのだろうか。その動機は次の五つに整理することができるだろう。

①宗教的理由……「君が代」は天皇の時代が永く続くことを願う歌であるため、キリスト教などを信仰しており、神道に通じる天皇を崇めるような国歌を歌う

ことはできない。
②歴史認識に由来する理由……アジア・太平洋戦争のシンボルであった国旗・国歌に敬意を払うことはできない。
③国籍に由来する理由……自身のルーツが外国であるため。
④教科的専門知識に由来する理由……例えば、社会科において侵略戦争の歴史や日本国憲法を教えてきたため、それらに反するような行動はとれない。
⑤教育的信念に由来する理由……これまで子どもたちに正しいことをするように指導してきた、在日コリアンの教え子がいる、教師が起立・伴奏すると子どもたちにも強制することになるなど。

　そもそも、国旗・国歌とは何か。国旗・国歌については、「国旗及び国歌に関する法律」（1999年制定）に定めがある。わずか2か条からなる同法は、日章旗（日の丸）を国旗とし（1条）、君が代を国歌とすること（2条）のみが書かれているだけで、国民がそれらを尊重しなければならないとかという規定は一切ない。もちろん、日本国憲法には国旗・国歌に関する条文はないし、それらの尊重を義務づける規定もない。むしろ、内心の自由（憲法19条）によって、国民が国旗・国歌に対してどのような考えや思いをもとうが、国家によってそれを強制・禁止されない。日本国憲法の下では、「日本人なら起立して当然」という考えは通用しない。
　教師の不起立・伴奏拒否は、教師の市民としての内心の自由にもとづく行為であるだけでなく、教師の教育の自由にもとづく行為でもある。教師の起立や伴奏は、子どもたちへの起立斉唱を求める沈黙の圧力となりうるし、国旗・国歌には多様な意見があることを知る機会やそれらについて発言する機会（子どもの権利条約12条にもとづく意見表明権）を奪うことになる。このことを考えれば、教師の不起立・伴奏拒否は、子どもの内心の自由を守ろうとする行為であり、日本国憲法の理念を自らの行動で示そうとする教育的行為でもある。それは、わがまま・身勝手という批判で片付けられるような軽率な行動ではない。

　「内心の自由、つまり、思想及び良心の自由は、あの戦争を経て、ようやく私たちが獲得した自由です。『君が代』については、さまざまな意見があるでしょう。ここには外国籍の生徒もいる。歌うも歌わないも、皆さん自身で決めてください」。

　これは、舞台「歌わせたい男たち」のなかで、かつて与田校長が、通達が出される前の卒業式で子どもたちに向かって話した一節がある。少なくとも、子どもたちに、国旗・国歌をめぐる歴史的背景や歌詞の意味、内心の自由について教える機会は認められなければならないだろう。

入学式、卒業式等における国旗掲揚及び国歌斉唱の実施について（通達）

平成 15 年 10 月 23 日
15 教指企第 569 号
都立高等学校長
都立盲・ろう・養護学校長

東京都教育委員会は、児童・生徒に国旗及び国歌に対して一層正しい認識をもたせ、それらを尊重する態度を育てるために、学習指導要領に基づき入学式及び卒業式を適正に実施するよう各学校を指導してきた。

これにより、平成 12 年度卒業式から、すべての都立高等学校及び都立盲・ろう・養護学校で国旗掲揚及び国歌斉唱が実施されているが、その実施態様には様々な課題がある。このため、各学校は、国旗掲揚及び国歌斉唱の実施について、より一層の改善・充実を図る必要がある。

ついては、下記により、各学校が入学式、卒業式等における国旗掲揚及び国歌斉唱を適正に実施するよう通達する。

なお、「入学式及び卒業式における国旗掲揚及び国歌斉唱の指導について」（平成 11 年 10 月 19 日付 11 教指高第 203 号、平成 11 年 10 月 19 日付 11 教指心第 63 号）並びに「入学式及び卒業式などにおける国旗掲揚及び国歌斉唱の指導の徹底について」（平成 10 年 11 月 20 日付 10 教指高第 161 号）は、平成 15 年 10 月 22 日限り廃止する。

記

1　学習指導要領に基づき、入学式、卒業式等を適正に実施すること。
2　入学式、卒業式等の実施に当たっては、別紙「入学式、卒業式等における国旗掲揚及び国歌斉唱に関する実施指針」のとおり行うものとすること。
3　国旗掲揚及び国歌斉唱の実施に当たり、教職員が本通達に基づく校長の職務命令に従わない場合は、服務上の責任を問われることを、教職員に周知すること。

別紙
入学式、卒業式等における国旗掲揚及び国歌斉唱に関する実施指針
1　国旗の掲揚について
入学式、卒業式等における国旗の取扱いは、次のとおりとする。
(1)　国旗は、式典会場の舞台壇上正面に掲揚する。
(2)　国旗とともに都旗を併せて掲揚する。この場合、国旗にあっては舞台壇上正面に向かって左、都旗にあっては右に掲揚する。
(3)　屋外における国旗の掲揚については、掲揚塔、校門、玄関等、国旗の掲揚状況が児童・生徒、保護者その他来校者が十分認知できる場所に掲揚する。
(4)　国旗を掲揚する時間は、式典当日の児童・生徒の始業時刻から終業時刻とする。
2　国歌の斉唱について
入学式、卒業式等における国歌の取扱いは、次のとおりとする。
(1)　式次第には、「国歌斉唱」と記載する。
(2)　国歌斉唱に当たっては、式典の司会者が、「国歌斉唱」と発声し、起立を促す。
(3)　式典会場において、教職員は、会場の指定された席で国旗に向かって起立し、国歌を斉唱する。
(4)　国歌斉唱は、ピアノ伴奏等により行う。
3　会場設営等について
入学式、卒業式等における会場設営等は、次のとおりとする。
(1)　卒業式を体育館で実施する場合には、舞台壇上に演台を置き、卒業証書を授与する。
(2)　卒業式をその他の会場で行う場合には、会場の正面に演台を置き、卒業証書を授与する。
(3)　入学式、卒業式等における式典会場は、児童・生徒が正面を向いて着席するように設営する。
(4)　入学式、卒業式等における教職員の服装は、厳粛かつ清新な雰囲気の中で行われる式典にふさわしいものとする。

　東京都教育委員会は、2003年10月、都立学校の教職員に対して卒業式など
での国歌斉唱時の起立・ピアノ伴奏を義務付ける通達を出した。東京都では、同
通達を受けて、校長によって教職員に対して起立等を命ずる職務命令が出される。
地方公務員法上、教職員は上司にあたる校長の職務命令に従う義務を負っている
ため（32条）、不起立・ピアノ伴奏拒否をした教職員は懲戒処分の対象とされる。

　同通達が出されて以降、東京都では、職務命令やそれに従わなかった場合の懲
戒処分が正しいものであったのかをめぐって、いくつかの裁判が行われている。
ここでは、2012年1月に出された東京都「君が代」不起立処分取消訴訟の最高
裁判決をとりあげ、その成果と課題を考えたい。

　都立学校の教職員Aら170名は、2003年11月から2004年4月までに行
われた卒業式や入学式などの儀式的行事において、校長の職務命令に従わず、国
歌斉唱時、不起立行為等を行った。これを理由にして、都教育委員会は、Aに対
して月額10分の1の減給処分（1か月）を、Bら残りの教職員らに対して戒告
処分を行った。Aは、2002年4月の入学式の際、服装およびその後の事実確認
に関する校長の職務命令に従わなかったことを理由に戒告処分を受けており、今
回は2回目の懲戒処分であったため、上記の処分に処された。東京都では、1回
目の不起立行為等は戒告処分、2回目は減給1か月、3回目は減給6か月、4回
目以降は停職処分にするという「加重処分」の方針が採られており、Aはその後
も不起立を続けたため、最終的には停職処分を受けた。また、Bも同様に減給処
分を受けた。Aらはこれらの処分の取り消しを求めて裁判を起こし、本最高裁判
決はその第3審（上告審）判決である。

　本判決では、「減給以上の重い処分は慎重な考慮が必要だ」として、Aの停職処
分とBの減給処分の取り消しを認める一方で、残りの教職員の戒告処分の取り消
しは認めないという判決を出した。同判決の要点は次の3点である。

（1）Aらの不起立行為等を、「個人の歴史観ないし世界観等に起因するもの」であ
　　るとした上で、「式典の秩序や雰囲気を一定程度損なう作用をもたらす」点では、
　　「生徒への影響も伴うことは否定し難い」ものの、「積極的な妨害等の作為では
　　なく、物理的に式次第の遂行を妨げるものではない」と判断した。

（2）一方、教職員に対して起立等を命ずる校長の職務命令は、「憲法19条に反す
　　るものではなく、学校教育の目標や卒業式等の儀式的行事の意義、在り方等を
　　定めた関係法令等の諸規定の趣旨に沿って、地方公務員の地位の性質及びその
　　職務の公共性を踏まえ、生徒等への配慮を含め、教育上の行事にふさわしい秩
　　序の確保とともに式典の円滑な進行を図るもの」として、その妥当性を認めた。

（3）そして、職務命令違反の教職員に対する懲戒処分も、「基本的に懲戒権者（都

教育委員会─引用者による）の裁量権の範囲内に属する」として、その妥当性を
認めた。ただし、「過去の……懲戒処分等の処分歴や不起立行為等の前後におけ
る態度等……に鑑み、学校の規律や秩序の保持等の必要性と処分による不利益
の内容との権衡（つり合い─引用者による）」の観点から判断されるべきであると
して、ただ機械的な加重処分によって、減給処分を行うことは「社会観念上著
しく妥当を欠き、……懲戒権者としての裁量権の範囲を超えるもの」であると
した。したがって、不起立行為等に対する減給・停職・免職の各処分は、「教職
員の法的地位や直接の職務上ないし給与上の不利益を及ぼす」ため、「慎重な考
慮が必要となる」と認めた。

　同判決が不起立行為等への減給以上の懲戒処分に一定の歯止めをかけたことは、
最高裁のはじめての判断であり、この点については画期的な判決であったと評価
できる。しかしながら、同通達にもとづく職務命令や懲戒処分そのものが教師や
子どもの内心の自由に反するということは認められなかった。さらに不起立行為
等が教職員個人のみの内心に関わるものとされ、子どもの内心の自由を保護する
ものであることや教師の教育の自由にもとづく教育的行為であることまでは考慮
されなかった。この点については、従来の最高裁判決を脱するものではなかった。

 3　新教育基本法とどう向きあうか

1　新教育基本法の立憲主義的解釈

　これまで述べてきたように、新教育基本法2条（教育の目標）は内心の自由と
矛盾する規定であり、日本国憲法に反する疑いがきわめて強いと考えられます。
しかし、同法は国会の議決を経て成立しており、法律としての効力を有してい
ます。それでは、わたしたちは、同法2条が掲げる教育目標や同法そのものと
どう向きあえばよいのでしょうか。第5講では、日本国憲法や子どもの権利条
約などの上位法、または学習権思想にもとづいて、国民の教育や学びをより支
えることができるような解釈（立憲主義的解釈）の必要性を述べました。

　こうした観点から、同法2条を読んでみましょう。同条は「学問の自由を尊
重」して目標の達成をめざすように定めています。学問の自由とは、日本国憲
法23条が保障する基本的人権の一つで、真理を探究することができる自由を
認めるものです。よって、心のあり方に関わる教育目標は、国によって都合よ

く解釈されるのではなく、研究者や教師などによる学問研究の成果にもとづいて客観的に解釈されなくてはならないでしょう。

　しかしながら、そもそも教育目標の法定化は、国による教育内容（教育の内的事項）への干渉を認め、「教育を受ける権利」の自由権的側面を侵害します。ですから、2条の条文じたいを、立憲主義的に解釈することは不可能でしょうし、内心の自由に反しない愛国心教育を想定することも容易ではないでしょう。旭川学テ裁判最高裁判決（1976年5月21日）でも、教育内容への国家の介入は「抑制的であることが要請される」とされています。さらに、日本国憲法は「その条規に反する法律……の全部又は一部は、その効力を有しない」（98条）としています。この点をふまえれば、新教育基本法2条そのものが法的な効力をもち得ていないと理解することもできるでしょう。

2　教師の手にかかる「教育」と「教化」のわかれ道

　発達段階にある子どもたちに、特定の価値観・道徳観を強制することは、子どもたちが将来にわたってさまざまに思い、考える能力や機会を奪うことを意味します。教育学者の堀尾輝久さんが指摘するように、「やわらかな心」の子どものうちに公共の精神や愛国心などを教え込むことには、子どもたちを、個人よりも国家を優先するという「型にはめてい」こうとする「発想」が見えかくれしています[5]。もしその「発想」どおりになれば、国、とりわけ時の政府に対して、無批判で言いなりの国民を育てるだけです。国民主権（民主主義）は、国家権力への批判を含む自由な議論によって充実していくものですから、公共の精神や愛国心を育てる教育は、民主主義の崩壊にもつながります。

　子ども個人の思いや考えを否定して、国にとって都合のいい価値観が押し付けられるならば、それは教育ではなく、「教育勅語」体制のような「教化」（インドクトリネーション）になってしまいます。子どもと直接に向きあって教育を行うのは教師ですから、教育になるか教化になるか、最終的には教師の手にかかっているといえるでしょう。教師のみなさんには、新教育基本法2条を乗り越えるような主体的・創造的な「教育」実践の展開を期待します。

子どもの自由な思考を育てるためには、教師が自由な教育実践を展開できる環境が必要であり、かつ、教師自身が子どもの自由な思考（「みんなちがって、みんないい」金子みすゞ）を認めることができるかにかかっています。

【注】
(1) これらの教育目標は、学習指導要領にある「道徳の時間」の指導内容とおおむね共通しています。そのため、2条については、告示である学習指導要領の内容を、法律である教育基本法へといっきに格上げして定めたものであると考えられています。そのような定め方はきわめて異例であり、その異例さへの批判を込めて、2条に定められた「態度」に関わる教育目標は「徳目」とも呼ばれています。
(2) 佐藤広美「教育の目的と立憲主義」浦野東洋一ほか編『改定教育基本法どう読みどう向きあうか』かもがわ出版、2007年、12－14ページ。
(3) 高垣忠一郎『生きることと自己肯定感』新日本出版社、2004年を参照。
(4) 一般的に、「国」とは、①自然環境を含む国土、②そこに住む人々、③それらによって育まれる歴史、伝統、文化、産業などを意味するでしょう。また、④生まれ育った故郷を指すこともあれば、より限定して⑤家族や親しい仲間を思い浮かべることもあるでしょう。そして、「国」は⑥権力をもって国民を統治・支配する組織、とくに与党やそれによって形成される政府を指すこともあります。新教育基本法2条が「我が国と郷土を愛する」態度というとき、その「国」は、内閣総理大臣（当時）によれば、「歴史的に形成されてきた国民、国土、伝統、文化などから成る歴史的、文化的な共同体としての我が国」であり、「統治機構、すなわちその時々の政府や内閣等」ではないとされています（参議院本会議、2006年11月17日）。しかしながら、同法16条（教育行政）に登場する「国」は政府・内閣といった統治機構を指していますし、法令用語研究会編『有斐閣法律用語辞典第4版』（有斐閣、2012年）によれば、法令上の「国」はやはり「国家を権利義務の主体として表す場合に用いるのが通例である」とされています。
(5) 堀尾輝久『教育に強制はなじまない――君が代斉唱予防裁判における法廷証言』大月書店、2006年、29ページ。

【引用・参考文献】
・市川須美子「日の丸・君が代裁判の教育法的検討」『日本教育法学会年報』第36号、2007年、101－110ページ。
・「討論　民営化型学校管理の法的分析」同上、111－118ページ。
・伊藤良高「教育の目的・目標と教育基本法」伊藤良高・大津尚志・中谷彪編『新教育基本法のフロンティア』晃洋書房、2010年、24－30ページ。
・梅原利夫「第2条（教育の目標）」浪本勝年・三上昭彦編著『「改正」教育基本法を考える』北樹出版、2007年、35－40ページ。
・河合正雄「教育の自由、日の丸・君が代」宿谷晃弘編著『学校と人権』成文堂、2011年、

109-119 ページ。
・久保富三夫「憲法・教育基本法体制」土屋基規編著『現代教育制度論』ミネルヴァ書房、2011 年、35-61 ページ。
・佐貫浩「第二条　教育の目標——教育と国民の思想・態度を国家管理する中心条項」『教育』第 726 号、2006 年 7 月、26-27 ページ。
・日本教育法学会教育基本法研究特別委員会編『憲法改正の途をひらく教育の国家統制法——教育基本法改正政府案と民主党案の逐条批判』母と子社、2006 年。
・堀尾輝久「国の教育支配で閉ざされる子どもたちの未来」『クレスコ』第 64 号、2006 年 7 月、5-9 ページ。

第7講 学校の制度

みなさんは長年にわたって「学校」に通ってきました。一般的には、教職員、教育課程、施設・設備を整えて、組織的・継続的な教育活動を提供する場を「学校」と呼んでいますが、みなさんが何気なく通ってきた「学校」もまた、教育制度と深い関わりがあります。

では、法的に見て、「学校」とはどのようなものを指すのでしょうか。また、「学校」のあり方が教育法によって細かく定められているのはなぜでしょうか。ここからは3講にわたって、学校に関する教育制度について学んでいきましょう。

まず本講では、教育基本法・学校教育法の規定を中心に、学校の種類、学校の公の性質、設置者について理解することを通して、今日の学校制度の意義と問題について考えましょう。

1　フリースクールは「学校」か

Kさん（16歳,当時）は「東京シューレ」というフリースクールに通っています[(1)]。東京シューレには決まった時間割はなく、ミーティングやさまざまな講座、実行委員会、スポーツの時間、何でも自由に行える「タイム」と呼ばれる時間があり、子どもたちは自分で選んでそれらに参加しています。子どもたちから新しい活動を提案することもできます。

Kさんのある一日は、英会話の講座に出た後、五平餅をみんなでつくって食べ、その後、友人とおしゃべりをし、そしてスタッフを交えて少しまじめな話

をして過ごしました。東京シューレでの生活は、時間に縛られることはあまりなく、何もしない時間さえあります。しかし、ここでは、子どもたちはそのときに自分がやりたいことをやり、みずから一日一日を創っています。

　Kさんは、子どもの権利条約を考える講座が楽しいと話します。東京シューレの講座は、ただ教える・教えられるという一方的な関係ではなく、スタッフと子どもがともに意見を出し合い、学び合っていくというスタイルで行われています。一条ずつ、子ども目線や不登校という視点から子どもの権利や子どもの参加を考え、子どもの権利条約を読み深めていきます。自分のまわりで条約が守られているかを考えたり、難解な条文に頭を悩ませたりもします。答えの出ないことを議論するため、一時間の講座が終わったときにはモヤモヤしか残らないこともありますが、その分、充実感も得られるのだそうです。

　東京シューレには、このような課題を深めていく講座のほかに、教科学習にとりくむ授業時間も設けられています。そうした時間には、子どもそれぞれの学力や学びのペースに合わせ、スタッフと一緒に作成した学習計画をもとにして学習を進めています。東京シューレには、文部科学省が実施する高卒認定試験で大学等の受験資格を得て、大学進学を実現する子どもたちも多くいます。

　フリースクールに通う子どもの多くは、何らかの理由で小・中学校や高等学校の生活に適応できず、不登校や退学になった子どもたちです。Kさんは、教師とのトラブルから小学校5年のときに不登校となり、東京シューレに通い始めました。フリースクールの多くは小・中学校や高等学校のような細かな教育課程が用意されているわけではありません。子どもたちは、興味・関心や進路、学びのスピードに応じて、支援者と相談しながら自らの学習の内容や時間を決めています。子どもの興味・関心や自己決定が尊重され、子どもの参加によって教育をつくっていきます。それがフリースクールでの教育の特徴です。

　フリースクールに通う子どもたちにとって、そこはかけがえのない学びの場となっています。しかしながら、フリースクールに在籍していても、そのままでは小学校などの卒業は認められません[2]。しかも、フリースクールは公的な財政援助を受けていませんから、その経済的負担は子どもの保護者にかかって

います。東京シューレの場合、会費（授業料）は月々52,500円となっています。

　では、フリースクールとは「学校」なのでしょうか。そもそも「学校」とは何なのでしょうか。教育法の規定を手がかりにして考えてみましょう。

 ## ❷　教育基本法・学校教育法における「学校」

1　法律に定める学校（一条校）

教育基本法
第6条（学校教育）　法律に定める学校は、公の性質を有するものであって、国、地方公共団体及び法律に定める法人のみが、これを設置することができる。
2　前項の学校においては、教育の目標が達成されるよう、教育を受ける者の心身の発達に応じて、体系的な教育が組織的に行われなければならない。この場合において、教育を受ける者が、学校生活を営む上で必要な規律を重んずるとともに、自ら進んで学習に取り組む意欲を高めることを重視して行われなければならない。

学校教育法
第1条（学校の範囲）　この法律で、学校とは、幼稚園、小学校、中学校、義務教育学校、高等学校、中等教育学校、特別支援学校、大学及び高等専門学校とする。

　今日、さまざまな学校や教育施設がありますが、教育基本法6条は、「法律に定める学校」に限定して、学校教育の基本原則を定めています。同1項では、「法律に定める学校」が「公の性質」を有することと、それを「設置」できる者（学校設置者）について定めています。2項では、「法律に定める学校」に対して「教育の目標」の達成義務を課しています。

　では、教育基本法がいう「法律に定める学校」とは何でしょうか。「法律に定める学校」とは、具体的には、学校教育法1条に定められた幼稚園[3]、小学校、中学校、義務教育学校[4]、高等学校[5]、中等教育学校[6]、特別支援学校[7]、大学[8]、高等専門学校[9]をいいます。これらの学校は、その他の教育

施設とは区別され、「一条校」と呼ばれています。学校教育法上、「学校」とは一条校を指しており、教育基本法が定める「学校教育」とは一条校における教育をいいます。一条校は、その他の教育施設と異なり、国・地方公共団体による財政負担・補助を受けるのと同時に、厳しい管理を受けます。

表7-1　一条校の目的と学校数・在籍者数

校種	学校教育法における各学校の目的	学校・在籍者数
幼稚園	22条　義務教育及びその後の教育の基礎を培うものとして、幼児を保育し、幼児の健やかな成長のために適当な環境を与えて、その心身の発達を助長することを目的とする。	10,477 園 1,207,884 人
小学校	29条　心身の発達に応じて、義務教育として行われる普通教育のうち基礎的なものを施すことを目的とする。	19,892 校 6,427,867 人
中学校	45条　小学校における教育の基礎の上に、心身の発達に応じて、義務教育として行われる普通教育を施すことを目的とする。	10,270 校 3,251,670 人
義務教育学校	49条の2　義務教育学校は、心身の発達に応じて、義務教育として行われる普通教育を基礎的なものから一貫して施すことを目的とする。	82 校 34,559 人
高等学校	50条　中学校における教育の基礎の上に、心身の発達及び進路に応じて、高度な普通教育及び専門教育を施すことを目的とする。	5,149 校 3,422,163 人
中等教育学校	63条　小学校における教育の基礎の上に、心身の発達及び進路に応じて、義務教育として行われる普通教育並びに高度な普通教育及び専門教育を一貫して施すことを目的とする。	52 校 32,325 人
特別支援学校	72条　視覚障害者、聴覚障害者、知的障害者、肢体不自由者又は病弱者（身体虚弱者を含む。以下同じ。）に対して、幼稚園、小学校、中学校又は高等学校に準ずる教育を施すとともに、障害による学習上又は生活上の困難を克服し自立を図るために必要な知識技能を授けることを目的とする。	1,141 校 143,379 人
大　学	83条　学術の中心として、広く知識を授けるとともに、深く専門の学芸を教授研究し、知的、道徳的及び応用的能力を展開させることを目的とする。 2　大学は、その目的を実現するための教育研究を行い、その成果を広く社会に提供することにより、社会の発展に寄与するものとする。	大学 782 校 2,599,684 人 （学部生のみ） 短期大学 331 校 114,774 人 （本科学生のみ）
高等専門学校	115条　深く専門の学芸を教授し、職業に必要な能力を育成することを目的とする。	57 校 57,467 人

学校数・在学者数は文部科学省「学校基本調査」（2018）による。

　下級学校から上級学校への進学関係を示したものを学校体系といい、学校制度は大きく単線型、複線型、分岐型の三つの学校体系に分類できる（図 7-1）。

　複線型学校体系は、身分制の根強い社会に見られるもので、出身階層や性別によって初等教育段階から入学する学校の種類や教育機会が異なる。例えば、日本の江戸時代に、庶民の子どもは寺子屋に通い、武士の子どもは藩校などに通ったが、こうしたしくみは複線型学校体系といえる。

　ドイツは伝統的に今日まで分岐型学校体系を採用しており（図 7-2）、初等教育にあたる基礎学校を卒業すると、基幹学校、実科学校、ギムナジウムに進路がわかれる。基幹学校（2003/2004 年度の在籍生徒数比率 22.8%）や実科学校（同 26.1%）では、職業教育・訓練を受け、卒業後は就職か、上級の職業教育学校に進学する。そして、ギムナジウム（同 33.4%）では進学のための教育が行われ、大学進学資格を獲得し、卒業後、大学に進学することができる。

　ドイツの分岐型学校体系では、中等教育段階は、大学進学が可能なギムナジウムと、就職の道に進む基幹学校・実科学校に分岐する。そのため、低年齢で、将来を見据えた進路決定が迫られるのである。

　分岐型学校体系には、早期の進路決定による個性や専門性の向上が積極的に評価されることもあるが、大学進学が一部の者に限られるという問題点を抱えている。さらに、大学を卒業した者が、そうでない者と比べ、社会的に高い地位に就き、高収入を得るとすれば、中等教育段階での分岐が将来の社会的地位や収入に影響を及ぼすことにもなる。ドイツでは、分岐型を維持しながらも、3 学校を統合した総合制学校の創設や、オリエンテーション段階での学校間移動を認める制度改正を行い、こうし

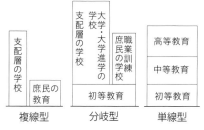

図 7-1　学校体系のモデル

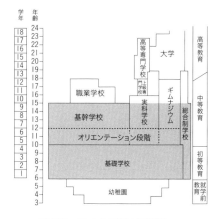

図 7-2　ドイツの学校系統図

（▨部分は義務教育）

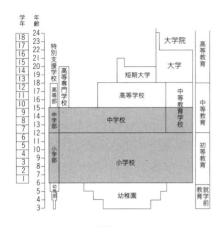

図 7-3　日本の学校系統図（2015 年以前）

た問題の是正に努めている。

　日本では、戦前、分岐型学校体系をとってきたが、戦後教育改革を経て、今日までおおむね単線型学校体系がとられている（図7-3）。学校教育法制定時（1947年）には、幼―小―中―高―大という単線型学校体系が形成された。単線型学校体系とは、能力や関心をもちあわせていれば、すべての者に大学進学の門戸が開かれるという、教育の機会均等を徹底した学校体系である。

　しかし、今日、高等学校は偏差値による序列化が進んでおり、進学する高等学校によって、大学進学の可能性や進学できる大学が決まってしまう実態がある。義務教育修了時の「偏差値による分岐」が、分岐型学校体系と同じように、将来の社会的地位や収入の格差につながることが危ぶまれる。さらには、学校教育法改正による新たな学校種の創設によって、今日、学校体系はゆるやかな分岐型へ移行しつつあり、一部の学校のエリート校化が懸念される。個性の伸長と教育の機会均等をいかに両立するかが問われている。

2　それ以外の教育施設

　つぎに、「法律に定める学校」（一条校）以外の教育施設についてみてみましょう。まず、学校教育法には、一条校のほかに専修学校 (10) や各種学校 (11) に関する規定があります。専修学校や各種学校は一条校とともに文部科学省の所管にありますが、国・地方公共団体による管理は一条校ほど厳しくありませんし、公的な財政援助も多くはありません。

　そのほか、法令上の規定のない教育施設もあります。学習塾や予備校の一部などの営利目的で提供されるもののほか、小・中学校などの教育を補完するフリースクールがここに含まれます。これらの教育施設は、事業の開始にあたって認可を必要としません。

表 7-2　学校・教育施設の種類

一条校	幼稚園、小学校、中学校、義務教育学校、高等学校、中等教育学校、特別支援学校、大学、高等専門学校	学校教育法
専修学校	専修学校、高等専修学校、専門学校	
各種学校	外国人学校、予備校など	

（執筆者による作成）

3 法律に定める学校（一条校）の公の性質と設置者

　すべての人々の「教育を受ける権利」を保障するという公共性をもち、社会的・公的に組織された教育を公教育といいます。公教育には社会教育も含まれますが、公教育を中心的に担っているのは、一条校における学校教育です。そのため、一条校は、教育基本法や学校教育法によって、ほかの教育施設とは異なる基本原則が定められています。

1　一条校の公の性質

　教育基本法6条1項は、すべての一条校が「公の性質」を有することを定めています。ここで「すべて」というのは、国公立学校であっても、私立学校であっても「公の性質」を有しているということです。

　一条校が公の性質を有するのは、そこで行われる教育活動に公共性があるためです。一条校での教育活動は、学習者に学習の機会を提供し、彼らの発達を援助することを通じて、彼らの「教育を受ける権利」を保障するという性質をもちます。一条校は、営利を追求して金もうけのために教育活動を行うものではありませんし、特定の勢力に都合のよい人間を育成するために行うものでもありません。

2 　一条校の設置者の限定と学校法人による私立学校設置

> 学校教育法
> **第2条（学校の設置者）**　学校は、国（…略…）、地方公共団体（…略…）及び私立学校法（…略…）第三条に規定する学校法人（以下「学校法人」という。）のみが、これを設置することができる。
> **2**　この法律で、国立学校とは、国の設置する学校を、公立学校とは、地方公共団体の設置する学校を、私立学校とは、学校法人の設置する学校をいう。
>
> 私立学校法
> **第3条（学校法人）**　この法律において「学校法人」とは、私立学校の設置を目的として、この法律の定めるところにより設立される法人をいう。

　教育基本法6条1項は、一条校を設置できる者（学校設置者）を、国、地方公共団体、法律に定める法人という3者に限定しています。「法律に定める法人」は、学校教育法2条・私立学校法3条によって、学校法人とされています。一条校が公の性質を有するためには、教師がそれにかなう教育活動を行うことはもちろんですが、設置者のあり方も重要になります。ですから、教育基本法・学校教育法は、設置した学校の公の性質を保つことができる者だけに学校設置を認めています。

　一般の国民が私立学校を設置しようとする場合、事前に学校法人を設立して、学校法人によって私立学校を設置します。原則、個人や学校法人以外の組織では私立学校を設置することはできません。一条校である私立学校は、国公立学

表7-3　設置者別の学校数・在籍者数の割合（2010年）

	学校数の割合（%）			在学者数の割合（%）		
	国立	公立	私立	国立	公立	私立
幼稚園	0.3	38.2	61.5	0.4	18.4	81.3
小学校	0.3	98.7	1.0	0.6	98.2	1.1
中学校	0.7	92.3	7.0	0.9	92.0	7.2
高等学校	0.3	73.9	25.8	0.3	70.0	29.8
大学	11.0	12.2	76.7	21.6	4.9	73.4
短期大学	0.0	6.6	93.4	0.0	5.9	94.1

（文部科学省『学校基本調査』2010をもとに執筆者が作成）

校と同じように公の性質を有し、公教育を担っています。今日の日本の学校教育において、私立学校が果たす役割は非常に大きいものです。私立学校では、法の規定の範囲内ではありますが、国公立学校とは異なる独自の教育活動を行うことができます[12]（教育基本法8条、私立学校法1条）。これを私立学校の自主性といい、国・地方公共団体はそれを尊重しなくてはいけません。

教育基本法
第8条（私立学校）　私立学校の有する公の性質及び学校教育において果たす重要な役割にかんがみ、国及び地方公共団体は、その自主性を尊重しつつ、助成その他の適当な方法によって私立学校教育の振興に努めなければならない。

私立学校法
第1条（この法律の目的）　この法律は、私立学校の特性にかんがみ、その自主性を重んじ、公共性を高めることによつて、私立学校の健全な発達を図ることを目的とする。

　教育基本法・学校教育法が国公立学校のほかに私立学校を認めることによって、国民は自らの教育理念にもとづいて一条校を設置し、公教育を提供することができます。一方で、私立学校は、公の性質を有し、国民の「教育を受ける権利」を保障するという責任を課されます。私立学校の設置者の教育理念や教育の自由だけが尊重されて、設置者が独りよがりの教育を行ったり、十分な資金や施設・設備がなく安定した学校経営ができないということがあれば、そこで学ぶ学習者の権利は保障されません。ですから、一条校である私立学校の設置は、学習者の「教育を受ける権利」を保障できる条件を整えた学校法人のみに、原則認められているのです[13]。

3　一条校の設置者の責務

　学校設置者は設置する学校を管理し、法令に定めのある場合を除いて設置する学校の経費を負担する義務を負います（学校教育法5条）。前者を学校設置者管理主義、後者を学校設置者負担主義といいます。

（1）学校設置者管理主義

> 学校教育法
> 第5条（学校の管理・経費の負担） 学校の設置者は、その設置する学校を管理し、法令に特別の定のある場合を除いては、その学校の経費を負担する。

　学校設置者管理主義にもとづき、学校設置者は設置する学校の①人的管理（教職員の監督など）、②物的管理（施設設備の購入や処分など）、③教育・運営管理（校内組織や教育課程の承認・届出や教科書の採択、休業日の決定、児童生徒の出席状況の把握など）を行います。公立学校に対する管理は教育委員会が行い、学校との管理関係は、教育委員会規則である学校管理規則によって定められます。

　学校設置者管理主義は、設置者による権力統制的な管理まで認めているわけではありません。教育活動を行うのは設置者ではなく学校現場ですから、内的事項に関わる管理については学校現場の意向が尊重されなくてはいけません。

（2）学校設置者負担主義

　設置者負担主義にもとづき、学校設置者は教職員給与や施設設備の購入費など学校に関わる費用を負担します。学校設置者負担主義は、設置者の経費負担の責任を明らかにするとともに、設置者ではない者が費用を負担することで、学校をコントロールしてしまうことがないようにするための原則です。ただし、学校に関わる費用を負担したからといって、学校設置者が権力統制的に学校を管理することが認められるものではありません。学校設置者には学校現場の意向を尊重した費用の負担が求められます。

　学校設置者負担主義は、「教育を受ける権利」を保障するために、ほかからの財政負担が必要とされる場合、適用されません。例えば、市町村立小・中学校の教員の給与は、学校設置者負担主義にもとづけば、市町村が負担することになりますが、義務教育費国庫負担法によって都道府県・国が負担することが定められています。これは、市町村間の財政力の差が教員給与や教育の質に反映しないようにするためです。

（3）私学助成

　国・地方公共団体は、学校教育における私立学校の役割を考慮して、その教育条件の維持・向上や在学生の経済的負担の軽減のため、私立学校を設置する学校法人に対して私学助成を行っています。私学助成として、①国・地方公共団体による経常的経費への補助（補助金の交付）や ②税制優遇（法人税の減税、固定資産税の免税など）が実施されています。私立の大学・高等専門学校への経常的経費の補助は国によって実施されていますが、学校設置者負担主義にもとづき、経常的経費の 2 分の 1 を超えない範囲内で行われることになっています（私立学校振興助成法 4 条。私立の高等学校以下の一条校や専修学校、各種学校への補助は都道府県が実施します）。しかし、実際の補助率は 10％程度にとどまっています。こうした補助の低さは、国公立と私立のあいだの教育研究環境や授業料の格差に反映されてしまいますので、私学助成のさらなる充実が求められています。

4　一条校中心の学校制度の意義

　一条校は、ほかの教育施設とは異なり、国や地方公共団体から学校設置者や設置基準、教育課程、教職員配置などについて厳格な管理・規制を受けます。

　例えば、一条校のうち小学校・中学校・高等学校などは、教育課程を編成するさい、学校教育法にもとづき、学習指導要領を基準とすることになっています。そして、教師には教員免許が必要とされ（教育職員免許法）、最低限の教師の質を確保しています。各学校には必要数の教師が配置されていますし（学校教育法、義務標準法、高校標準法など）、どこの学校に行ってもほぼ同等の教室やそのほかの施設・設備が設けられています（各学校の設置基準など）。

　そして、一条校の運営には公的な資金があてられています。例えば、国公立の義務教育諸学校の授業料の無償（教育基本法 5 条、学校教育法 6 条）や市町村による小・中学校の設置義務・都道府県による特別支援学校の設置義務（学校教育法 38 条・49 条・80 条）、市町村による就学援助（同 19 条）、国・都道府県による私学助成（私立学校法、私立学校振興助成法）、日本学生支援機構などによる公的奨学金などがあげられます。決して課題がないわけではありませんが、これらによ

って教育に関わる私費負担がおさえられています[第9講]。

　一条校を中心とした学校制度は、国内の隅々まで張り巡らされた体系的・組織的な教育制度であるために、子どもは日本のどこにいてもどのような状況に置かれていても、ひとしく「教育を受ける権利」・学習権が保障されるのです。

4　一条校中心の学校制度がかかえる問題

1　管理ゆえの学校教育の柔軟性の欠如

　ただし、一条校を中心とした学校制度にも課題があります。例えば、国・地方公共団体による管理や規制は、教育の機会均等を実現する反面、一条校における教育を硬直的・画一的なものにしています。学習指導要領によって画一化された教育課程の下では、子ども一人ひとりの発達や学習の要求に応えたり、彼らの学びのペースに応じたりすることは容易なことではありません。そのため、一条校の窮屈さに不適応を起こす子どもたちがいます。国・地方公共団体による一条校への管理・規制は、すべての国民の学習権を保障しようとするものですが、管理・規制になじむことができない子どもたちを排除してしまっている一面もあるのです。

　公教育を担う一条校は、本来、そこでの教育活動になじめないからといって、子どもたちに教育機会を提供する責任を放棄することはできません。しかしながら、一条校が本来の役割を果たしていないため、子どもたちがフリースクールに通わざるをえないという現実があります。フリースクールでの教育活動は学習指導要領にもとづかないものですが、一人ひとりの子どもに合わせた教育活動を行えるという利点もあります。教育行政には、フリースクールでの教育活動から学ぶとともに、それぞれの子どもの発達や学習の必要に応じた学校現場での教育活動を可能とするような法令の整備が求められます。

　この点について、改善に向けた事例をあげておきましょう。「公立義務教育諸学校の学級編制及び教職員定数の標準に関する法律」（義務標準法）は、特別支援学校を除く公立義務教育諸学校における一学級あたりの児童生徒数の標準

を 40 人と定めていました。そのため、40 人を大きく下回る少人数学級の編成が妨げられてきました。これに対して、きめ細かな指導の必要や教師の多忙化の解消などの観点から、教師や保護者などの団体が長年にわたって標準数の引き下げを求めてきました。こうした要求は、2011 年の同法改正を通して、小学校 1 年生に限って 35 人への引き下げを実現させています。今後、さらなる他校種・他学年の標準数の引き下げが期待されるところです。

2 管理のなかに見られる権力的統制

　かつて首相のもとに置かれた「21 世紀の日本の構想」懇談会は、その最終報告（2000 年）で、国家にとって教育とは「一つの統治行為」であるといい、警察に近い機能をもっていると述べたことがありました。教育には国民を支配・統制するという機能があるというのです。これが一条校中心の学校制度の二つ目の問題点であり、ここには権力や国が学校制度をどのように考えているのかというホンネが見え隠れしています。

　一条校を中心とする学校制度は、国民の学習権を保障するものですが、その一方で国民を権力的に統制するという側面もあります。国内の隅々まで張り巡らされた学校制度は、権力や国にとって、国民を支配・統制するのに都合のいい制度でもあります。教育行政は、現実には国・地方公共団体といった権力の機関によって行われています。したがって、学校制度には、権力を握っている人々や組織の考えが入り込んでしまうおそれがあります。

　権力を握っている人々や組織の考えとは、例えば、国旗・国歌を大事にすることや公共の精神・愛国心といった価値観をあげることができるでしょう。こうした価値観は、学習指導要領に書き込まれ、学校教育のなかで、社会科や音楽科、道徳、特別活動などで指導されることが求められています。学習指導要領には、各学校の教育課程編成の手引きとなるという積極的な側面もあります。しかし、そのなかには、権力や国の意向にそった特定の価値観も混ぜ込まれているのです。発達途上にある子どもたちに対して、特定の価値観を教え込むことは、自由に考えることを否定してしまう危うさがあります。七生養護学

校事件をめぐる裁判［●コラム7-2］では、権力が特定の価値観をもって学校の教育内容に干渉・統制した事件について、それが「不当な支配」にあたるという判決が出されています。この判決は一条校への管理のなかに見られる権力的統制に警鐘を鳴らしています。

コラム 7-2　七生養護学校事件（「こころとからだの学習」裁判）

　東京都立の七生養護学校（現・七生特別支援学校）の教員や保護者は、知的障害のある子どもたちにとっての「性」が切実なテーマであることを理解していた。そのため、小学部から「こころとからだの学習」と呼ばれる性教育が実践されてきた。教員たちは、性教育を通して、子どもたちに命の大切さをまなばせるとともに、彼らの自己肯定感を高めようとして、子どもたちにもわかりやすいようにと、性器の名称が入った「からだうた」や性器が付いた男女の人形などの独自教材を作成してきた。

　ところが、2003年7月2日、都議会において、都議Aが「最近の性教育は、口を出す、文字に書くことがはばかられるほど、内容が先鋭化している」と質問・発言し、七生養護学校の教材や実践を非難した。都教育長は、教材の使用を強く指導すると答弁した。4日には、Aが、都議2名や都教委職員、産経新聞記者らを同行し、視察と称して同校を訪れた。Aは、教材の人形の性器をむき出しにして並べ、記者に写真を撮らせた。このとき、Aらは教員らに対して「感覚がマヒしている」と非難している。翌朝の産経新聞は「過激性教育を都議が視察」との見出しで、撮影した写真を掲載した。

　これを受け、9日、都教委は教員全員から事情聴取を行い、教材やビデオなど145点を提出させた。9月には、都教委は、七生養護学校を含む都立の盲・聾・養護学校に対して、授業内容についての週案の提出を求める通知を出した。11月には同校で「今後の性教育の指導について」という文書が出され、性器に関する言葉や教材の使用が禁止され、指導時間も短縮された。この間、「不適切な性教育」を理由に、同校では18名の教員に厳重注意、校長に停職1か月・教諭への降格処分が行われ、年度末には同校教員の3分の1が強制異動となった。

　Aの社会的・政治的地位を利用して行った言動をきっかけにして、これまで同校で行われてきた性教育は、次々と「不適切」とのレッテルを貼られ、教材没収、教員処分・大量異動が行われた。結果、七生養護学校では従来のような授業ができなくなってしまった。2005年5月、29名の教員と2名の保護者が、Aら3都議、都教委、産経新聞社を相手に、子どもの「教育を受ける権利」（憲法26条）、教師の教育の自由（同23条・26条）等の侵害を主張し、裁判を起こした。これが七生養護学校事件・「こころとからだの学習」裁判である。

同裁判は、教員らの主張どおり、七生養護学校での性教育は学習指導要領に違反するものではなく、Ａらの行為や都教委の処分には正当性がないことを認めている。Ａらについては、「保護者とは異なり……教育の内容や方針について個別的、具体的な利害関係を有するわけでな」く、「その政治的な主義、信条に基づき、本件養護学校における性教育に介入・干渉するものであり、本件養護学校における教育の自主性を阻害しこれを歪める危険性のある行為として、『不当な支配』にも当たる」（2009年の東京地裁判決）とした。都教委に対しても、Ａらによる「不当な支配」から学校や教員を守るべきであったとして、その保護義務違反とともに、教員処分の違法性を認めた。2011年の東京高裁判決を経て、2013年の最高裁でも同様の判決が出され、結審した。

　権力は学校教育の内容に関心をもち、そこに政治的思想や信条などの特定の価値観を強引に反映させようとする。Ａらは伝統的な家族観をもち、七生養護学校の性教育がそれに反するものであるために「攻撃」を行い、都教委はＡらがつくった世論からの批判を恐れ、上記のような処分を行った。「こころとからだの学習」裁判の地裁判決は「創意工夫を重ねながら実践実例が蓄積されて教授法が発展していく」ものだという教育の本質を確認している。教育現場には、保護者や子どもの意見を聞きながら、自由に教育活動にとりくめる環境が不可欠なのである。同判決は、教育への「不当な支配」や権力的統制を否定するものであり、その点でまっとうな判決であったと評価できる。

【注】

(1) この事例については、NPO法人フリースクール全国ネットワーク編『フリースクール──僕らの居場所はここにある！』東京シューレ出版、2009年、30-40ページを参照。

(2) 現在、小・中学校や高等学校の校長などの判断にもとづいて、フリースクールの出席を小学校等の出席に読み替えることによって、フリースクールに在籍しながら小学校等の卒業が可能となっています。

(3) 幼稚園と同様に、就学前の子どもを対象とする施設に保育所や認定こども園があります。保育所は、児童福祉法に定められた、厚生労働省所管の児童福祉施設です。認定こども園は、幼稚園と保育所を一体化しようとして2006年に創設された施設です。［▶第12・13講］。

(4) 義務教育学校とは、2015年の学校教育法改正によって一条校に追加された学校で、学校教育の多様化及び弾力化を推進することを目的に創設されました。施設一体型と施設分離型があり、小中一貫教育が行われます。自治体においては、少子化等に伴う学校統廃合の結果、義務教育学校（施設一体型）が新設されることがしばしばあります。

(5) 高等学校には、全日制、定時制、通信制の課程があり（学校教育法53・54条）、普通科、専門学科、両者の選択履修ができる総合学科がそれぞれ置かれます（高等学校設置基準5・6条）。これらはすべて同一の「高等学校」であり、どの課程・学科からも大学

に進学することができます。

(6) 中等教育学校とは、1998 年の学校教育法改正によって一条校に追加された学校で、中学校に相当する 3 年間（前期課程）と高等学校に相当する 3 年間（後期課程）の計 6 年間にわたって単一の学校で教育を行う学校です。

(7) 特別支援学校とは、障害をもった子どもを対象とする学校で、2006 年の学校教育法改正によって従来の盲学校・聾学校・養護学校を統合してできました。特別支援学校には、幼稚園にあたる幼稚部、小学校にあたる小学部、中学校にあたる中学部、高等学校にあたる高等部が開設されます（同 76 条）。

(8) 一条校である大学には、4 年制・6 年制の大学だけでなく、大学院（学校教育法 99 条）や 2 年制・3 年制の短期大学（同 108 条）も含まれます。

(9) 高等専門学校とは、1961 年の学校教育法改正によって一条校に追加された学校で、義務教育修了からの 5 年間で工科系技術者などの育成を行います。

(10) 専修学校とは、職業などに関する能力の育成や教養の向上を図る学校です（学校教育法 124 条）。専修学校には高等課程、専門課程、一般課程を置くことができ、高等課程を置く専修学校を高等専修学校、専門課程を置く専修学校を専門学校とそれぞれ称することができます（同 125 条・126 条）。

(11) 各種学校とは、一条校以外で学校教育に類する教育を行い、専修学校や別の法律に定めがあるものを除く学校です（学校教育法 134 条）。各種学校には、外国人学校や予備校、語学学校などが含まれます。

(12) 例えば、私立学校では、国公立学校では禁止されている特定の宗派のための宗教教育も認められています（教育基本法 15 条）。

(13) ただし、私立学校の設置者については 2 つの例外があります。一つは私立幼稚園の設置を学校法人以外にも認めるものです（学校教育法附則 6 条）。これにより、「当分の間」、個人や宗教法人、社会福祉法人でも幼稚園を設置することが認められています。もう一つは、構造改革特別区域法にもとづく教育特区において、株式会社による一条校の設置、NPO 法人による一条校（大学・高等専門学校を除く）の設置が認められていました（2012 年 8 月、全国展開を断念）。これは新自由主義的教育改革の一貫として行われたものですが、学校設置者の営利性や弱い財政的基盤の観点から、こうした設置者によって学校の公の性質が保証されるのか疑問視されてきました。

【引用・参考文献】

・井深雄二「学校の公共性と教職員の権利」坪井由実ほか編『資料で読む教育と教育行政』勁草書房、2002 年、42 − 46 ページ。

・大野亜由未「発言することを学ぶ学校」二宮皓編著『世界の学校』学事出版、2006 年、32 − 43 ページ。

・川口洋誉「株式会社立大学とはどのような大学か──その制度と現在」『教職研修』第 249 号、2009 年 3 月、64 − 68 ページ。

・中川重徳「都立七生養護学校『こころとからだの学習』裁判──東京地裁判決」『季刊教育法』第 161 号、2009 年、48 − 53 ページ。

第8講 義務教育の制度

学校のなかでも、小学校や中学校などの義務教育は、みなさんにとっても特に身近なものです。でも、よく考えてみると、「義務教育って一体何のためにあるのか？」「義務教育の『義務』ってどういうことか？」などの疑問が出てくるのではないでしょうか。ここでは、義務教育の基本的性格やそれをめぐる子どもの権利や保護者の義務、国・地方公共団体の責務について理解することを通して、義務教育制度の全体像をつかみましょう。

 義務教育の「義務」とはだれの「義務」か？

1 日本国憲法と義務教育

義務教育という言葉はふだんからよく耳にしますが、そもそも義務教育の「義務」とは、だれのどのような「義務」なのでしょうか。この点を正しく理解するために、日本国憲法26条を思い出してみましょう（条文は第1講を参照）。

すべての国民は、日本国憲法26条1項にもとづいて、「教育を受ける権利」を保障されます。しかし、子どもはまだ未熟であるため、自らそれを実現しようとすることは難しい場合があります。子どもは経済的に自立していませんし、「教育を受けること」を権利として受け止めることができずに、学校へ行かないことがあるかもしれません。したがって、子ども自身に任せて「教育を受ける権利」が実現されないことがないように、続けて2項で、子どもを保護する国民（保護者）に対して、その子どもに「普通教育を受けさせる義務」を

負わせています。これらの権利・義務にもとづいて行われる教育が義務教育です。

　学校教育法上、保護者の義務は、子どもを義務教育を実施する学校（義務教育諸学校）に就学させること（入学させ、通わせること）で果たされます。これを保護者の就学義務といいます。さらに、国・地方公共団体には、子どもの「教育を受ける権利」を保障し、保護者が就学義務を履行（実行）できるように、いくつかの義務が課されます。よって、「憲法・教育基本法」体制での義務教育について、その「義務」とは、学校へ通わなくてはいけないという子どもの義務ではありません。それは、子どもの「教育を受ける権利」・学習権を実現するために、子どもを学校に通わせなくてはいけないという保護者の義務であり、さらにはそれを支える国・地方公共団体の義務なのです。

2　義務教育の３原則

　各国の義務教育とされる教育制度は、子どもの学習権を保障し、彼らの発達を支えるため、義務性、中立性、無償性という基本的性格をおおむね有しています。これらを義務教育の３原則といいます。

(1) 義務教育の義務性

　義務教育の義務性とは、保護者である国民に対して、その子どもに「教育を受けさせる義務」を負わせ、すべての国民が教育を受けることができるようにするという原則です。保護者には就学義務が、そして、子どもを雇用する使用者にはその子どもの就学を妨げてはいけないという避止義務が課されます。

(2) 義務教育の中立性

　義務教育の中立性とは、義務教育が政治的・宗教的勢力から独立して行われ、特定の党派・宗派に偏った教育をしてはいけないという原則です。これは公教育全般に共通する原則ですが、発達途上にある子どもが普遍的・基本的な内容を学ぶ義務教育では、よりまして重要なものになります。

表 8-1　義務教育の 3 原則と現行法上の根拠

義務教育の 3 原則	主なその法的根拠	
義務性	教育を受ける権利 (憲法 26 条 1 項)	・保護する子どもに普通教育を受けさせる義務 　(憲法 26 条 2 項・教育基本法 5 条 1 項) ・保護者の就学義務 (学校教育法 17 条) ・使用者の避止義務 (同 20 条)
中立性		・政教分離 (憲法 20 条) ・学校での特定党派の政治教育の禁止 (教育基 　本法 14 条) ・国公立学校での特定宗派の宗教教育の禁止(同 　15 条)
無償性		・義務教育の無償 (憲法 26 条 2 項) ・国公立義務教育諸学校の授業料の不徴収 (教 　育基本法 5 条 4 項・学校教育法 6 条) ・国・地方公共団体による教育の機会均等実現 　義務・奨学措置実施義務 (教育基本法 4 条) ・市町村による小学校・中学校の設置義務、都 　道府県による特別支援学校の設置義務 (学校 　教育法 38・49・80 条) ・市町村による就学援助の実施義務 (同 19 条)

(執筆者による作成)

(3) 義務教育の無償性 (公費負担性)

　義務教育の無償性 (公費負担性) とは、義務教育にかかる費用を公費によって負担することで、無償で義務教育を受けることができるという原則です。国家には義務教育を実施する学校を設置する義務 (学校設置義務) が課され、その運営に関わる費用を負担します。さらに、国家は、授業料を無償にすることや貧しい家庭の子どもへの援助・補助を行うことによって、すべての子どもの就学を実現しなくてはいけません。これを国・地方公共団体の就学保障義務といいます。

3　「教育勅語」体制における義務教育制度の誕生

　日本では、学制発布 (1872・明治 5 年) による近代学校制度の誕生後、いくつ

かの教育に関する勅令の制定・改正を経て、義務教育制度が誕生しました。

　学制の趣旨を記した「学制布告書」には、立身出世や受益者負担のほか、「必ず邑に不学の戸なく家に不学の人なからしめんことを期す」とする「国民皆就学」の理念が示されました。しかし、学制では、親などに就学義務が課されませんでしたし、授業料を払わなくては学校に通えませんでした。当時、農村などでは、子どもは家業や家事の貴重な労働力とみなされていましたから、子どもが学校に通うと、授業料を支払うだけでなく、労働力までもが奪われると考えられました。そのため、地租改正や徴兵制を実施した明治政府への不信もあいまって、民衆のなかには学校を破壊するという抵抗運動（学校焼き討ち事件）を決行する者もいました。結局のところ、就学率はわずか41.2％（1878年）にとどまりました。学制の趣旨は実現することなく、失敗に終わりました。

　その後、義務教育制度は、小学校令の制定・改正を経て整えられていきます。第1次小学校令（1886・明治19年）では、父母などに子どもを尋常小学校（4年制）に就学させる義務を課し、第2次小学校令（1890年）では、市町村に尋常小学校の設置義務が課されました。第3次小学校令（1900年）では、使用者の避止義務とともに、授業料の無償が定められました。これらを通して就学率は大幅に上昇します。1900年には男子の就学率が90％を超え、女子も70％強となり、1904年には全体で94％強に達しています。1907年には、義務教育年限が6年に延長され、1912年には就学率は98％を超しました。

　こうして学制で掲げられた「国民皆就学」の理念は実現し、「教育勅語」体制での義務教育制度が成立します。ただ、ここで注意すべきことは、「教育勅語」体制では、子どもの「教育を受ける権利」が認められていなかったことです。つまり、「教育勅語」体制での保護者の就学義務とは、子どもの「教育を受ける権利」を保障するために課されたものではなく、天皇や国家の利益のために課されたものでした。

　「教育勅語」体制での国民皆就学と「憲法・教育基本法」体制での教育の機会均等は、ともに、すべての人びとが学び、学校に通うという一面のみを見れば、類似した概念であるかのように思うかもしれません。しかし、前者は、天

皇制国家や戦争遂行を支える「臣民」を育成するために、すべての子どもを学校で強制的・義務的に学ばせることを前提にしていました。他方、後者は、すべての子どもの「教育を受ける権利」を認めたうえで、それをひとしく実現しようとするものです。よって、国民皆就学と教育の機会均等とは似て非なる概念であり、二つの体制での義務教育の性格も全く異なります。

 ❷　義務教育の目的・目標

　今日の義務教育はどのような目的・目標をもって実施されているのか、教育基本法や学校教育法の規定で確認してみましょう。

1　義務教育の目的

　日本国憲法 26 条をうけて、教育基本法 5 条は義務教育の基本原理を定めています。そのなかで義務教育の目的が定められています。同条は、二つの側面から、義務教育として行われる普通教育の目的をとらえています。一つは、「各個人の有する能力を伸ばしつつ……」とあるように、義務教育を通して、子どもの発達を保障・支援しようとする個人に関する目的です。もう一つは、「国家及び社会の形成者として……」とあるように、義務教育を通して国家・社会の主体的な担い手を育成しようとする国家・社会に関する目的です。こうした義務教育の目的の捉え方は、教育基本法 1 条と共通しています。

2　義務教育の目標

　教育基本法 5 条 2 項にもとづいて、それを実現するための項目として、学校教育法 21 条が義務教育の目標を定めています。

　教育基本法改定前の旧学校教育法では、義務教育の目標を直接に定める規定はなく、小学校などの各学校の目標が、各教科に対応するかたちで定められていました。しかし、教育基本法改定後に改定された現行の学校教育法では、教育基本法 2 条（教育の目標）をふまえ、義務教育の目標が定められています。

教育基本法
第5条（義務教育）　国民は、その保護する子に、別に法律で定めるところ
　により、普通教育を受けさせる義務を負う。
2　義務教育として行われる普通教育は、各個人の有する能力を伸ばしつつ
　社会において自立的に生きる基礎を培い、また、国家及び社会の形成者
　として必要とされる基本的な資質を養うことを目的として行われるもの
　とする。
3　国及び地方公共団体は、義務教育の機会を保障し、その水準を確保する
　ため、適切な役割分担及び相互の協力の下、その実施に責任を負う。
4　国又は地方公共団体の設置する学校における義務教育については、授業
　料を徴収しない。

学校教育法
第21条（義務教育の目標）　義務教育として行われる普通教育は、教育基
　本法（平成十八年法律第百二十号）第五条第二項に規定する目的を実現す
　るため、次に掲げる目標を達成するよう行われるものとする。
　　一　学校内外における社会的活動を促進し、自主、自律及び協同の精
　　　神、規範意識、公正な判断力並びに公共の精神に基づき主体的に社
　　　会の形成に参画し、その発展に寄与する態度を養うこと。
　　二　学校内外における自然体験活動を促進し、生命及び自然を尊重す
　　　る精神並びに環境の保全に寄与する態度を養うこと。
　　三　我が国と郷土の現状と歴史について、正しい理解に導き、伝統と
　　　文化を尊重し、それらをはぐくんできた我が国と郷土を愛する態度
　　　を養うとともに、進んで外国の文化の理解を通じて、他国を尊重し、
　　　国際社会の平和と発展に寄与する態度を養うこと。
　　四　家族と家庭の役割、生活に必要な衣、食、住、情報、産業その他
　　　の事項について基礎的な理解と技能を養うこと。
　　五　読書に親しませ、生活に必要な国語を正しく理解し、使用する基
　　　礎的な能力を養うこと。
　　六　生活に必要な数量的な関係を正しく理解し、処理する基礎的な能
　　　力を養うこと。
　　七　生活にかかわる自然現象について、観察及び実験を通じて、科学
　　　的に理解し、処理する基礎的な能力を養うこと。
　　八　健康、安全で幸福な生活のために必要な習慣を養うとともに、運
　　　動を通じて体力を養い、心身の調和的発達を図ること。
　　九　生活を明るく豊かにする音楽、美術、文芸その他の芸術について
　　　基礎的な理解と技能を養うこと。
　　十　職業についての基礎的な知識と技能、勤労を重んずる態度及び個
　　　性に応じて将来の進路を選択する能力を養うこと。

義務教育の目標（学校教育法21条）のうち、4〜9号には各教科に関わるものがあげられていますが、1〜3号・10号は教育基本法2条をふまえて、「公共の精神」や「我が国と郷土を愛する態度」といった教育基本法改定のキーワードが盛り込まれています（このことの問題点は、第5講・第6講を参照）。

3　保護者の就学義務

1　保護者の就学させる義務

（1）保護者の就学義務

学校教育法
第17条（保護者の就学義務）　保護者は、子の満六歳に達した日の翌日以後における最初の学年の初めから、満十二歳に達した日の属する学年の終わりまで、これを小学校、義務教育学校の前期課程又は特別支援学校の小学部に就学させる義務を負う。ただし、子が、満十二歳に達した日の属する学年の終わりまでに小学校の課程、義務教育学校の前期課程又は特別支援学校の小学部の課程を修了しないときは、満十五歳に達した日の属する学年の終わり（それまでの間においてこれらの課程を修了したときは、その修了した日の属する学年の終わり）までとする。
2　保護者は、子が小学校の課程、義務教育学校の前期課程又は特別支援学校の小学部の課程を修了した日の翌日以後における最初の学年の初めから、満十五歳に達した日の属する学年の終わりまで、これを中学校、義務教育学校の後期課程、中等教育学校の前期課程又は特別支援学校の中学部に就学させる義務を負う。
3　前二項の義務の履行の督促その他これらの義務の履行に関し必要な事項は、政令で定める。

　学校教育法上、子どもに普通教育を受けさせる保護者[1]の義務は、就学義務とされ、定められた期間（就学義務期間・義務教育期間）、子ども[2]を義務教育諸学校に就学させなくてはいけません[3]（17条）。義務教育諸学校とは、小学校、中学校、義務教育学校、中等教育学校の前期課程、特別支援学校の小学部・中学部を指します。保護者が子どもをそれら以外の教育施設（例えば、フリースクールや外国人学校）に通わせても、原則、就学義務は果たされません[4]。

（2）就学義務等違反の罰則

　学校教育法には、義務教育をめぐって二つの罰則規定があります。一つは、就学義務を履行しない保護者に対するものです。保護者が就学義務を履行しない場合、市町村教育委員会は保護者に対してその履行の督促を行います。それでも、就学義務を履行しない保護者は、10万円以下の罰金に処せられます（144条）。もう一つは、学齢児童・生徒を雇っている者（使用者）に対する罰則です。労働基準法では、福祉や健康に有害でなければ、満15歳未満の子どもを雇用することが認められています。しかし、使用者は学齢児童・生徒が義務教育を受けることを妨げてはいけません（避止義務。学校教育法20条）。違反した場合、使用者は10万円以下の罰金に処せられます（145条）。

　教育法上、このような罰則規定が設けられることは決して多くはありません。義務教育をめぐって罰則規定が設けられているのは、就学義務が厳格に履行され、子どもの学習権を保障するためです。

2　就学義務の猶予・免除

> 学校教育法
> 第18条（病弱等による就学義務の猶予・免除）　前条第一項又は第二項の規定によつて、保護者が就学させなければならない子（以下それぞれ「学齢児童」又は「学齢生徒」という。）で、病弱、発育不完全その他やむを得ない事由のため、就学困難と認められる者の保護者に対しては、市町村の教育委員会は、文部科学大臣の定めるところにより、同条第一項又は第二項の義務を猶予又は免除することができる。

　学齢児童・生徒が「病弱、発育不完全」であるか、「やむを得ない事由」を有する場合に限り、市町村教育委員会は、保護者の就学義務を猶予（履行の先延ばし）・免除（取り消し）することができます[5]（学校教育法18条）。「病弱、発育不完全」とは、特別支援学校における教育に耐えることができない程度とされ、治療などに専念して教育を受けることが困難又は不可能であるとされる場合です。「その他やむを得ない事由」には、子どもが①行方不明、②少年院に入所中、③日本語能力が著しく欠ける場合などがあります[6]。ここには、就学に関

わる費用を支払えないとか、家計を支えるために働かなければいけないという
経済的理由は含まれていません。

　就学義務の猶予・免除の決定はきわめて慎重に行われなくてはいけません。
就学義務の猶予・免除は、子どもから学習権を奪うことになってしまうからで

コラム 8-1　重度の障害のある子どもたちと義務教育

　「憲法・教育基本法」体制の義務教育制度は、これまで、すべての子どもたちに
学びや発達の機会を保障してきたのか。ここでは、重度の障害のある子どもたち
の義務教育についてとりあげたい。

　現在、障害のある子どもたちは、特別支援学校や小・中学校にある特別支援教
室に通い、義務教育を受けている。しかし、すべての障害のある子どもたちが義
務教育を受けることができるようになったのは、戦後、1947年の学校教育法制
定によって義務教育制度が成立してから30年以上たった1979年のことであっ
た（なお、盲学校・聾学校については、1948年に就学義務が課され、それらの義務制が
成立している）。

　学校教育法改正により、都道府県による養護学校の設置が義務化され、すべて
の都道府県に養護学校の小学部・中学部が置かれた。それまでは、重度の知的障
害のある子どもや肢体不自由・病弱の子どもを受け入れる学校が限られていたた
め、彼らの保護者の就学義務は一方的に猶予・免除させられてきた。そのため、
重度の障害のある子どもたちは、入学が先延ばしされ、入学を認められなかった。
彼らは、義務教育制度から切り捨てられ、日本国憲法で認められている「教育を
受ける権利」を奪われていたのである。このような事態が続いた背景には、戦後、
国が資本主義経済を支える人材の育成に焦点をあてた教育政策を展開してきたこ
とにある。障害のある人々は、健常者のように社会の発展に寄与できず、発達の
見込みがなく、彼らへの教育は不要であると勝手に判断されたのだ。

　しかし、全国障害者問題研究会などをはじめ、障害のある子どもたちやその親、
教師、医療関係者、教育学や心理学の研究者たちは、障害のある子どもたちの発
達や学習権を保障する教育の場の必要性を訴えてきた。そうした訴えに応じて、
1979年以前から、各地で小・中学校での特殊学級や都道府県立の養護学校の開
設・設置が進み、1975年には東京都で障害のある子どもの全員就学が実現して
いる。1979年以前に開設・設置された特殊学級や養護学校では、どの子どもも
教育を必要とし、集団生活のなかですばらしい発達をみせることを実践的に証明
するとともに、すべての人々にとって「発達は権利」であることを確認してきた。
こうした要求運動や実践のつみかさねが1979年の学校教育法改正による養護学
校の義務制の成立につながったのである。

す。かつて、養護学校の設置を怠ってきた国・地方公共団体の責任を棚上げして、就学義務の猶予・免除を適用して、重度の障害をもつ子どもたちが義務教育を受けられなかったことがありました [コラム 8-1]。医学など専門的見地から病弱等の判断がなされるべきであるとともに（学校教育法施行規則 34 条）、すべての子どもにとって「発達は権利」であるという視点に立ち、すべての子どもが学べる環境を生み出す努力が求められます [7]。

4 義務教育に関する国・地方公共団体の責務

　国・地方公共団体には、子どもの義務教育を受ける権利を保障し、保護者が就学義務を履行できるように、それらを支えるための義務が課されています。

1　地方公共団体の学校設置義務

　学校教育法は、市町村に対して、その区域内にいる学齢児童・生徒を受け入れるため、小学校・中学校を設置する義務を課しています（38 条。49 条により中学校に準用）。同様に、都道府県に対して、障害をもつ学齢児童・生徒を受け入れるため、特別支援学校の小学部・中学部を設置する義務を課しています（76・80

> 学校教育法
> 第 38 条（小学校の設置義務）　市町村は、その区域内にある学齢児童を就学させるに必要な小学校を設置しなければならない。ただし、教育上有益かつ適切であると認めるときは、義務教育学校の設置をもってこれに代えることができる。
> 第 76 条（小学部・中学部の設置義務）　特別支援学校には、小学部及び中学部を置かなければならない。ただし、特別の必要のある場合においては、そのいずれかのみを置くことができる。
> 2　（略）
> 第 80 条（特別支援学校の設置義務）　都道府県は、その区域内にある学齢児童及び学齢生徒のうち、視覚障害者、聴覚障害者、知的障害者、肢体不自由者又は病弱者で、その障害が第七十五条の政令で定める程度のものを就学させるに必要な特別支援学校を設置しなければならない。

条）。よって、これらの学校はすべての都道府県・市町村に設置され、すべての子どもは日本国内のどこに居住していても義務教育を受けることができます。

2　国・地方公共団体の就学保障義務

　国・地方公共団体は、すべての子どもが、家庭の経済状況や障害の有無などに関わらず、義務教育をひとしく受けることができるようにしなくてはいけません。これを就学保障義務といいます。特に経済的状況に左右されずに、すべての子どもが義務教育を受けることができるように、日本国憲法26条2項は、義務教育の「無償」を定めています。実際には、国公立の義務教育諸学校の授業料の不徴収（教育基本法5条4項、学校教育法6条）と、すべての義務教育諸学校での教科書の無償配布（義務教育諸学校の教科用図書の無償に関する法律）の二つのみが実現しています。

　さらに、経済的に貧しい家庭の子どもがそのために義務教育を受けられないことがないように、生活保護法にもとづく生活保護による教育扶助や学校教育法19条にもとづく就学援助がそれぞれ整備されています。例えば、就学援助によって、貧しい家庭の子どもは、保護者を通して、市町村から学用品費などの補助を受け取ることができます。また、市町村が生活保護や就学援助を実施するにあたり、国は財政的な援助を行わなくてはいけません。

> 学校教育法
> 第6条（授業料の徴収）　学校においては、授業料を徴収することができる。ただし、国立又は公立の小学校及び中学校、義務教育学校、中等教育学校の前期課程又は特別支援学校の小学部及び中学部における義務教育については、これを徴収することができない。
> 第19条（経済的就学困難への援助義務）　経済的理由によつて、就学困難と認められる学齢児童又は学齢生徒の保護者に対しては、市町村は、必要な援助を与えなければならない。

コラム 8-2　通学区域制度と学校選択制

　保護者には、子どもの発達や将来を思い、国などからの指図を受けずに子どもを教育する自由が認められている。保護者の教育の自由については、旭川学テ裁判最高裁判決（1976年）が次のように述べ、保護者の学校選択の自由を認めている。

　「親は、子どもに対する自然的関係により、子どもの将来に対して最も深い関心をもち、かつ、配慮をすべき立場にある者として、子どもの教育に対する一定の支配権、すなわち子女の教育の自由を有すると認められるが、このような親の教育の自由は、主として家庭教育等学校外における教育や学校選択の自由にあらわれるものと考えられるし、(中略)それぞれ限られた一定の範囲においてこれを肯定するのが相当である」。

　しかし、近年まで、義務教育段階の保護者の学校選択の自由は、実際には、国立や私立の学校の選択の自由に限られており、公立学校へ就学する場合は、市町村教育委員会が就学する学校を指定することになっていた（学校教育法施行令5条）。

　一般的に、市町村教育委員会は通学区域を設定し、区域内に居住する学齢児童・生徒は区域内の小・中学校に就学する。こうした就学区域制度がとられてきたのは、①過大学級を防ぎ、教育の機会均等を実現し、②居住地域の学校生活による子どもの人間的成長を促すためであり [8]、子どもの学習権や発達を保障するため、保護者の学校選択権が制限されていると理解されている。その一方で、学習権の観点からすれば、いじめなどを理由とした就学校の変更などは柔軟に認められるべきであり、就学区域制度の硬直的な運用にはその問題が指摘されてきた。今日では、旧文部省通知（「通学区域制度の弾力的運用について」1997年）を受けて、市町村教育委員会は就学区域制度を弾力的に運用するようになっている。保護者の申立を受け、地理的・身体的理由や家庭の事情、いじめの対応などがある場合、区域外の学校への就学が認められている（学校教育法施行令8条）。

　さらには、市町村教育委員会の判断によって、あらかじめ保護者や子どもに就学を希望する学校を尋ね、それをふまえて就学校を指定する制度（学校選択制）が導入されている市町村もある。学校選択制については、保護者や子どもの意見をとりいれることで、各学校が特色ある教育を実施できるようになるという意見がある。しかし、学校間の競争が激しくなり、進学率など単一の基準による序列化を招くことや、学校と地域との関係が希薄になることが危惧されており、根強い反対論もある。また、学校の統廃合を狙って、同制度が導入されることもあり、その点からも批判がされている。

　なお、品川区での学校選択制に関する調査分析によれば、学校選択制の下での保護者の主な選択基準は次のようになっている [9]。つまり、①学力や進学実績やイメージ、②小規模校の回避（統廃合への心配）、③「荒れ」の回避、④立地・施設条件（新しい校舎や部活動の種類）、⑤友人や保護者どうしのつながり、によって就学校が選択されたのに対して、学校の教育内容の特色を重視して選択を行った保護者は少なかった。

5 すべての子どもの学び・発達が保障される義務教育へ

　改めて確認しておけば、「憲法・教育基本法」体制の義務教育とは、すべての子どもの学習権を保障する教育制度です。そこでは、子どもの学習権を保障するために、保護者に就学義務が課され、それらの保障・支援のために、国・地方公共団体には学校設置義務や就学保障義務が課されています。

　こうした義務教育制度には問題点もありましたが、養護学校の設置義務化や私費負担の軽減などを求める運動のつみかさねによって、すべての子どもにひらかれた義務教育制度が創られてきました。今日、その就学率はほぼ100%近い数字となっています。

　したがって、就学率の上では、義務教育制度は「完成」したものであるといえるかもしれません。ただし、今日の義務教育にはまだ残された課題もあります。例えば、「児童生徒の問題行動・不登校等生徒指導上の諸課題に関する調査結果について」（文部科学省、2018年）によれば、不登校の子どもたちは小学校などでは約3.5万人、中学校では約10万人いるとされ、全学齢児童・生徒における割合は、0.5%（小学校）、3.2%（中学校）となっています。

　今日の義務教育制度は、すべての子どもにその門戸を開いていますが、まだ、すべての子どもたちにとって、「いきやすい（行きやすい・生きやすい）」学びの制度とはなっていないのです。これは、必ずしも子どもたちの怠けやわがままのせいにできるものではありません。第7講で扱ったような国などの管理（教育の機会均等の実現や権力的統制）による窮屈さや、受験を背景とした競争主義や規範意識が強いられることに由来する息苦しさからの子どもたちの逃亡なのかもしれません。あるいは、家計を支えるために忙しく働かざるをえない保護者が、子どもの学習や生活に関心をもてないような状況がつくられているからかもしれません。そうした障害を一つずつ取り除き、すべての子どもにとって「いきやすい義務教育制度」を創造していく努力はまだ続けていかなくてはいけません。

　鹿児島県のある中学校で、性同一性障害の生徒が、自分の性に合った制服を着て登校することを認められました(10)。報道によれば、校長は「生徒と両親が

男子の通称名での通学を望むなら、名簿も通称にすることを考えている。生徒が楽しく登校できる状態をつくっていきたい」と話したそうです。「これまでに前例がないから」というような教師の既成概念や常識が、子どもたちを知らないうちに傷つけてしまうことがあるかもしれません。ちょっとした教師の心づかいでも、すべての子どもにとって「いきやすい学校」はつくれるのです。

【注】
(1) 保護者とは、日本国内に居住し日本国籍を有し、子どもに対して親権を有する者（学校教育法 16 条）で、血縁関係のある父母だけをいうのではなく、児童養護施設などの児童福祉施設の長や里親なども含まれます。親権を有する者がいない場合は、民法にもとづく未成年後見人が代理を務めます。また、日本に在住する外国人の保護者には就学義務は課されません。ただし、保護者や子どもが希望すれば、日本の義務教育諸学校は、日本国籍の子ども同様に、外国籍の子どもも受け入れなくてはいけません（経済的、社会的及び文化的権利に関する国際規約（A 規約）13 条、子どもの権利条約 2 条・28 条）。
(2) 就学義務期間にある就学させるべき子どものうち、小学校等に就学する子どもを学齢児童、中学校等に就学する子どもを学齢生徒とそれぞれいいます（学校教育法 18 条）。
(3) 就学義務期間の開始と終了は子どもの年齢によって定められています。このような就学義務期間の設定のあり方を年齢主義といいます。期間の開始については、学校教育法 17 条に加え、学齢に達しない者の小学校等の入学を禁止しています（36 条）。期間の終了については、「満 15 歳に達した日の属する学年の終わり」（17 条）と定められていますが、学齢を超過した者の在籍を禁止する規定はありません。これによって、何らかの事情で、義務教育を修了できなかった者に対しては、学習権を保障する観点から、夜間中学校などに在籍し、必要な学習を経て、課程の修了・卒業が認められています。
(4) 義務教育の課程の修了・卒業の認定は義務教育諸学校のみが行うことができ（学校教育法施行規則 57 条ほか）、それらの学校の校長が卒業証書を授与します（同 58 条ほか）。学習権の保障の観点から、現在では、フリースクールなどの教育施設での出席を、校長などの判断によって小学校などでの出席に振り替える扱いがされています。
　　また、2016 年には「義務教育の段階における普通教育に相当する教育の機会の確保等に関する法律」（教育機会確保法）が制定されました。同法は、①不登校児童生徒に対する教育機会の確保と②夜間等において授業を行う学校（いわゆる夜間中学）における就学機会の提供などを内容としています。①については、フリースクールなど学校以外での学習の場をより積極的に位置付けています。国・地方自治体に、子どもの学校以外の場での多様な学習活動の状況、心身の状況などを継続的に把握することを求め（12 条）、子どもの権利条約にもとづき、個々の子どもの休養の必要性を踏まえ、不登校の子どもや保護者への情報提供・助言・支援の実施を義務付けました（13 条）。
(5) 2010 年、就学免除児童・生徒は 2,034 人、就学猶予児童・生徒は 1,652 人います（「学校基本調査」より）。

(6) 日本国籍を有する学齢児童・生徒が国外に居住している場合、その保護者には就学義務は課されず、就学義務の猶予・免除の対象になりません。

(7) このような視点に立ち、就学は可能ですが、病気や障害を理由に通学して教育を受けることが困難な子どものために、訪問教育が行われています。特別支援学校から派遣された教員が、週3回程度、施設や家庭に出向き、自立活動や生活単元の学習を行っています。教員との物理的・精神的な接触を通して、子どもたちの表情は豊かになり、手足を大きく動かすことができるようになっていることが数多く報告されています（茂木俊彦『障害児と教育』岩波新書、1990年）。

(8) 兼子仁『教育法（新版）』有斐閣、1978年、365ページ

(9) 廣田健「学校選択制の制度設計と選択行動の分析」堀尾輝久ほか編『地域における新自由主義教育改革』エイデル研究所、2004年、51-61ページ

(10) 朝日新聞、2010年2月27日。

【引用・参考文献】

・小林健一『保育に役立つ教育制度概説』三恵社、2009年、74-80ページ。

・鈴木勲編著『逐条学校教育法（第7次改訂版）』学陽書房、2009年。

・谷村綾子「義務教育」高見茂・開沼太郎編『教育法規スタートアップ』昭和堂、2008年、73-87ページ。

・仲新・久原甫「小学校の誕生」仲新編『富国強兵下の子ども』第一法規出版、1977年、63-94ページ。

・中嶋哲彦「学校選択の自由化政策」坪井由実ほか編『資料で読む教育と教育行政』勁草書房、2002年、144-146ページ。

・「小・中学校への就学について」（文部科学省ホームページ内）http://www.mext.go.jp/a_menu/shotou/shugaku/index.htm）。

・山住正己『日本教育小史――近・現代』岩波書店、1987年。

・世取山洋介・福祉国家構想研究会編『公教育の無償性を実現する――教育財政法の再構築』大月書店、2012年。

第9講 教育の機会均等

みなさんの多くは、全ての子どもが義務教育などの学校教育を保障されることは「あたりまえ」のことだと思っているのではないでしょうか。しかし、実は、そのことは「あたりまえ」とは言い切れないのです。近年、子どもの貧困が社会問題化していますが、教育の現場もそれとは無縁ではありません。この講では、子どもの貧困の問題や学校教育にかかるお金の問題に注目して、教育の機会均等について考えます。

1 夜間中学校を知っていますか？

やはり田舎わいいですね。緑わきれいだし、空気わおいしいし、生返たようです。そうそう、来るとちうで富士山が見えて、とってもきれいでした。

この手紙は、中学生のKさんが書いたものです[1]。中学生にしたら間違いが多いなと思う人もいるかもしれません。このKさん、中学校に通い始めたのは、35歳のときでした。子どもの頃、空襲で家が燃えてしまい、生活が厳しくなったKさんは、働く両親の代わりに弟や妹の面倒を見なければいけませんでした。そのため、学校に通えたのは、一年のうちのわずか数日でした。

小学校にほとんど通えず、字の読み書きも満足にできなかったKさんは、もう一度学校で学ぶことを決意します。そこでKさんが入学したのが、江戸川区立小松川第二中学校夜間学級でした。通称、夜間中学校と呼ばれる学校です。

夜間中学校は、本来なら小学校や中学校に通うはずだった時期に何らかの理由で学校に通うことができず、十分な教育を受ける機会が与えられなかった人びとのために開かれている、夜間の時間帯に授業を行う中学校です。Kさんは、夜間中学校で学び、この手紙を書くことができるまでになりました。

　Kさんのように、学校に行きたいと思っていても、たまたま生まれた家庭が貧しいと、その望みがかなわないことがあります。また、もし教育を受ける機会がないと、字の読み書きというわたしたちがあたりまえのようにできることでも身につけることができず、生きていくうえで必要なものを獲得できない場合があります。そうであるなら、たまたま貧しい家庭に生まれたことで、教育を受けられず、社会で生きるのに必要な学習ができないことを、見過ごすわけにはいきません。家庭が裕福か貧しいかに関係なく、誰に対しても教育を受ける機会が保障されることが必要です。また、教育を受ける機会が奪われてしまうのは、金銭的な理由だけではありません。障害の有無などさまざまな理由があります。

　このように、人種や性別、信条、社会経済的地位や出身などによって差別されることなく、誰に対しても等しく教育を受ける機会が保障されることを、教育の機会均等といいます。この講では、教育にかかるお金の問題を中心に、教育の機会均等にかかわる制度について学びます。

 ## ❷　義務教育は「タダ」ですか？

1　義務教育では何にお金がかかるのか

　日本国憲法26条2項では、「義務教育は、これを無償とする」と定めています。これを、そのままの意味で理解すると、義務教育は「タダ」だという意味になります。しかし、実際には、義務教育にかかるすべての費用が「タダ」かというと、そうではありません。

　文部科学省によれば、一年間に学校教育のために支払う費用は、公立小学校で平均63,102円、公立中学校で平均138,961円となっています[(2)]。教育基本法

5条4項では、国公立学校での義務教育においては、授業料を徴収しないことになっているため、この費用に授業料は含まれません。また、「義務教育諸学校の教科用図書の無償に関する法律」で、義務教育で使用する教科書については無償と定められているので、教科書代もこの費用に含まれていません。給食費も、この費用とは別に計算されています。つまり、授業料や教科書代、給食費を除いても、公立小学校では約63,000円、公立中学校では約139,000円のお金が、一年間に必要なのです。では、無償とされている義務教育で、一体何にお金がかかるのでしょうか。

　このなかで、最も多くのお金が使われているのが、学用品等にかかるお金です。例えば、小学校では、計算や時計の読み方の学習で算数セットを使用することがあります。また、音楽や体育の時間にも、リコーダーや体操服などを使用します。こうした授業で使用する道具を購入するのにお金がかかります。学用品費のほかにも、ランドセルなど通学に必要な物を買うお金や、修学旅行に行くためのお金なども必要です。憲法で義務教育は無償となっていても、国や地方公共団体による費用負担（公費負担）だけでは十分でなく、保護者が費用負担（私費負担）をしなければ、子どもたちは小・中学校で学ぶことができません。

2　義務教育の無償の範囲はどこまでか

　こうした義務教育での費用負担のあり方については、かつて裁判になったこともありました。まだ教科書が無償ではなかった頃、子どもを小学校に通わせている保護者が、これまでに払った教科書代の返還とこの先の教科書代の徴収をやめることを求めて起こした裁判でした。憲法に義務教育は無償と書いてあるのだから、教科書代を支払うのはおかしいということが理由でした。

　裁判の結果、最高裁判所は、保護者の訴えを認めませんでした。その理由は、①子どもに普通教育を受けさせる義務を保護者も負っているのだから、すべての費用を国が負担するとは考えられない、②憲法にある「義務教育は、これを無償とする」というのは、普通教育の対価を徴収しないことを定めたものであり、ここで言う「対価」とは授業料のことを意味する、③そのため、憲法

に書かれていることは、授業料のほかに一切の費用を無償とすることを定めていると理解することはできないというものでした。ただし、憲法は普通教育を受けさせる義務を国民に強制しているのだから、国が法律等を定め、財政等を考慮しながら保護者の費用負担を軽減するよう配慮、努力することが望ましいとも、最高裁判決では述べられています。

このように、憲法26条2項の「無償」とは、授業料の無償を意味し、それ以外の費用の軽減・無償化は別に法律をつくって取り組んでいく必要があるという考え方は、授業料無償説と呼ばれています。憲法にある「無償」の意味を考えるうえでは、この説が一般的な考え方となっています。

一方で、憲法の「無償」とは授業料だけでなくその他の費用負担の無償も含んでいるという考え方を、修学費全部無償説と呼んでいます。裁判では認められなかったにもかかわらず、修学費全部無償説がなくならないのには理由があります。貧しい家庭にとっては、たとえ必要であっても、一年に数万円を超える費用負担は困難です。そのため、貧しい家庭に育つ子どもの学習権を国や地方公共団体の責任できちんと保障してほしいという思いがあるのです。

 3 **貧しい家庭の子どもに義務教育段階の教育を保障する制度**

1　教育の機会を左右する経済的地位

日本国憲法
第14条（法の下の平等）　すべて国民は、法の下に平等であつて、人種、信条、性別、社会的身分又は門地により、政治的、経済的又は社会的関係において、差別されない。
2〜3略

教育基本法
第4条（教育の機会均等）　すべて国民は、ひとしく、その能力に応じた教育を受ける機会を与えられなければならず、人種、信条、性別、社会的身分、経済的地位又は門地によって、教育上差別されない。
2〜3略

Kさんのように、育った家庭が貧しい場合、子どもの教育機会が奪われるおそれがあります。そのことは、法でも理解されています。

　憲法14条は法の下の平等について、教育基本法4条は教育の機会均等について、それぞれ定めています。この二つには「人種」「信条」など同じ言葉が使われていますが、よく見比べると少し違うところがあります。それは、憲法にはない「経済的地位」という言葉が、教育基本法には明記されているということです。同法に経済的地位という言葉がわざわざ書かれているのは、貧富の差が子どもの教育を受ける機会を大きく左右し、教育の機会均等を実現するためには無視できないからです。

　そして、現在の日本において、貧しい家庭で育つ子どもは少なくありません。厚生労働省の国民生活基礎調査によれば、2015年の時点での日本の子どもの貧困率は、13.9％でした [▶コラム9-1]。つまり、約7人に1人の子どもが貧困だということになります。35人クラスの場合、5人は貧困家庭で育っていることを意味します。彼らもまた、家庭が貧しいがゆえに教育を受ける機会が十分に保障されなくなる危険性が、考えられるのです。

2　貧しい家庭の子どもの就学を保障する制度

> 学校教育法
> 第19条（経済的就学困難への援助義務）　経済的理由によつて、就学困難と認められる学齢児童又は学齢生徒の保護者に対しては、市町村は、必要な援助を与えなければならない。

　保護者の就学義務は、子どもが病弱な場合や発育不完全である場合や「その他やむを得ない事由」がある場合は、猶予又は免除されることがあります（学校教育法18条）。ただし、憲法26条1項に「その能力に応じて、ひとしく教育を受ける権利」、教育基本法4条1項に「ひとしく、その能力に応じた教育を受ける機会」とあるように、教育行政は子ども一人ひとりの発達の必要に応じたていねいな教育を保障することが求められます（教育学・教育法学では、これらの条文を、能力主義的にとらえず、このように解釈します）。また、学校教育法18条に

コラム 9-1 子どもの貧困

日本の子どもの貧困率（相対的貧困率）は 13.9%（2015 年）であり、国際的に見て高い水準を維持している。子どもの相対的貧困率とは、等価可処分所得の中央値の 50% を貧困線と設定し、すべての子ども（18 歳未満）のうち貧困線未満の可処分所得の世帯で生活する子どもの割合である。貧困線は 2015 年の場合、122 万円（年間）となっているが、世帯人員数で調整すると 2 人世帯で約 172 万円、3 人世帯で約 211 万円、4 人世帯で約 244 万円となる。ひとり親世帯の子どもの貧困率は 50.8% と高く、子どもの貧困は親、特に女性の貧困であることを物語っている。

「子どもの貧困」とは、「子どもが経済的困難と社会生活に必要なものの欠乏状態におかれ、発達の諸段階におけるさまざまな機会が奪われた結果、人生全体に影響を与えるほどの多くの不利を負ってしまうこと」（『子どもの貧困白書』明石書店、2009 年）と定義される。貧困に生きる子どもたちは、経済的困難を理由に衣食住だけでなく、文化的生活や人間関係なども欠け、子ども時代に親子関係、健康・発達、学力、自己肯定感など様々な困難を複合的に背負うことになる。さらに、子ども時代の教育機会・ライフチャンスの制約は将来にわたって困難を蓄積させることになり、子どもの貧困は若者の貧困、大人の貧困となって長期化する。子どもたちが親世代になれば再びその子どもにまで貧困が引き継がれることも危惧される（貧困の再生産）。

子どもの貧困率が 13.9% ということは、1 クラス（40 人標準）あたり 5〜6 人の子どもが貧困状態にあることになる。親の所得と子どもの学力との間には正の相関関係があることが明らかにされているため、偏差値学力で序列化された現在の高校においては、いわゆる指導困難校ではこの数字はより高くなることは容易に予想できる。

日本の学校教育は、国連子どもの権利委員会が勧告するように、「過度の競争主義的環境」にあり、子どもたちを苦しませている。子どもの貧困はこうした状況に拍車をかけている。貧困世帯の子どもの多くは自宅に勉強部屋や専用の学習机など落ち着いて学習するスペースがない。母親に代わり家事や弟妹の世話、家族の介護をしなくてはならなかったり、両親のけんかに怯える子どもも少なくない。たとえ学校で競争を煽られても、貧困世帯の子どもたちは励みにするだけの経済的・物理的・精神的基盤がない。「勉強できない／しない」ことは子どもたちの怠慢ではない。教師には子どもの学力・学習意欲の不振や問題行動、欠席・遅刻などに直面した際、その背後に貧困を疑ってもらいたい。国には、教師が子どもの困難に向き合い、寄り添えるだけの余裕のある教職員定数の改善（義務標準法等の改正による教員増）が求められる。

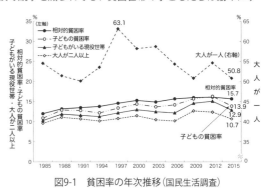

図9-1　貧困率の年次推移（国民生活調査）

おいても、家庭が貧しいことを理由にした就学義務の猶予又は免除は認められていません。それでは、貧しい家庭の子どもたちの教育を受ける機会は、どのようにして保障されるのでしょうか。

教育基本法4条3項では、能力があるにもかかわらず経済的理由によって修学が困難な人に対し、奨学の措置を講ずるよう国や地方公共団体に義務付けています。また、学校教育法19条では、経済的理由によって学校で教育を受けることが難しい児童や生徒の保護者に対して、必要な援助を与えるように、特に市町村に義務づけています。

同条により、貧しい家庭の子どもでも教育を受ける機会が保障されるようにつくられている制度が、就学援助制度です。この制度は、経済的に厳しい生活を送っている家庭で、なおかつ義務教育の段階の子どもがいる家庭に対して、市町村が補助を与える制度です。その際、「就学困難な児童及び生徒に係る就学奨励についての国の援助に関する法律」や学校給食法、学校保健安全法、独立行政法人日本スポーツ振興センター法などに定められた国からの補助を、市町村は受けることができます。

就学援助制度では、経済的に厳しい家庭かどうかの判断を、生活保護を基準にして行っています。具体的には、実際に生活保護を受けているかどうかにかかわらず、生活保護を必要とするほどに困窮している者（要保護者）か、市町村教育委員会が要保護者に準ずるほどに困窮していると認めた者（準要保護者）が、就学援助の対象になります。

そして、就学援助の必要が認められた家庭には、市町村から、学用品費や通学用品費、校外活動費、修学旅行費、医療費、学校給食費などが援助されます。ただし、生活保護を受けている家庭には、学用品費や通学用品費などにあてるお金を給付する教育扶助が行われています。そのため、教育扶助に含まれない修学旅行費と一部の医療費のみが、就学援助として支払われます。

就学援助制度に支えられて、経済的に厳しい家庭の子どもでも小・中学校で学ぶことができます。ただし、就学援助制度には問題も残されています。例えば、文部科学省の調査で明らかになった学用品費の負担額と比べて、就学援助の学

　ある公共施設に、平日の夕方、学校を終えた子どもたちがやってくる。2時間程、子どもたちはそれぞれのペースで学習に取り組む。中学3年の生徒が一次関数の問題に正解すると、大学生のサポーターが「正解！よくできたね」と言ってノートに大きく丸をつけ、生徒は照れ笑いを浮かべている。「学習教室ピース」のワンシーンである。

　ピースは、愛知県瀬戸市で私が学生たちと一緒に取り組んでいる学習支援で、市内に住む生活保護受給世帯など貧困世帯の小学生～高校生を受け入れている。ピースという愛称には、Ｖサインというポジティブなイメージに加え、「子どもたち一人ひとり（piece）を大事な存在であると認めながら、子どもが安心（peace）して学び、自分らしく居られる場所をつくろう」という願いが込められている。ピースの活動では、子どもの学習習慣の定着や志望校の合格などの明示的な"成果"をいくつか得た。休みがちだった子どもの休みが少なくなった、学習できる時間が長くなった、「わからない」と言えるようになった、他者に話しかけるようになった、将来の夢を話すようになったなど、学習意欲や積極性、自己肯定感の高まりを感じさせる変化がみられた。サポーターにちょっかいをかけるような子どもも増え、サポーターへの信頼感を感じるとともに、自身のしんどさを吐き出すきっかけを探っているようにも思えた。

　サポーターは「学校で追い込まれている子をピースでも追い込んではダメ」と考え、優しく（ゆるく）子どもたちを受け止めた。「わからない」と言えずに鉛筆が止まってしまう子の前では、サポーターも「僕もわからないなぁ」と言って他者に協力を求めるなど、子どもが「わからない」と気軽に言える雰囲気をつくろうとした。当初は学習に集中できない子どもたちもいたが、サポーターは彼らの関心に合わせておしゃべりや遊びに付き合い、子どもを励ましながら最後の10分でも学習に向かわせるように努めた。すると、少しずつ学習意欲が湧いてきて、サポーターに「問題を出して」「問題を作って」と要望するようになり、サポーターもそれに応えた。

　子どもの貧困への理解から学習支援の取り組みが広がっていくなか、学習支援が貧困世帯の子どもやサポーターを務める学生たちにとっての学び・育ちの場となっている。その一方で学習支援が脚光を浴びることには違和感も感じる。学習支援は学力・学歴獲得によって貧困から離脱させようとする貧困対策であり限界がある。子どもの貧困対策推進法「子供の貧困対策大綱」は、就学援助や奨学金など十分な経済的支援（親支援を含む）を用意せず、学校の競争的・管理的環境を前提として、子どもの貧困対策を「学力獲得による貧困離脱」に偏重させている。学習支援に重点を置いた貧困対策は、子どもや親の自己努力に帰結しやすく、国・地方自治体の責務を軽視しがちである。本来、貧困解消には親支援を含む社会福祉や労働法制の整備が不可欠であり、学習支援は子どもの貧困の対症療法に過ぎない。しかも、学習支援の実施には地域格差があり、困難を抱える子どもすべてを受け入れるだけのキャパシティはない。支援を受ける子どもたちにスティグマ（恥）を抱かせることもある。子どもの困難に気付き、寄り添うことができるのは、子どもと学び・生活をともにする教師である。子どもたちの困難が学校にもあることを受け止め、教師が子どもに向き合う余裕をもてるだけの教育条件整備を期待したい。

用品費の補助基準額が低いため、学用品費のすべてをカバーできてはいません。

　また、準要保護者の基準が各市町村で異なっていたり、就学援助制度を知らせる広報の充実具合が地方公共団体によって違っていたりするため、どこの地方公共団体で暮らしているかによって就学援助を受けることができるかどうかが大きく左右されてしまいます。こうした問題を解決して、就学援助制度をより使いやすい制度にしていくことが求められています。

4　義務教育の修了後における教育機会の保障

1　国際的に目指されている中等教育と高等教育の無償化

　憲法 26 条で無償と定めているのは義務教育のみですので、高校や大学は無償の範囲に入っていません。それでは、高校や大学は、家庭が経済的に厳しくても進学でき、教育を受けられるような学校にする必要はないのでしょうか。

　国際的な流れを見ると、より広い範囲で無償化を実現していこうとしていることがわかります。それを端的に示しているのが、1966 年に国際連合の総会で採択された「経済的、社会的及び文化的権利に関する国際規約（A 規約）」です。これは社会権について定めている条約で、日本も 1979 年に批准しました。この A 規約では、13 条の部分で、教育の権利について定めています。

　同 13 条 2 項（b）（c）では、中等教育や高等教育においても、すべての適当な方法で、すべての者に対して機会が与えられないといけないと定められています。ここで特に重要なのは、適当な方法の中でも、特に無償教育の漸進的な導入によって、つまり少しずつ教育を無償にしていくことによって、誰に対しても中等教育や高等教育の機会が与えられないといけないとなっていることです。日本では、中等教育を中学校や高校などが、高等教育を大学や短期大学などが行っています。したがって、同 13 条 2 項（b）（c）を日本に当てはめると、高校や大学、短大などで教育を受ける機会は、誰にでも与えられなければならず、特に教育にかかる費用を無償に少しずつ近づけていくことで、実現されなければならないという意味になります。このように、国際的な視野で見ると、

高校や大学、短大なども無償に近づけていこうという潮流にあるのです。

2　児童養護施設の青年たちが見せる現実

　Ａ規約にある中等教育や高等教育への無償教育の漸進的な導入について、日本は負担の公平や財源の問題などを理由に批准してきませんでした。日本が留保撤回を閣議決定したのは、2012年になってのことです。高校などでの教育も、大学や短大などでの教育も、日本では広く機会が与えられているという説明を政府は行っています。文部科学省の学校基本調査によれば、日本では98％の子どもたちが高校など後期中等教育段階へ進んでいます（2019年）。また、大学や短大、専門学校など高等教育段階への進学率も2019年時点で82.8％と、80％を超えています。確かに数字の面から見ると、後期中等教育も高等教育も広く機会が開かれていると言えるかもしれません。

　しかし、後期中等教育や高等教育があらゆる人びとに開かれているかというと、そうとは言えません。例えば、1970年代に書かれた児童養護施設で暮らす中学１年生の作文を見てみましょう[3]。

　中学校を卒業したら？　ぼくには二つの進む道がある。一つは、高校入試、もう一つは就職のこと。中学校を卒業したら、ぼくは働きたいと思っている。しかし母は「立派な高校に入ってしっかり勉強をし、立派な社会人になってほしい」と言った。また先生も「お前は高校に入った方がいい」と言ってくれる。
　"就職と高校入試" どの道も悪いことはない。だけど、もし高校入試をえらんだとしたら？

　この続きには、高校への進学にはお金がかかること、進学したら残りの人生が明るくなるであろうこと、けれど、母親を楽にするには就職を選んだ方がいいと葛藤していることなどがつづられています。

　日本では、1974年には高校進学率が90％を越えました。しかし、同年の児童養護施設の子どもたちの高校進学率はわずか33.2％しかなく、児童養護施設の

コラム9-3 児童養護施設で育った子どもの高等教育を受ける権利保障のために

　少子化の影響で、希望すればだれでも大学進学が叶う時代になった。いわゆる"大学全入時代"である。しかし、このような時代においても、経済的困難により進学を断念する子どもたちがいる。その端的な例は、児童養護施設で育った子どもたちである。日本全体の大学進学率は 52.1% であるのに対して、彼らの進学率は 16.1% といまだに低い状況が続いている（文部科学省「学校基本調査」2018 年度、厚生労働省「社会的養護の現況に関する調査」2018 年度）。

　児童養護施設は、戦後、戦争孤児の保護のために創設されたのが起源となっているが、現在では、親の経済的困窮ゆえに養育を受けることができない子どもたちが多く入所している。このような、親の貧困を背負っている「施設育ち」の子どもたちは、施設を出る際、親からの経済的・精神的支援は期待できない。また、措置延長による施設からの大学進学も可能となったが、その利用はまだ少なく彼らにとって進学環境を整えるのは容易ではない。

　ここに、児童養護施設から大学・短大へ進学した子どもたちを対象に行ったアンケートがある（読売光と愛の事業団編『夢をかなえる力——児童養護施設を巣立った子どもたちの進学と自立の物語』明石書店、2010 年）。「進学してつらかったことは何か」という問いに対しては、「仕事と勉強、部活動の両立」、「一人暮らしでお金の工面ができないこと」と回答している。「施設育ち」の子どもたちは、そもそも大学進学が困難なだけでなく、たとえ進学しても経済的困難がついて回り、学問と生活の両立が厳しい状況に追い込まれている。アルバイトに奔走するあまり、「児童福祉施設で育つ者には夢や目標を持つことが許されていないのではないか」、と自問する学生も少なくない。

　それでも進学を果たした上記の学生たちは、「患者さんの役に立てる作業療法士になりたい」、「絶対教員になって、勉強以外にも、自分が先生に教えてもらったことなどを生徒に伝えていきたい」と夢や希望に向かって一歩一歩、歩みを止めることはない。将来を担う人材を社会が育てるという観点からいえば、誰もが希望をもって社会に参加できる条件を整え、希望の声を増やしていくことは、社会の共通財産を増やすことにつながっているのである。

　頼れる親がいないということが教育を受ける機会においてハンデになるかならないかは、社会のあり方によって規定される。日本政府は「経済的、社会的及び文化的権利に関する国際規約（A 規約）」の高等教育無償化条項について、長い間批准を留保してきたが、2012 年 9 月になって、ようやく、留保を撤回した。これを追い風にして、教育を受ける機会をすべての国民に等しく保障する具体的な制度の構築に向けて、取り組んでいかなければならない。

子どもたちは圧倒的に進学しづらい状況にありました。それでも1973年から高校進学のための特別育成費が措置されるようになり、現在では養護児童施設の青年たちの高校進学率も高まりました。しかし、現在でも、高等教育段階への進学率は著しく低いままに置かれています。

　こうした児童養護施設の青年たちの進学の歴史と現状は、後期中等教育や高等教育が十分な経済的な支えが得られない青年たちにとっては開かれたものになっていないことを、教えてくれているのです。

3　奨学金制度の功罪

　2010年、「公立高等学校に係る授業料の不徴収及び高等学校等就学支援金の支給に関する法律」が施行され、公立高校では授業料を徴収しないことになり、私立の高校等にも授業料に相当する高等学校等就学支援金が支払われるようになりました。2013年の改定で就学支援金に一本化され所得制限が設けられましたが、後期中等教育段階では授業料の不徴収や軽減が一歩前進しました[4]。高等教育段階でも、2019年に「大学等における修学の支援に関する法律」が制定され、貧しい家庭の学生で「特に優れた者」に対しては授業料の減免が行われることになりました。しかし、授業料以外にも必要な経費はありますし、青年自身が家計を支えていくことが必要になることもあります。

　経済的に厳しい立場の青年たちにとって、生活を成り立たせながら学校へと通うのは容易ではありません。彼らを支えるために広く用いられている制度が、奨学金制度です。奨学金には、民間団体や企業、学校によるものもありますが、広く利用されているのは公的な奨学金です。高校等の生徒向けであれば都道府県が、大学等の学生向けであれば日本学生支援機構が行っています。大学等に関しては全国一律の内容で奨学金が実施されていますが、高校等に関しては、貸与額など、都道府県によって奨学金の内容が異なります。

　奨学金制度によって、経済的に厳しい立場にいる青年たちは教育を受ける機会を得やすくなります。例えば、国立大学に自宅から通っている学生が、日本学生支援機構から第一種奨学金を借りたとします[5]。この場合、一か月で

45,000 円を借りることができるので、年間で 54 万円になります。2019 年現在の国立大学の授業料はおおむね 53 万円ですので、一年間の奨学金の総額は国立大学の授業料に相当します。

　しかし、奨学金制度には問題もあります。「大学等における修学の支援に関する法律」の制定により給付型奨学金が創設されましたが、公的な奨学金の中心は、お金を貸し付ける貸与型です。あくまでも借りたお金なので、後から返済する義務があります。上の例で考えると、借りた額は 4 年間で 216 万円となり、多額の借金を背負って社会に出ることになります。経済的に厳しいからこそ奨学金を利用したのに、社会に出るときにも経済的なハンデを背負って、社会に出ていかなければならなくなるのです。

　このように、日本の奨学金制度は、教育の機会を得る手助けとはなりますが、自己責任性の強い制度であり、国や地方公共団体の責任で、高校や大学等で教育を受ける機会をあらゆる人びとに保障する制度にはなってはいません。無償教育の導入によるお金のかからない後期中等教育、高等教育の実現と、自己責任性の弱い給付型奨学金制度の創設が必要となっています。

4　働きながら学ぶことができる学校

　後期中等教育や高等教育の機会を保障するためには、働いている青年たち（勤労青年）でも受けることのできる後期中等教育や高等教育の機会を提供するという方法があります。

　その一つが高等学校の定時制の課程です。定時制とは、特別の時間や時期に授業を行う課程のことをいいます。定時制には、夜間定時制のほかに、昼間定時制や季節定時制などがあります。

　定時制の課程は、勤労青年に教育を受ける機会を提供し、教育の機会均等を実現するためにつくられた課程です [6]。ただ、現在では、定時制に通う生徒がすべて勤労青年というわけではなく、不登校の経験者や転校をきっかけに入ってくる生徒も多くなっています。一方で、近年の不景気の影響を受けて、定時制を希望する青年たちが増える傾向にあります。にもかかわらず、定時制の課

程が年々減少しています。定時制のような働きながら学ぶことができる制度を
いかに充実させていくのかが、いま問われています。

5 「教育の機会均等」の実現を展望するために

「教育を受ける権利」・学習権は、あらゆる人びとが持っているものです。そ
のため、教育を受ける機会も、あらゆる人びとに保障されなくてはなりません。
教育を受ける機会は、義務教育段階の子どもたちに限って保障されるものでは
ありませんし、貧富、性別、人種などによって左右されるべきものでもないの
です。

しかし、これまで見てきたように、教育の機会を保障するための補助が少な
かったり、教育の機会を得るために重い自己負担を強いられたりと、教育の機
会均等を実現するためには、まだまだ多くの課題が残されています。教育の機
会均等を実現していくためには、教育の機会均等が実現されていない具体的な
状況をつぶさに明らかにしながら、その改善を求めていくことが必要です。

また、あらゆる人びとが教育を受けられるような条件整備が行われ、教育の
機会が保障されたとしても、そこで行われる教育そのものが、人びとの成長や
発達を阻害するものであったり、人びとの尊厳を奪うものであったりするなら
ば、教育の機会を保障する意味が失われてしまいます。教育は、発達可能な存
在である人間の可能性を開花するような営みでなければなりません。

例えば、Kさんの通った夜間中学校の教員であった松崎運之助さんは、次の
ようなエピソードを語っています。松崎さんは、ひらがなを教えるときに「あ」
から教えていたのですが、これはひらがなの書けない人にとっては、形が複
雑でつらかったそうです。だから、松崎さんは、最初に釣り針にたとえながら
「し」を教え、それから「つ」を教えるようにしました。「し」と「つ」だけを
教えて、その日はおしまいにし、「今日の帰り道、『し』や『つ』がみなさんの
前に飛び出してきますよ。楽しみにしていてください」と語ったそうです。す
ると翌日、年配の生徒さんがまさに飛びつかんばかりの勢いで喜んでいたそう

です。学校からの帰り道、先生が言ったように、それまで読めなかった「し」と「つ」が、目に飛び込んできたからです[7]。

　教育の機会が保障されることによって、教師と出会い、その教師が目の前にいる人びとをしっかりと把握し、内容と方法を創意工夫して働きかけることによって、人びとの発達の可能性を開花させることができます。教育の機会均等は、あらゆる人びとの学習権と発達保障の実現を伴うものでなければならないのです。

【注】
(1) 松崎運之助『学校』幻冬社、2008年、42ページ。
(2) 文部科学省「平成30年度子供の学習費調査」による。
(3) 全国社会福祉協議会・養護施設協議会編『泣くものか』亜紀書房、1977年、229-230ページ。
(4) 公立学校の場合、都道府県から学校に対し、対象の生徒一人当たり年額118,800円が支払われています。また、私立の場合、118,800円を基準に、所得に応じて396,000円に増額されます。
(5) 日本学生支援機構には、無利子の第一種奨学金と有利子の第二種奨学金があります。
(6) 定時制の課程のほかにも、同じ目的でつくられているものに通信制の課程があります。また、大学の夜間学部も同様の目的で設置されています。
(7) Fonte ホームページ http://www.futoko.org/special/special-13/page0413-448.html

【引用・参考文献】
・阿部彩『子どもの貧困——日本の不公平を考える』岩波書店、2008年。
・五十嵐顕「教育の機会均等」宗像誠也編『教育基本法　その意義と本質』新評論、1966年、116-146ページ。
・小川利夫・村岡末広・長谷川真人・高橋正教編著『ぼくたちの15歳　養護施設児童の高校進学問題』ミネルヴァ書房、1983年。
・子どもの貧困白書編集委員会編『子どもの貧困白書』明石書店、2009年。
・鳶咲子「子どもの貧困と就学援助制度〜国家補助制度廃止で顕在化した自治体間格差〜」『経済のプリズム』No.65、参議院事務局企画調整室、2009年、28-49ページ。
・高津圭一「就学援助制度の実態と課題」藤本典裕・制度研編『学校から見える子どもの貧困』大月書店、2009年、81-120ページ。
・千葉卓「教育を受ける権利と義務教育の無償性の意義——教科書費国庫負担請求権」『憲法判例百選Ⅱ［第5版］』別冊ジュリスト187号、有斐閣、2007年、306-307ページ。
・浪本勝年・三上昭彦編著『「改正」教育基本法を考える——逐条解説［改訂版］』北樹出版、2008年、45-49ページ。

・藤澤宏樹「就学援助制度の再検討（1）」『大阪経大論集』第 58 巻第 1 号、2007 年、199 –
219 ページ。
・堀尾輝久『いま、教育基本法を読む』岩波書店、2002 年、133 – 147 ページ。
・渡部昭男『格差問題と「教育の機会均等」――教育基本法「改正」をめぐり "隠された"
争点』日本標準、2006 年。
・『解説教育六法 2010』三省堂、2010 年。

第10講 教職員の制度

これまでわたしたちは、さまざまな教育制度について学びました。しかし、こうした制度が国民の学習権保障に向けて運用されるかどうかは、子どもたちの目の前にいる教職員や、教育委員会・文部科学省などの行政組織の努力にかかっています。そこで、第10講・第11講では、教職員と教育行政の制度について学びます。この講では、特に教育の自由という視点から、教職員の制度について解説します。

1 地域を歩いた教師の姿から見えてくるもの

かつて青森県下北地区の高等学校に、斎藤作治さんという社会科の先生がいらっしゃいました[1]。1980年のある日、斎藤先生は、水田の稲穂に手を伸ばしました。すると、穂の中身は空っぽで手ごたえのないものでした。稲穂が実っていなかったのです。驚いた斎藤先生は、すぐに農業協同組合を訪ねました。そこで、下北地区が冷害に見舞われ凶作になるかもしれないこと、そのなかでも知恵を絞って稲作に取り組む農家の方がいることを、斎藤先生は知ります。

そして、斎藤先生はそのことを生徒たちに伝えました。しかし、生徒から返ってきたのは猛烈な反論でした。「先生！……冷害・凶作だと大げさなことを言わないでくれよ。スーパーになんぼでも食物が売っているよ」などの言葉が生徒から返ってきたのです。この反応に直面した斎藤先生は、自分が取り組んできた授業について反省します。現実に進行している冷害に気づけない生徒たちの姿をみて、教科書だけで教えてきた自分の授業が、生徒たちの現実を見る目

を曇らせてきたのではないかと考えたからでした。

　そこで斎藤先生は、地域へと飛び出し、農業改良普及所や市役所、町村役場、地域の篤農家などを尋ねてまわります。そして、自らの足を使って学んだことをもとに冷害をテーマにした授業に取り組んだのでした。斎藤先生は「地域を教えるということは、地域のできごとを教えるということではなく、もっとも身近なところにある地域を教材として、日本の農業や交通、文化を考えるということ」（『ふるさとは大畑線に乗って』4ページ）と考えたのです。

　この斎藤先生の取り組みからは、教師としての本来的な姿が見えてきます。斎藤先生は、まず目の前にいる生徒の姿を出発点に、どういった授業に取り組むべきかを考えています。同時に、目の前の生徒の姿から、自身の授業のあり方を見直してもいます。そして、目の前の生徒に身に付けてほしいこと、わかってほしいことを、生徒によりよく伝えるために、地域を教材にするなど自由に工夫しています。何より大切なことは、斎藤先生自身が一貫して授業の内容について自分自身で考え、自身の考えた授業に責任を持ち、行動しているということです。

　以上のように、教員には、自ら主体的に子どもとかかわりながら、子どもの状態を把握したり、それに応じた教育目標や教育内容を設定したり、適切な教材や教育方法を用いたりする力量が求められます。それでは、こうした教員の職務を、教育制度はいかに支えているのでしょうか。

❷　専門職としての教員とその採用

1　専門職としての教員

　子どもの状態を把握して、それに応じた目標や内容を設定したり、適切な教材や方法を用いたりすることは、誰にでもできることではありません。そのため、教員は高度な知識や技術が必要な専門職とされています。

　例えば、国際連合教育科学文化機関（UNESCO）と国際労働機関（ILO）が1966年に出した「教員の地位に関する勧告」では、「教育の仕事は、専門職と

みなされるものとする」(6項) として、教員が専門職であることが明記されています。教員が専門職であることは、国際的に認められているのです。

　日本でも、教員は専門職として認められています。それは、教員として働く場合に、教育職員免許状（以下、教員免許）の取得が必要とされる点に端的に表れています。教員免許には、大部分の教員が取得している普通免許状に加えて特別免許状と臨時免許状の３種類があり[2]、勤める学校が国公立か私立かを問わず教員免許が必要です。教員免許は、学校種別（幼稚園・小学校・中学校・高等学校・特別支援学校）や教科別に分かれており、勤める学校種や担当教科に応じた免許状の取得が必要です。このことを免許状主義といいます（教育職員免許法3条）。専門的な知識や技術が認められた者に対して与えられる免許状の取得を教員採用の条件とすることで、教員の専門職としての地位を確立することが目指されています。

2　教員の採用

　先ほどの斎藤先生が、主体的に生徒とかかわりながら授業づくりを進めたように、教員として働くうえでは、専門的な知識や技術だけでなく、子どもと向きあう情熱や責任感といった人格的要素が重要です。そのため、公立学校の教員採用試験では、教員免許の取得もしくは取得見込みを条件としたうえで、教員採用選考試験という特別な試験を実施しています（教育公務員特例法11条）。

　選考では、職務にかかわる能力や適性を「有するかどうかを判定すること」（人事院規則8-12、19条）を目的としています。そのため、受験者の経歴や知識、資格などが基準に適合しているかどうかが、合格を決める判断基準とされます。これは、競争試験の形をとる一般の公務員試験とは異なります[3]。教員採用試験が選考試験という特別な形をとっているのは、「一般に教育者たる必要な人格的要素は、競争試験によつてはとうてい判定しがたい」[4]と考えられているからであり、教員免許の取得によって専門的な知識や技術が獲得されていることを前提に、人格的要素を加味して総合的に判断する試験になっているのです。実際に、選考試験では、筆記試験のみではなく、面接（個人・集団）、模

擬授業、実技試験など、多彩な内容の試験が実施されています。

　この教員採用選考試験は、教育委員会が実施します。公立小・中学校は、市町村立の学校が大部分を占めています。しかし、そこで働く教員の選考は、都道府県教育委員会が実施します。教員の採用は、都道府県教育委員会・指定都市教育委員会が実施する試験の結果をもとに、教育長が選考し、都道府県教育委員会・指定都市教育委員会が任命することになっています（地方教育行政法34条・37条1項）。

　市町村立学校の教員の選考試験を都道府県教育委員会が実施し、任命するのには理由があります。その一つが、市町村の財政の豊かさによって教員の配置に格差が生まれないようにすることです。市町村立学校の教員は市町村教育委員会が監督を行いますが、給与については都道府県が費用負担をしています（市町村立学校職員給与負担法1条）。こうした都道府県が給与を負担しながら市町村立学校で働く教職員のことを、県費負担教職員と呼んでいます。財政が比較的に安定している都道府県レベルで教員を採用し、教員給与の費用負担を行うことで、各市町村に必要な教員を適切に配置し、広く人事交流を進めることができるようにしているのです。

 ## 3　教育の自由とその制約

1　教育の自由と教師の教育権

　斎藤先生の教育実践について、「教員が自分の判断でそんなに勝手に授業の内容を決定していいのか」と感じる人もいるかもしれません。しかし、教員が目の前の子どもたちの状態を出発点として、どんな教育内容や教材、教育方法が適切かを自分自身で考えることは悪いことではありませんし、禁止されていることでもありません。

　例えば、旭川学テ裁判では、教育の内容や方法の決定権が誰にあるのかが大きな争点となりました。そして、その最高裁判決（1976年5月21日）では、教師が子どもとの直接の人格的接触を通じて個性に応じた教育を行わなければな

らないという本質的要請に照らして、具体的な内容や方法についてある程度の自由な裁量が保障されなければならないことを認めています。また、「教員の地位に関する勧告」でも「教員は、生徒に最も適した教具および方法を判断する資格を特に有している」（61項）としています。

　このように、教員には子どもとの直接の人格的接触があり個性に応じた教育が求められることや、専門的な知識や技術を獲得していることを前提に、教員は自らの教育活動について内容を決定する権利を有しているのです。この権利は「教師の教育権」と呼ばれています。教師の教育権は、教育課程の自主的編成、教材決定権、教育評価権、懲戒権、研修の自主性・権利性の保障などからなっています。これらの権利は、教師の教育の自由を保障するためのものです。斎藤先生のように、生徒の状態を把握したうえで地域という教材を独自に使用することは、教員に対して認められた権利なのです。

2　教育の自由の制約

　教員に教育内容や方法について一定の自由な裁量が認められているとはいっても、教員は自分の判断で何でも行っていいわけではありません。

　例えば、懲戒について定めた学校教育法11条では、校長や教員に対して、教育上必要な場合は、児童や生徒、学生に対して懲戒を行うことを認めています。しかし、いくら教員に懲戒が認められてはいても、行うことのできないものもあります。それが体罰です。学校教育法11条には、「ただし、体罰を加えることはできない」とあり、体罰という形での懲戒は禁止しているのです［●コラム10-1］。

　ただし、どこまでが体罰かという線引きは簡単ではなく、機械的に線引きを行うことはできません。かつて中学校教師の体罰をめぐって行われた裁判においても、懲戒権の範囲内のものかどうかの判断は、生徒の年齢や生育過程、非行等の内容、懲戒の趣旨、有形力行使の態様・程度などを総合して具体的・個別的に判断するほかないとされています（水戸五中事件）。

　重要なのは、教員に自由な裁量が認められるのは、子どもが学ぶことを通じ

て人間らしく発達する権利、すなわち子どもの学習権を保障しうる範囲だということです。また、親の教育権についても尊重されなければなりません。つまり、教師の教育権は、一義的には子どもの学習権によって、さらには親の教育権によって制約されるのです。

コラム10-1　懲戒と体罰

　学校教育法11条は、一条校において、教育上必要があるとき、校長・教員が子どもに懲戒を加えることを認めるとともに、いっさいの体罰を禁止している。

　懲戒とは、一般的に、ある集団の秩序を乱したり、ルールを侵したりした者に対して科される制裁をいう。それとは異なり、子どもに対する懲戒は、単なる制裁や処罰ではなく、人格の完成をめざして行われる教育活動の一環である。懲戒には、教師が日常的な教育活動のなかで行う叱責や説教などの「事実行為としての懲戒」と、子どもの学習権を奪うような一定の法的効果をもつ「処分としての懲戒」（懲戒処分）とがある。後者については、校長のみが行うことができ、学校教育法施行規則26条がその処分の種類や対象を定めている（表10-1参照）。

　同表の通り、義務教育諸学校においては、行うことができる懲戒処分（退学・停学）が制限されている。これは、子どもの義務教育を受ける権利を保障し、保護者が就学義務を履行するためである（なお、学校教育法35条にもとづいて、市町村教育委員会は、公立小学校などで、他の子どもの学習権を保障する観点から、保護者に対して、他の子どもの教育を妨げる子どもの出席停止を命ずることができる）。高等学校や大学などでは、退学・停学処分が認められているが、これらの処分は、子どもなどの学習権を奪うものであるため、実施の決定は慎重になされなければいけない。

　体罰とは、必ずしも機械的に判別できるものではないものの、懲戒の内容が身体的性質であるもの、すなわち、①子どもの身体に対する侵害（殴る・蹴るなど）や②子どもに肉体的苦痛を与えるもの（正座・直立などの姿勢を長くつづけさせるなど）に当たるものと判断されている（文部科学省「学校教育法第11条に規定する児童生徒の懲戒・体罰に関する考え方」2007年）。例えば、トイレに行かせないことや給食時間が過ぎても長くとめおくことも体罰に該当する。その一方で、授業中、遅刻者や騒がしい者を教室外に出すことは体罰ではないとされるが、義務教育において、子どもに授業を受けさせないというのは適当な懲戒ではない。また、放課後等に教室内に居残りさせることや授業中、教室内で起立させること、宿題や清掃活動をほかの子どもよりも多く課すこと、立ち歩きの多い子どもを叱って席につかせることなどは、合理的な範囲内で行われるのであれば、体罰には該当しない。

　体罰か否か、もしくは教育上適切な懲戒か否かの区別は、学習権や身体の自由をはじめとする子どもの基本的人権の尊重や個人の尊厳の観点から、判断される

表 10-1　懲戒処分の種類とそれらを行うことができる学校（学校教育法施行規則 26 条）

		公立の義務教育諸学校		国・私立の義務教育諸学校	幼稚園を除くその他の学校
		小学校 中学校 特別支援学校の 小学部・中学部	中等教育学校の前期課程		
退学	生徒との在学関係を一方的に終了する処分	×	○	○	○
停学	一定期間、生徒の登校を禁止する処分	×	×	×	○
訓告	口頭・文書で注意をして以後の反省を促す処分	○	○	○	○

（処分ができる…○、処分ができない…×）

ものである。学校教育法に反し、「鉄拳制裁」や「愛のムチ」といわれるような体罰容認論が、一部の教師や保護者のあいだでいまだ根強く残っている。体罰を行えば、教師は地方公務員法などに定められる懲戒処分の対象となったり、刑事責任が問われたりすることにもなる。それだけでなく、子どもに与えるマイナス影響は決して小さいものではない。体罰に依存した指導は、子どもたちが学校生活への恐怖心やストレスを抱くようになるだけでなく、子どもどうしの関係のなかでの力による服従を正当化し、対物・対教師暴力を引き起こすおそれがある。教師には、どのような子どもであっても彼らを受け止めることのできる包容力と、体罰に頼らず、上手に「叱る」腕前をあげてもらいたい。

3　教育の集団的自由と教員組織

　教育内容や教育方法の決定は、最終的には各教員個人に委ねられます。しかし一方、教員は教員集団として、集団的にも子どもと向きあいます。各教員個人の自主性や独創性を尊重する一方で、子どもたちの把握の仕方は適切か、用いる方法や教材は適切か、教育の目標や内容の設定は子どもに適したものになっているかなどについて、教員どうしで自由に意見をぶつけあい、集団的に検討する必要があるのです。教師の教育の自由は、集団的自由でもあります。

　表 10-2 に見られるように、教職員と一口にいっても、担っている役割は一様ではありません。例えば、小・中学校には、教諭のほかに、校長、教頭、養護

表 10-2　教職員の種類

教職員の種類	職務内容（学校教育法）	免許の必要	教員配置			
			幼	小	中	高
校長	校務をつかさどり、所属職員を監督する。（37条4項）	×	◎（園長）	◎	◎	◎
副校長	校長を助け、命を受けて校務をつかさどる。校長に事故があるときはその職務を代理し、校長が欠けたときはその職務を行う。（37条5・6項）	×	△（副園長）	△	△	△
教頭	校長・副校長を助け、校務を整理し、及び必要に応じ児童の教育をつかさどる。校長・副校長に事故があるときはその職務を代理し、校長・副校長が欠けたときはその職務を行う。（37条7・8項）	×	○	○	○	○
主幹教諭	校長・副校長・教頭を助け、命を受けて校務の一部を整理し、並びに児童の教育をつかさどる。（37条9項）	○	△	△	△	△
指導教諭	児童の教育をつかさどり、並びに教諭その他の職員に対して、教育指導の改善及び充実のために必要な指導及び助言を行う。（37条10項）	○	△	△	△	△
教諭	児童の教育をつかさどる。（37条11項）	○	◎	◎	◎	◎
養護教諭	児童の養護をつかさどる。（37条12項）	○	△	○	○	△
栄養教諭	児童の栄養の指導及び管理をつかさどる。（37条13項）	○	△	△	△	△
事務職員	事務をつかさどる。（37条14項）	×	△	○	○	◎
助教諭	教諭の職務を助ける。（37条15項）	○	△	△	△	△
講師	教諭又は助教諭に準ずる職務に従事する。（37条16項）	○	△	△	△	△
養護助教諭	養護教諭の職務を助ける。（37条17項）	○	△	△	△	△
実習助手	実験又は実習について、教諭の職務を助ける。（60条4項）	×	×	×	×	△
技術職員	技術に従事する。（60条6項）	×	×	×	×	△

（教員配置の◎…必ず置かなければならない、　○…原則は必置だが条件によっては置かないことも可能、　△→置くことができる　×→規定がない）
（職務内容・教員配置については学校教育法、免許の必要については教育職員免許法にもとづいて執筆者が作成）

教諭、事務職員が配置される必要があります⁽⁵⁾。これらのほかにも、副校長や主幹教諭、指導教諭などの職員も置くことができます。さまざまな役割の教職員が集まって、学校という組織を形づくっているのです。

　もともと学校の教員組織は「なべぶた型」といわれていました。「なべぶた型」とは、管理職として校長と教頭がいるのみで、その他は対等な関係になっている組織の形を表しています。しかし、2007年の学校教育法改定により副校長、主幹教諭、指導教諭が設けられ、教員組織は「ピラミッド型」と呼ばれる重層的な形になりました。これは、校長のリーダーシップの下、組織的で機動的な学校運営を可能にすることをねらった改定でした。

　また、2000年の学校教育法施行規則の改定によって、慣習法的に行われてきた職員会議が、法的に初めて位置づけられました（48条・79条・104条・113条）。しかし、職員会議の設置の目的は「校長の職務の円滑な執行に資する」ことであり、校長が主宰するものとされたことで、職員会議は校長の補助機関としての位置に置かれることになりました。これにより、校長のリーダーシップが強化される一方で、それまで学校運営の重要事項を審議・決定する場であった職員会議の位置づけが低下しました。校長に過度の権力が集中することによって、教職員が対等に協力し合いながら教育活動を行うことが、難しくなるおそれがあります（教育の集団的自由を制限するおそれ）。

4　養成と研修による力量形成

　2で、教員が専門職であることを説明しました。教員がその地位を確立するには、それに見合う専門的な力量を身につける必要があります。そのこと

> **教育基本法**
> **第9条（教員）**　法律に定める学校の教員は、自己の崇高な使命を深く自覚し、絶えず研究と修養に励み、その職責の遂行に努めなければならない。
> 2　前項の教員については、その使命と職責の重要性にかんがみ、その身分は尊重され、待遇の適正が期せられるとともに、養成と研修の充実が図られなければならない。

は、教育基本法9条によく表れています。

　「養成と研修の充実が図られなければならない」ことが謳われていることからわかるように、教員としての基礎的な知識や技術を獲得するための準備段階である教員養成制度と、現職の教員が新たな知識や技術を獲得することでさらなる力量形成を図る研修制度によって、教員の力量形成が図られています。

> ## コラム 10-2　教員の働き方改革
>
> 　「教員」＝「ブラック」というイメージが定着したかに見えるように、教員の多忙さと長時間労働が取り上げられることが増えた。実際に、2016年に実施された「教員勤務実態調査」では、公立小学校の教員の平均的な勤務時間が11時間15分、公立中学校では11時間32分と、平均でも10時間を優に超える勤務を教師たちが行っている実態が明らかになっている。教師が仕事に熱心であるのは喜ばしいことだが、十分な休息をとることができず、身体的・精神的な疲労の蓄積を、教員個人の責任感と頑張りで克服しなければならないような働き方では、教員の心と体の健康を害するだけでなく、子どもたちの成長・発達を支えるような十分な教育活動が営めなくなってしまう。
>
> 　そうした中、教員の「働き方改革」が進められている。その取り組みの一環として、「公立の義務教育諸学校の教育職員の給与等に関する特別措置法」（給特法）が一部改定となった。これにより、「一年単位の変形労働時間制」という制度の適用が可能となった（第5条）。これは、一カ月を超え一年以内の期間を平均して週40時間を超えないことを条件として、仕事の忙しさに応じて労働時間の配分を認める制度である。地方公務員法第58条により、地方公務員へのこの制度の適用は除外されているが、この改定により、教員への適用が可能となった。しかし、この制度の導入に対しては、多くの批判が寄せられている。その理由としては、制度の導入が教員の負担軽減や勤務時間の縮減にはつながらないこと、むしろ現状の長時間労働を追認し、助長してしまうおそれがあることなどが指摘されている。
>
> 　給特法は、時間外勤務手当や休日勤務手当を支給しないことや、1970年代の教員の勤務時間を基にした給与月額の4％に相当する教職調整額を支給することを定めており、現在の教員の実態と制度がマッチしていないことが指摘されてきた。今回の改定は、そこには手を付けないままの改定でもあり、現状の教員の働き方に即した働き方改革が求められている。

コラム 10-3　チーム学校

　中央教育審議会「チームとしての学校の在り方と今後の改善方策について（答申）」（2015年12月）は、チーム学校を「生徒指導や特別支援教育等を充実していくために、学校や教員が心理や福祉等の専門家（専門スタッフ）や専門機関と連携・分担する体制」と定義している。同答申では、生徒指導、特別支援、子どもの貧困対策、社会に開かれた教育課程・アクティブラーニング、外国籍等の子どもへの指導、教員の多忙化など学校が抱える多様な課題の解決策として、チーム学校の体制づくりが提案されている。日本の教員が際限なく多方面にわたって役割を期待され、責任を負ってきたのに対して、チーム学校の下では、従来の教員・職員が新たな専門スタッフとの間で業務分担をし、それらの連携によって学校をまわしていくことを想定している。教員が担う業務が限定されるので、授業など専門性が発揮できる業務への専念や専門性の向上を図る研修の機会確保が可能になる。

　同答申では、チーム学校には既存の教職員に加え、①心理や福祉の専門スタッフとしてスクールカウンセラー（SC）、スクールソーシャルワーカー（SSW）、②授業等において教員を支援する専門スタッフとして ICT 支援員、学校司書、英語指導の外部人材や外国語指導助手（ALT）、補習などの学校における教育活動を充実させるためのサポートスタッフ、③部活動指導員、④特別支援教育に関わる医療的ケアを行う看護師等、特別支援教育支援員、言語聴覚士などを挙げている。とくに SC、SSW の配置は、学校の「子どもの貧困対策のプラットフォーム」としての機能強化を期待するものである。

　「チーム学校」の体制づくりについては、子どもや学校が抱える問題の複雑化・困難化に目を向け、教職員だけでなく専門スタッフとの連携・分担によってそれらを解決しようとした姿勢は評価できる。また、これまで社会的要請が高まりながらも、学校や教育行政との十分な連携がとれなかった SC や SSW が、チームの一員としての位置付けが明確にされたことへの評価も高い。

　その一方で、SC や SSW などの専門スタッフは学校教育法や義務標準法（公立義務教育諸学校の学級編制及び教職員定数の標準に関する法律）などに規定がない（2017年には学校教育法施行規則に SC や SSW に職務についての規定（65条の2、65条の3）は設けられた）。そのため、それらの必置・任意配置の規定はなく、児童生徒数・学級数にもとづいて算出される教職員定数に含まれず、国庫負担の対象とされていない。SC や SSW の配置に関わる費用は年度ごとに予算化され、1/3 を国が、残りを各自治体が負担している。したがって、SC や SSW の配置に関わる予算確保が不安定なものとなり、雇用条件が極めて不安定（期限付き採用や非常勤などの非正規雇用）となっている。子どもや保護者と向き合う機会が限られるとともに、その専門性の発揮や教職員との連携について万全な体制が整えられていない現状がある。

1　教員養成制度

　専門職としての基礎的な知識や技術を有していることを証明する教員免許は、都道府県教育委員会によって授与されます（教育職員免許法5条7項）。しかし、教員養成は、都道府県教育委員会ではなく大学が行っています。学位が教員免許の取得のための基礎資格となっており、学士を基礎資格とする一種免許状、短期大学士を基礎資格とする二種免許状、修士を基礎資格とする専修免許状の3種類に分かれています。大学での教育課程の修了を基礎資格とし、教職に必要な単位を修得した者に免許を授与することで、教科に関する専門的な知識に加え、子どもの発達の法則など教職に関する専門的・科学的な知見や幅広い教養を身につけることが目指されています。

　また、教員養成を行う大学・学部は、教員養成系大学・学部に限定されてはいません。例えば、法学部、経済学部、工学部など教員養成を主な目的としない学部に所属する学生でも、教員免許の取得に必要な単位を修得した者に対しては、教員免許を授与しています。このように、教職課程を置く大学において必要な単位を所得した者には、教員養成系大学・学部に限ることなく教員免許を授与することを「免許状授与の開放制」と呼んでいます。これによって、閉鎖的に教員を養成することで、画一的な教員を生み出さないようにしています。

　以上のような「大学における教員養成」と「免許状授与の開放制」が、戦後教員養成制度の二大原則です。これらにもとづく教員養成により、専門的知識や技術と幅広い教養をもつ主体的な教員の養成が目指されているのです。

2　教員研修制度

　上記のように、教育基本法9条には「研究と修養」に絶えず励むことが謳われています。また、教育公務員特例法（以下、特例法）21条1項にも「教育公務員は、……絶えず研究と修養に努めなければならない」と定められています。研修とは、この「研究と修養」のことを意味しています。子どもの発達を学習面から保障する力量を養うためには、教員養成段階で獲得した知識と技術だけ

では不十分であり、絶えず自身の教育実践を振り返りながら、新たな知識と技術を獲得していくことが必要不可欠です。そのために、研修の機会は教員にとって欠かすことのできないものだといえます。

　例えば、教育公務員の研修には、大きく分けて二つの形があります。一つは任命権者が教育公務員に対して実施する行政研修です。特例法21条2項では、教育公務員の任命権者が、教育公務員の研修について、それに要する施設や研修を奨励するための方途その他研修に関する計画を樹立し、その実施に努めなければならないことが定められています。これにもとづき実施されているのが行政研修であり、教育公務員として採用されてから1年間実施される初任者研修と、教育に関し相当の経験を有し、教育活動その他の学校運営の円滑かつ効果的な実施において中核的な役割を果たすことが期待される中堅教諭等に対する中堅教諭等資質向上研修の二つがあります。

　しかし、教員が常日ごろから自らの教育実践を見直しつつ、新たな専門的な知識や技術を獲得していくためには、これらの研修のみでは不十分です。特例法22条2項では、教員は授業に支障がなければ、本属長の承認を受けて、すなわち校長の承認を受けて、勤務場所を離れて研修を行うことができるとされています。教員が専門的知識や技術を日常的に獲得するために重要な役割を果たすのは、この特例法22条2項にもとづく、自主研修と呼ばれる研修です。実施時期が決まっている行政研修とは違い、自主研修は教員の自主的な判断で行うことができます。

　2009年からは普通免許状と特別免許状に10年の有効期限が設けられ、最新の知識や技能を習得するための免許状更新講習が導入されました。しかし、専門職として常に知識と技術を新たなものにしていく必要のある教員にとっては、自主研修こそが自らの力量形成を図るための根幹といえます。そして、特例法22条1項に「教育公務員には、研修を受ける機会が与えられなければならない」とあるように、自主研修は教員にとって重要な権利でもあるのです。

5　教職員の制度をより良いものにするために

　旧教育基本法6条2項には、「法律に定める学校の教員は、全体の奉仕者であつて、自己の使命を自覚し、その職責の遂行に努めなければならない」と定められていました。「全体の奉仕者」は、日本国憲法15条に、「すべて公務員は、全体の奉仕者であつて、一部の奉仕者ではない」とあるように、公務員に対して用いられる表現です。それは文字どおり、特定の人びとや特定の勢力に対して奉仕をするのではなく、国民（住民）に対して責任を負うということを意味しています。そして教員の場合、この「全体の奉仕者」という性格が、教育公務員である国公立学校の教員だけでなく、私立学校の教員に対しても適用されていました。

　教員が「全体の奉仕者」として、国民（住民）に対して責任を負う場合、それは幼児、児童、生徒、学生への教育という形をとることになります。すなわち、🎯でも説明したように、目の前の子どもたちの状態を把握し、それに応じた教育目標や教育内容を設定し、適切な教育方法や教材を用いることによって、子どもの学習を通じての発達を保障するという形で、直接的に責任を負います。いい換えれば、教員は、子どもの学習権保障という側面から国民（住民）に対して責任を負っているのです。

　この「全体の奉仕者」という文言は、新教育基本法では削除されています。だからといって、教員が子どもの学習権保障をないがしろにしてよくなったわけではありません。現在の教員たちは、日常の業務に追われ、多忙な日々を過ごしています。子どもとの直接的なかかわりによって職責を果たすべき教員が、子どもと直接かかわる時間を確保するのに苦慮する状況が続いています。教員の労働条件を今一度見直し、教員を子どものもとへ返すこと、そして子どもと直接的な交流を行う教員に対して、その専門性にもとづいた自由な裁量をきちんと保障する制度をさらに構築していくことが課題となっています。

【注】
(1) 以下、斎藤作治氏の実践については、斎藤作治『ふるさとは大畑線に乗って』（高校出版、1987 年）と、斎藤作治『高校生と歩いて学んだふるさと』（青森県国民教育研究所・教育図書資料室、2011 年）を参考にしました。
(2) 特別免許状は、教員免許は持たないものの、優れた知識や技術を持っている社会人を学校に迎えることを目的につくられた免許であり、都道府県教育委員会が行う教育職員検定の合格者に授与されます。また、臨時免許状は、校種ごとの助教諭及び養護助教諭の免許であり、普通免許状を持つ者を採用することができない場合に限り、授与されます。
(3) ただし、現在の教員採用選考試験では、受験者の数が募集している教員の数を上回っており、実態としては競争試験のような形になっています。
(4) 下条康麿文部大臣の発言（『文部委員会会議録』第 2 号、1948 年 12 月 9 日、4 ページ）。
(5) ただし、小・中学校において、副校長を置くときやその他特別な事情がある場合は教頭を、養護をつかさどる主幹教諭を置くときは養護教諭を、特別の事情があるときは事務職員を置かないことが認められます（学校教育法 37 条ほか）。

【引用・参考文献】
・井深雄二「学校の公共性と教職員の権利」坪井由実・井深雄二・大橋基博編『資料で読む教育と教育行政』勁草書房、2002 年、42 - 53 ページ。
・小田義隆「教職員法制の原理と展開」土屋基規編著『現代教育制度論』ミネルヴァ書房、2011 年、147 - 189 ページ。
・兼子仁『教育法　新版』有斐閣、1978 年。
・川口洋誉「「チーム学校」は子どもの困難に向き合う学校をつくれるのか」吉住隆弘・川口洋誉・鈴木晶子編著『子どもの貧困と地域の連携・協働─〈学校とのつながり〉から考える支援』明石書店、2019 年、30 - 39 ページ。
・土屋基規「教職員・学校運営と法」平原春好・室井修・土屋基規『現代教育法概説　改訂版』学陽書房、2004 年、135 - 183 ページ。
・藤本典裕「教職員の養成・採用・研修と身分保障」勝野正章・藤本典裕編『教育行政学　改訂版』学文社、2008 年、119 - 132 ページ。

第11講 教育行政の制度

前講では、学校レベルで教育制度を実際に運用する立場である、教職員の制度について見てきましたが、教育制度を地域や国全体のレベルで実際に運用するのは、教育委員会や文部科学省などの教育行政の組織です。そこでここでは、地方自治体や国全体の教育制度を動かすための組織について理解を深めていきましょう。

1 戦後教育行政の基本原則

みなさんは「教育行政」「教育委員会」「文部科学省」という言葉を聞くと、どのようなことをイメージしますか？「管理主義的、中央集権的だ」とか「いじめ問題があったときに事実を隠すことがあるなど、閉鎖的だ」などといったマイナスイメージを思い浮かべる人も多いのではないでしょうか。しかし、アジア・太平洋戦争の終結後に現在の教育行政制度の基礎が整えられたころは、そのようなマイナスイメージでとらえられるような制度ではなかったのです。したがって、ここではまず、もともとの教育行政制度の原則がどのようなものであったのかについて、紹介したいと思います。

1 教育行政の基本原則

教育行政の一つ目の原則は、教育の自主性の確保です。旧教育基本法10条1項では、「教育は、不当な支配に服することなく」と定められていました（同法10条1項・2項の条文は第5講参照）。これは、戦前の教育制度が権力統制的な

性格が極めて強く、その結果、アジア・太平洋戦争をはじめとして多くの犠牲を出したことを反省してのことです[●第5講]。つまり、現場での教育が国や地方自治体の長（首長）などの一部の権力者に支配され、教育実践が子どもや国民の実態に沿わない非合理的なものにゆがんでしまわないような教育行政のあり方が、戦後教育行政の大原則とされたのです。言いかえれば、教育への「不当な支配」を防ぐことで、教育現場が自主的に工夫して教育実践に取り組める教育行政の体制づくりがめざされました。それが教育の自主性の確保です。

　二つ目の原則は、教育の直接責任性です。10条1項では、「教育は……国民全体に対し直接に責任を負つて行われるべきものである」と定められていました。これは、戦前のように教育が国や首長などの一部の者の利益に対して責任を負うのではなく、教育行政はすべての国民のために直接的に責任を負うべきであるという原則です。この原則によって、教育行政は、すべての国民の願いが「直接に」取り入れられるような組織体制をとることがめざされたのです。

　三つ目の原則は、教育行政の教育条件整備義務です。同10条2項では、「教育行政は……教育の目的を遂行するに必要な諸条件の整備確立を目標として行われなければならない」と定められています。これは、教育行政が、現場の教育実践に「不当な支配」をしてしまわないように、かつ現場の教育実践の質と量が学習権を保障するのに十分なものとなるように、教育行政の任務を非権力的な条件整備に限定すべきことを規定したものです。具体的にいえば、教育行政は、現場の教育実践が十分に実行できるような施設設備・予算・人員の配置など（教育の外的事項）を確保することがその役割であって、その役割を飛び越えて現場での教育内容や教師・社会教育関係者の実践（教育の内的事項）に教育行政は権力的に介入してはならないということです。これは、同法10条1項に示された原則を実現するための教育行政のあり方についての原則といえます。なお、この原則に沿って、教育を内的事項と外的事項に区分し、教育行政の役割を外的事項の条件整備に限定すべきとした考え方を教育の内外事項区分論といいます。

2　地方教育行政の原則

　以上の教育行政の原則を具体化するために、教育委員会法（1948年）で教育委員会制度が創設されました。そこに定められた地方教育行政の一つ目の原則は、教育行政の地方分権化です。教育委員会制度では、都道府県教育委員会（以下、都道府県教委）や市町村教育委員会（以下、市町村教委）、さらには現場の教育機関の自主性が確保されるように、文部省（現文部科学省）―都道府県教委―市町村教委は対等な関係とされました。このため、文部省が都道府県教委に対して、また都道府県教委が市町村教委に対して行えるのは、専門的・技術的な指導助言のみであって、指揮命令監督は禁止されました。戦後の教育行政は、戦前の中央集権的なものから地方分権への転換がめざされたのです。

　二つ目の原則は、教育の民衆統制です。教育の直接責任性を実現するために、教育委員会制度では、住民の願いが教育行政に活かされるような制度が構想されました。それが、教育委員を住民の直接公選によって選出する制度です。この制度は、公選制教育委員会制度と呼ばれています。なお、教育委員会によって任命される教育長（教育委員会の指揮監督を受けながら、教育委員会のすべての事務を司る者）には高い教育行政の専門性が求められました。こうして、教育の民衆統制と専門性との調和を図ろうとしたのです。

　三つ目の原則は、教育行政の一般行政からの独立です。実は、教育行政の地方分権化を進め、国による地方教育行政の権力的統制を防いだとしても、まだ地方教育行政が権力からの「不当な支配」を受けるおそれは残っています。それは、都道府県や市町村の首長による支配です。こうした首長からの「不当な支配」を防ぐため、教育委員会制度では、地方教育行政を首長の直接的な管理から独立した合議制の教育委員会に委ねることにしました。合議制とは委員の話し合いによって物事を決める制度をいいます。また、教育委員会には条例案・予算案を独自につくって議会に送付する権限が与えられました。こうして、教育委員会は、首長およびその管理下の一般行政からの不当な介入を受けることなく教育行政を行うとともに、住民の願いを反映した合議による教育条件整備の実現を意図していたのです。

❷　地方教育行政制度の変質と現状

1　公選制教育委員会制度の廃止と中央集権的教育行政の成立

　戦後教育行政は、戦前の教育行政が権力統制的な性格が非常に強かったことを反省して、子ども、青年、成人などの学んでいる国民に対してこそ責任を果たす民主的な教育行政がめざされました。このため、国民の願いが適切に取り入れられるような組織と体制がとられました。❶で触れたような戦後教育行政の基本原則は、こうした考えを実現するための原則であり、教育委員会とは、これらの原則を実現するためにこそ設けられた組織だったのです。

　しかし、戦後教育行政の基本原則の実現を目指して実施された公選制教育委員会制度は、ようやく地域に定着しようとしていた 1956 年に、廃止されてしまいました。その背景には、このころ、日本政府がアメリカへの従属を強める中で、民主主義と平和から再軍備へと国の方針を大きく転換させたことがあります。このため、国としては、こうした国策を支持する国民の世論をつくるために、教育の権力的統制を強め、愛国心教育を進める必要が出てきたのです。

　1956 年、教育委員会法の廃止と同時に「地方教育行政の組織及び運営に関する法律」（以下、地方教育行政法）が成立し、教育委員会制度の新たな指針となりました。しかし、そこでは、戦後教育行政の原則は大きくゆがめられてしまいました。その特徴を四つ紹介します。

　一つ目に、教育委員の選出方法が公選制から首長による任命制に変えられました。このことから、地方教育行政法のもとでの教育委員会制度は、任命制教育委員会制度と呼ばれています。この制度が取り入れられた結果、教育委員会に住民の声を届けるルートは大きく阻害されることになりました。逆に、首長によって教育委員が任命されるということから、首長の方針に協力的な人物が教育委員になる可能性が高まり、そのことで教育委員会が首長（一般行政）から権力的統制を受けるおそれが出てきました。

　二つ目に、もともと教育委員会に与えられていた条例案と予算原案の作成送付権が廃止されました。このことは、条例にしても予算にしても、教育行政を

行うさい、首長の同意がなければ立案や実施が難しくなったことを意味しています。こうして、教育委員会はますます首長に従属せざるを得なくなりました。

このように、一つ目と二つ目の改変によって、教育の直接責任性、教育行政の一般行政からの独立は大きく弱められてしまったことがわかります。

三つ目に、教育長を任命しようとするさい、事前の承認が必要になりました。具体的には、市町村教育長の任命のさいは都道府県教委の事前承認が、都道府県教育長任命のさいは文部大臣による事前承認が必要となったのです。このことによって、地方教育行政の重要な人事に、国や都道府県が関係することが可能となりました。

四つ目に、教育委員会の事務と執行が法令に反していると認められるときにこれを正すよう要求できる権限（措置要求権）や調査権が、文部大臣に与えられました。このことによって、文部省は、都道府県教委や市町村教委に管理の目を光らせることが可能となりました。

三つ目と四つ目に紹介した変更によって、もともとは対等であったはずの文部省―都道府県教委―市町村教委に、事実上の上下関係がつくられました。市町村教委は、教育長人事のさいも都道府県や文部省にうかがいをたてなければなりませんし、ふだんの仕事のさいも、文部省から何か言われるおそれが出てきたのです。それゆえ、市町村教委は、常に文部省や都道府県の顔色をうかがった教育行政を行わざるをえなくなったのです。

以上のような任命制教育委員会制度の成立によって、教育委員会は、文部省によるトップダウン式の管理主義的な教育行政システムの末端に組み込まれることになりました。そのことは、戦後教育行政の原則の全体が大きくゆがめられたことを意味し、その結果、教育委員会は、地域の実態に応じた創造的な教育行政を行うことが難しくなり、逆に国による中央集権的な教育行政を具体化する機関に方向づけられていったのです。

実際、この時期、さまざまな管理主義的な教育行政が展開していきました。一つ例をあげると、地方教育行政法の規定にもとづいて、1956年からさっそく小・中・高の教職員の勤務評定（勤評）が始められました。これは、教育委

員会が各学校の教職員の勤務実績を評定して、人事管理の基礎資料にしようというものでした。こうした勤評に対しては、教師が上からの評価を気にして創造的な教育実践に取り組めなくなり、その結果、権力的な教育支配の強化になるなどの理由から、現場から強い反対運動が起こりました。また、この時期、学習指導要領に法的拘束力を持たせるなど、教育内容の権力的統制も進められました〔●第4講〕。

2　教育基本法改定と地方教育行政制度

その後、地方教育行政の制度についてはいくつかの紆余曲折がありましたが、教育のさらなる権力的統制を望む当時の政権によって、2006年には教育基本法が改定され、これに伴って何度か地方教育行政法が改正されて、現在に至っています。

新教育基本法16条では、「不当な支配に服することなく」、「必要な財政上の措置を講じなければならない」などの文言はあるものの、教育の直接責任性や

教育基本法

第16条（教育行政）　教育は、不当な支配に服することなく、この法律及び他の法律の定めるところにより行われるべきものであり、教育行政は、国と地方公共団体との適切な役割分担及び相互の協力の下、公正かつ適正に行われなければならない。

2　国は、全国的な教育の機会均等と教育水準の維持向上を図るため、教育に関する施策を総合的に策定し、実施しなければならない。

3　地方公共団体は、その地域における教育の振興を図るため、その実情に応じた教育に関する施策を策定し、実施しなければならない。

4　国及び地方公共団体は、教育が円滑かつ継続的に実施されるよう、必要な財政上の措置を講じなければならない。

第17条（教育振興基本計画）　政府は、教育の振興に関する施策の総合的かつ計画的な推進を図るため、教育の振興に関する施策についての基本的な方針及び講ずべき施策その他必要な事項について、基本的な計画を定め、これを国会に報告するとともに、公表しなければならない。

2　地方公共団体は、前項の計画を参酌し、その地域の実情に応じ、当該地方公共団体における教育の振興のための施策に関する基本的な計画を定めるよう努めなければならない。

教育行政の条件整備義務についての大切な規定が削除されました。しかも、17条では、国が「教育の振興に関する施策の総合的かつ計画的な推進を図るため」に教育振興基本計画を策定する義務、地方教育行政が国の計画を「参酌」しながら地方自治体の教育振興基本計画を策定する努力義務が定められました。教育基本法改定からは、全体として、戦後教育行政の基本原則を弱める一方で、教育行政の権力的統制を強化しようという意図が読み取れます。

　また、教育基本法の改定を受けて、地方教育行政法も改正されました。以下では、現在の地方教育行政制度がどのようになっているかについて、地方教育行政法に則しながら、ポイントを絞って解説していきます。

　一つ目に、教育委員の選出ですが、現在も首長が議会の同意を経て任命する方法がとられています（4条）。教育委員の公選制は現在も復活されないままです。教育委員会の人数は教育長と委員を合わせて原則として5名ですが、地方自治体の規模によっては、3名以上ないし6名以上で教育委員会を組織することもできます（3条）。

　二つ目に、教育委員会の権限は、地方教育行政法21条に定められたとおりです。おおむね教育の外的事項に関する教育条件整備が、教育委員会の役割となっています（もっとも、例えば五号、六号、八号、十二号の規定などは、教育の内的事項への権力的介入のおそれもあると考えられます）。そして、大学に関すること、幼保連携型認定こども園に関すること、私立学校に関すること、教育委員会の所掌に係る事項に関する予算の執行などについては、首長の権限となっています（22条）。さらに、2007年と2019年の改正によって、社会教育行政の一部（図

> **地方教育行政法**
> **第4条（任命）** 教育長は、当該地方公共団体の長の被選挙権を有する者で、人格が高潔で、教育行政に関し識見を有するもののうちから、地方公共団体の長が、議会の同意を得て、任命する
> **2** 委員は、当該地方公共団体の長の被選挙権を有する者で、人格が高潔で、教育、学術及び文化（以下単に「教育」という。）に関し識見を有するもののうちから、地方公共団体の長が、議会の同意を得て、任命する。
> **3～5** （略）

書館、博物館、公民館など社会教育機関の設置・管理・廃止に関すること、学校体育を除いたスポーツに関すること、文化に関すること、文化財の保護に関すること）については、首長の管理下にある一般行政に移管することが可能となりました（23条）。なお、1956年に廃止された教育委員会による条例案と予算原案の作成送付権は現在もなく、首長が予算案と教育事務についての議案を作るさいに教育委員会の意見を聴かなければならないことが規定されているだけです（29条）。このように、教育行政の一般行政からの独立はますます弱められています。

　三つ目に、文部科学省と教育委員会との関係です。文部大臣の措置要求権は1999年にいったん廃止されました。しかし、2007年の改正では、文部科学大臣に、教育委員会に対する是正要求権と是正指示権が与えられました（49条・50条）。是正要求権、是正指示権とは、教育委員会の事務の管理と執行が法令に違反していたり、怠っていたりした場合、文部科学大臣が事務の是正を要求

地方教育行政法

第21条（教育委員会の職務権限）　教育委員会は、当該地方公共団体が処理する教育に関する事務で、次に掲げるものを管理し、及び執行する。

一　教育委員会の所管に属する第三十条に規定する学校その他の教育機関（以下「学校その他の教育機関」という。）の設置、管理及び廃止に関すること。

二　教育委員会の所管に属する学校その他の教育機関の用に供する財産（以下「教育財産」という。）の管理に関すること。

三　教育委員会及び教育委員会の所管に属する学校その他の教育機関の職員の任免その他の人事に関すること。

四　学齢生徒及び学齢児童の就学並びに生徒、児童及び幼児の入学、転学及び退学に関すること。

五　教育委員会の所管に属する学校の組織編制、教育課程、学習指導、生徒指導及び職業指導に関すること。

六　教科書その他の教材の取扱いに関すること。

七　校舎その他の施設及び教具その他の設備の整備に関すること。

八　校長、教員その他の教育関係職員の研修に関すること。

九　校長、教員その他の教育関係職員並びに生徒、児童及び幼児の保健、安全、厚生及び福利に関すること。

十　教育委員会の所管に属する学校その他の教育機関の環境衛生に関すること。

十一　学校給食に関すること。

　十二　青少年教育、女性教育及び公民館の事業その他社会教育に関すること。

　十三　スポーツに関すること。

　十四　文化財の保護に関すること。

　十五　ユネスコ活動に関すること。

　十六　教育に関する法人に関すること。

　十七　教育に係る調査及び基幹統計その他の統計に関すること。

　十八　所掌事務に係る広報及び所掌事務に係る教育行政に関する相談に関すること。

　十九　前各号に掲げるもののほか、当該地方公共団体の区域内における教育に関する事務に関すること。

第22条（長の職務権限）　地方公共団体の長は、大綱の策定に関する事務のほか、次に掲げる教育に関する事務を管理し、及び執行する。

　一　大学に関すること。

　二　幼保連携型認定こども園に関すること。

　三　私立学校に関すること。

　四　教育財産を取得し、及び処分すること。

　五　教育委員会の所掌に係る事項に関する契約を結ぶこと。

　六　前号に掲げるもののほか、教育委員会の所掌に係る事項に関する予算を執行すること。

第23条（職務権限の特例）　前二条の規定にかかわらず、地方公共団体は、前条各号に掲げるもののほか、条例の定めるところにより、当該地方公共団体の長が、次の各号に掲げる教育に関する事務のいずれか又は全てを管理し、及び執行することとすることができる。

　一　図書館、博物館、公民館その他の社会教育に関する教育機関のうち当該条例で定めるもの（以下「特定社会教育機関」という。）の設置、管理及び廃止に関すること（第二十一条第七号から第九号まで及び第十二号に掲げる事務のうち、特定社会教育機関のみに係るものを含む。）。

　二　スポーツに関すること（学校における体育に関することを除く。）。

　三　文化に関すること（次号に掲げるものを除く。）。

　四　文化財の保護に関すること。

2　地方公共団体の議会は、前項の条例の制定又は改廃の議決をする前に、当該地方公共団体の教育委員会の意見を聴かなければならない。

第29条（教育委員会の意見聴取）　地方公共団体の長は、歳入歳出予算のうち教育に関する事務に係る部分その他特に教育に関する事務について定める議会の議決を経るべき事件の議案を作成する場合においては、教育委員会の意見をきかなければならない。

したり、指示できる権限です。これは、「教育を受ける権利」の侵害、「児童、生徒等の生命又は身体」の保護という名目となっていますが、新教育基本法の権力統制的な性格を踏まえれば、教育委員会への介入のために濫用されるおそれもあり、事実上の措置要求権の復活といえるものです。

3　2014年の地方教育行政法の改定

　なお、2014年、政府は地方教育行政法の大改定を進めましたが、この改定は1956年の同法制定以降、最も大きな制度改革といわれています。この法改定は首長の教育行政への関与ルートを拡大し、教育委員会内部の教育長の地位・権限を強化し、文部科学大臣の教育委員会への是正指示権を実質的に拡大するものでした。この改定の概要は以下の通りです。

①首長による「教育大綱」の策定（「教育大綱」には同自治体の教育目標や教育施策の方針が盛り込まれる）（1条の3）

②総合教育会議の設置（首長が召集し、首長と教育委員会によって構成。教育大綱や児童・生徒等の生命・身体の保護等緊急の場合に講ずべき措置などについて協議・調整。会議の原則公開）（1条の4）

③教育委員長と教育長を一本化した新「教育長」の設置（新「教育長」は教育委員会の会務を総理し、教育委員会を代表する。教育委員会は教育長と教育委員によって構成）（3条・13条）

④ 首長による教育長の直接任命・罷免（4条・7条）

　このように、現在の地方教育行政制度は、基本的に1956年に地方教育行政法が成立したさいの教育行政の権力的統制を進める路線を引き継いでおり、それを大幅に強めるものであると考えられます。とくに、2014年の法改定では、首長が教育大綱や総合教育会議を活用して、教育長・教育委員会を統制したり、自らの政治的主張を学校に押し付けたりすることが懸念されています。文部科学省は下記の通り、通知によって同改定の運用についての見解を示しています。通知の通り、首長の教育・教育行政への介入は抑制的なものであることが求められます。

「地方公共団体の長が、教育委員会と調整のついていない事項を大綱に記載したとしても、教育委員会は当該事項を尊重する義務を負うものではないこと。なお、法第21条（中略）に定められた教育に関する事務の執行権限は、引き続き教育委員会が有しているものであることから、調整のついていない事項の執行については、教育委員会が判断するものであること」

「総合教育会議においては、教育委員会制度を設けた趣旨に鑑み、教科書採択、個別の教職員人事等、特に政治的中立性の要請が高い事項については、協議題とするできではないこと」

「総合教育会議において、協議し、調整する対象とすべきかどうかは、当該予算措置が政策判断を要するような事項か否かによって判断すべきものであり、少しでも経常費を支出していれば、日常の学校運営に関する些細なことまで総合教育会議において協議・調整できるという趣旨ではないこと」

（文部科学省初等中等教育局長「地方教育行政の組織及び運営に関する法律の一部を改正する法律について（通知）」、2014年7月）。

地方教育行政法

第49条（是正の要求の方式） 文部科学大臣は、都道府県委員会又は市町村委員会の教育に関する事務の管理及び執行が法令の規定に違反するものがある場合又は当該事務の管理及び執行を怠るものがある場合において、児童、生徒等の教育を受ける機会が妨げられていることその他の教育を受ける権利が侵害されていることが明らかであるとして地方自治法第二百四十五条の五第一項若しくは第四項の規定による求め又は同条第二項の指示を行うときは、当該教育委員会が講ずべき措置の内容を示して行うものとする。

第50条（文部科学大臣の指示） 文部科学大臣は、都道府県委員会又は市町村委員会の教育に関する事務の管理及び執行が法令の規定に違反するものがある場合又は当該事務の管理及び執行を怠るものがある場合において、児童、生徒等の生命又は身体に現に被害が生じ、又はまさに被害が生ずるおそれがあると見込まれ、その被害の拡大又は発生を防止するため、緊急の必要があるときは、当該教育委員会に対し、当該違反を是正し、又は当該怠る事務の管理及び執行を改めるべきことを指示することができる。ただし、他の措置によつては、その是正を図ることが困難である場合に限る。

3　国の教育行政制度の原則と現実

1　国の教育行政の原則

　これまでは地方の教育行政制度について解説してきましたが、ここでは、国の教育行政について、特にその原則と現実について説明していきます。

　1で述べた教育行政の基本原則は、当初、国の教育行政にも適用されました。戦後教育改革を経て、戦後の文部省 [(1)] は、中央集権的な監督・命令行政をあらため、地方の自主性を尊重し、条件整備行政を徹底する非権力的な教育行政機関として構想されました。このため、先述のように、文部省－都道府県教委－市町村教委の間には、理念上では上下関係はありませんでした。これも先に述べたことですが、非権力機関として、地方の教育行政機関や学校・教員に対する文部科学省からのはたらきかけは、おもに指導や助言（指導助言行政）、または財政的援助というかたちで行われ、"support but not control"（「支援すれど統治せず」）の姿勢が理想とされていました。

　また、非権力的な教育条件整備義務という戦後教育行政の基本原則は、文部省にも適用されました。つまり、文部省は、教育の内的事項を一方的に支配（決定、選別、評価）してはならず、内的事項については教育現場の専門性と自主性に委ねなければならないということです。文部省の役割は基本的には、国民の「教育を受ける権利」を保障するために、教育財政を確保し、学習者の学習条件（教育の基準設定、奨学）や教職員の勤務条件（資格、身分、給与）などの教育の外的事項を整備することとされました。

2　現在の文部科学省の概要

　文部省が担ってきた国の教育行政は、現在では主に文部科学省によって担われています。文部科学省は、2001年1月に行政事務の効率化や内閣機能の強化をめざして実施された中央省庁等再編のなかで、旧文部省と旧科学技術庁が統合されてつくられました。その長には内閣総理大臣によって任命された文部科学大臣が置かれています。同省は、その英語表記（Ministry of Education,

Culture, Sports, Science and Technology) が示すように、教育・人材育成だけでなく、学術・科学技術、スポーツ、文化、宗教に関わる行政を幅広く担当することを任務としています（文部科学省設置法3条）。そして、その任務を達成するために、同法4条は、93におよぶ同省の所掌事務（担当すべき事務）を列挙していますが、その柱はおおよそ次の通りまとめることができます[(2)]。

・豊かな人間性を備えた創造的な人材の育成のための教育改革に関すること
・生涯学習に係る機会の整備の推進に関すること
・初等中等教育、大学・高専の教育の振興に関する企画・立案、援助・助言
・科学技術に関する基本的な政策の企画・立案、推進、関係省庁との調整
・スポーツの振興に関する企画・立案、援助・助言
・文化の振興に関する企画・立案・援助・助言
・科学技術に関する研究開発の推進のための環境の整備
・学術の振興、基礎研究及び共通的・総合的な研究開発

3 国の教育行政の現実

　先に述べたように、国の教育行政にも、もともとは戦後教育行政の基本原則が適用されていました。しかし、現実としては旧文部省・文部科学省が行ってきた教育行政には、非権力とは異なる事態がしばしば見られます。ここでは、指導助言行政の原則の問題、教育内容への統制の問題、教科書の無償化と採択の問題をとりあげてみましょう。

　一つ目は、指導助言行政についてです。旧文部省が持っていた指導助言行政という性格は、今日の文部科学省においても、法令上は引き継がれています。実際、文部科学省設置法4条では、同省の所掌事務の一つに、地方教育行政に対して「指導、助言及び勧告」を行うことをあげています。これは、学習者の権利侵害や生命・安全を脅かす事態をのぞいて、文部科学省から地方教育委員会などへの働きかけは「指導、助言及び勧告」に限定され、地方教育行政機関の自主性が保障されているということです。

　しかし、文部科学省の指導助言行政の原則は、旧文部省時代と比べると、後

退しています。つまり、旧文部省設置法（1999年廃止）では、「文部省は、その権限の行使に当つて、法律（中略）に別段の定がある場合を除いては、行政上及び運営上の監督を行わないものとする」（6条2項）とあり、旧文部省の地方教育行政に対する権限行使を制限する規定がありました。しかし、文部科学省設置法では、このような規定がなくなっています。この点では、地方教育行政は、かつてに比べると、国からの介入を受けやすくなっていると考えられます。

　二つ目に、教育の内的事項、特に教育内容に対する国の統制についてです。文部科学省は、現実には、いっさいの教育の内的事項に関わることがないわけではなく、教育内容にも関わっています。同省は、全国的に一定の教育水準を確保するということで、学習指導要領の告示によって各学校の教育課程の基準を定めていますし、教科書の検定によって各学校や教師が使用できる教科書を限定しています。本来の国の教育行政の原則からいえば、そのような教育内容に関わる基準の設定については、教師などの教育の当事者や研究者を含めた国民全体の参加を得るとともに、指導助言行政が基本とされるべきであると考えられます。しかし、国は、1950年代後半から、告示として出されている学習指導要領には地方や現場に対する「法的拘束力」があるという考えをとっており、各学校や教師は、学習指導要領に沿った教育実践を行わなくてはなりません。つまり、各学校や教師は、国による統制のために、目の前の子どもや地域の実態に応じた教育内容を編成することが難しくなっているのです[3]。

　三つ目に、教科書の無償化と採択の問題です。今日、義務教育諸学校の教科書は無償で児童生徒に配布されています。これは、「義務教育諸学校の教科用図書の無償に関する法律」（教科書無償法、1962年）と「義務教育諸学校の教科用図書の無償措置に関する法律」（教科書無償措置法、1963年）によって実現したものです。教科書無償化は、教科書の値段が高すぎて生活を圧迫するから教科書を無償にしてほしいという地域住民の要求から出発したものであったといわれ、教科書無償制度はこうした人々の運動の成果といえるでしょう。

　しかし、教科書無償措置法には、教科書の無償化だけでなく、教科書の広域統一採択についても同時に定められました。そもそも法的には、教科書の採

択は教育委員会の権限となっています（旧教育委員会法49条4号、地方教育行政法21条6号）。しかし、教科書無償措置法は、ある程度広い規模の地区内で同じ教科書を採択するという広域統一採択制を採用しました（12条、13条）。これによって、一地区内に複数の市町村がある場合は、それらの教育委員会によって採択地区協議会がつくられ、同協議会に教科書の選定を委ね、その協議の結果にもとづいてそれぞれの教育委員会が同一の教科書を採択することになったのです。つまり、教科書無償化によって、多くの市町村は、地域の実情に応じ

地方教育行政法

第48条（文部科学大臣又は都道府県委員会の指導、助言及び援助）

　　地方自治法第二百四十五条の四第一項の規定によるほか、文部科学大臣は都道府県又は市町村に対し、都道府県委員会は市町村に対し、都道府県又は市町村の教育に関する事務の適正な処理を図るため、必要な指導、助言又は援助を行うことができる。

2　前項の指導、助言又は援助を例示すると、おおむね次のとおりである。

　一　学校その他の教育機関の設置及び管理並びに整備に関し、指導及び助言を与えること。

　二　学校の組織編制、教育課程、学習指導、生徒指導、職業指導、教科書その他の教材の取扱いその他学校運営に関し、指導及び助言を与えること。

　三　学校における保健及び安全並びに学校給食に関し、指導及び助言を与えること。

　四　教育委員会の委員及び校長、教員その他の教育関係職員の研究集会、講習会その他研修に関し、指導及び助言を与え、又はこれらを主催すること。

　五　生徒及び児童の就学に関する事務に関し、指導及び助言を与えること。

　六　青少年教育、女性教育及び公民館の事業その他社会教育の振興並びに芸術の普及及び向上に関し、指導及び助言を与えること。

　七　スポーツの振興に関し、指導及び助言を与えること。

　八　指導主事、社会教育主事その他の職員を派遣すること。

　九　教育及び教育行政に関する資料、手引書等を作成し、利用に供すること。

　十　教育に係る調査及び統計並びに広報及び教育行政に関する相談に関し、指導及び助言を与えること。

　十一　教育委員会の組織及び運営に関し、指導及び助言を与えること。

3～4　（略）

た教科書の採択が難しくなってしまったのです。言い方を変えれば、教育内容行政についての地方分権が侵され、その分、国による教育内容への統制が強められたといえます。このように、教科書の無償制は、教育の機会均等を前進させ、子どもの学習権の保障を進めた一方で、教育内容行政に対する権力的統制

コラム 11-1　中央教育審議会

　文部科学省には、法令に基づいていくつかの「審議会」が置かれている。その内、教育について幅広いテーマを扱っているのが中央教育審議会（以下、中教審）である。中教審とは、文部科学省令・中央教育審議会令にもとづいて設置される合議による文部科学大臣の諮問機関である。中教審が公表する答申は、教育制度や教育行政の方向性を定める影響力をもつ。中教審答申じたいは法令ではないが、その内容の多くが法案化され、国会審議を経て、法律となって教育制度を形成することになる。

　中教審は、文部科学大臣から意見を求められ（諮問）、教育・人材育成に関する重要事項を調査審議し、文部科学大臣に意見を述べること（答申）を主な任務としている。中教審の委員（30名以内）は、学識経験者や関連諸団体のうちから文部科学大臣によって任命され、同委員長は委員の互選によって選ばれる。現在の中教審は、中央省庁等再編の中で、旧中教審を中心に7つの審議会の機能を整理・統合して、2001年1月に同省に設置されたものである。統合によって拡大した機能は、各分科会（教育制度、生涯学習、初等中等教育、大学、スポーツ・青少年の各分科会）によって分担されている。

　中教審の設置のねらいは、（1）教育政策の立案過程や教育行政への国民の参加機会を提供し、（2）関連諸団体との連絡・調整を行い、（3）専門的知識の提供を受けることによって、教育行政の民主化と専門化の実現をはかることにある。しかしながら、中教審の運営は、こうしたねらいどおりにはなされていないところに課題がある。例えば、委員の人選である。2012年4月現在、中教審委員（30名）の内訳は、学識経験者（大学教授など）10名、学校・学校法人の長5名、保護者団体代表1名、地方行政（首長・教育長など）6名、企業経営者4名、労働組合代表1名、スポーツ経験者2名、その他2名となっている。この中には教育の当事者である学習者の代表（子どもや学生）や教職員団体の代表がふくまれておらず、国民の多様な意見や要求を反映できるような構成であるとはいい難い。また、文部科学大臣の諮問がすでに中教審の審議の方向性を先に示していることが多く、中教審が文部科学省のいわば「イエスマン」となってしまっていることが少なくない。開かれた委員の人選、議事などの情報公開、行政機関からの自主性の確保など、中教審自体の民主化・専門化の課題が残されている。

を進めることにもなってしまったのです。

　なお、現在、新教育基本法16条2項は、国の教育行政に、「全国的な教育の機会均等と教育水準の維持向上を図る」ため、「教育に関する施策を総合的に策定し、実施」することを求めています。しかし、先に述べたように、国の教育行政は、教育水準を確保するといって教育内容への統制を強めたり、教育の機会均等を進めると同時に地域の実情に応じた教科書を採択する権限を奪っていった歴史を持っています。この点を踏まえると、新教育基本法16条2項も同様に、一方では国の教育行政による条件整備を進めながら、他方では地域の教育現場の権力的統制が強められるおそれが十分にあり、注意が必要です。

　このように、現実の国の教育行政は、地域の教育委員会や現場の学校などを強く統制してきており、今日これをさらに強めつつあります。これをどのように克服し、戦後教育行政の原則に則った文部科学行政を実現するか、これが国の教育行政の大きな課題となっています。

4　現状の克服に向けて

　ここまでの説明から、なぜ教育委員会がマイナスイメージを持たれることが多いのか、理由が見えてきたのではないでしょうか。つまり、現在の教育委員会は、公選制教育委員会制度が廃止されてから、国からの権力的統制を強く受けてきたのです。また、首長による任命制教育委員会制度が導入されたことなどにより、教育委員会の一般行政からの独立性も弱まりました。このため、教育行政の多くは、国や首長などの顔色を常にうかがうようになってしまい、地域や住民・子どもの方を向いた柔軟な教育行政や教育実践が非常に難しくなってしまったのです。このことが、現在の教育委員会の中央集権性や閉鎖性の要因となり、マイナスイメージにつながったと考えられます[(4)]。

　しかしながら、全国のすべての地方教育行政が中央集権的で閉鎖的な教育行政を行ってきたわけではありません。任命制教育委員会制度のなかでも、戦後教育行政の基本原則を実現しようと努力した地方自治体も数多くあります。こ

うした努力からは、教育行政制度をつくりかえる鍵を見出すことができます。そこで、ここでは、教育委員会の改革を目指した実践を二つ紹介します。

　一つ目は、東京都中野区の教育委員準公選制の試みです。中野区では、1979年、住民の努力によって区の条例で教育委員の準公選制を発足させました。これは、教育委員の任命に先だって、教育委員候補者を選ぶための区民投票を行い、区長は投票結果を参考にして、議会の同意のもと、教育委員を任命するというものです。このことで、公選制教育委員会に限りなく近い地方教育行政を復活させようとしたのです。その後、準公選制そのものは、1995年に廃止されてしまいました。しかし、中野区では、これ以降も、教育委員の任命にあたって区民による推薦を位置づけるなど、教育行政への住民参加の努力が続けられてきました。この実践は、任命制教育委員会制度の枠の中でも教育の民衆統制の追求は不可能ではないことを示していると考えられます。

　二つ目は、愛知県犬山市の教育改革の試みです。犬山市教育委員会では、2000年以降、独自の教育改革プラン「学びの学校づくり」構想にもとづき、文部科学省や愛知県教育委員会の方針とは一線を画した教育改革に取り組みました。具体的には、国が推奨していた習熟度別授業を拒みながら少人数授業や少人数学級を独自に実施したり、教科書とは別に独自の自主教材づくりに取り組んだり、市の教育方針に反するとの理由で全国学力・学習状況調査への不参加を決定したりしました。こうした教育改革が可能になったのは、教育行政の研究者が教育委員に就き、そのなかで、教育長が教育行政の専門性を高めていったことが大きいと考えられます。こうして犬山市教委のなかに培われた戦後教育行政の基本原則にもとづく教育行政の専門性が、文部科学省や愛知県教委の方針に追従しない、独自の教育改革の構想と実践を可能にしたと考えられるのです。犬山市教育委員会の努力は、教育行政の専門性の強化が教育の地方分権や条件整備の発展につながる可能性を示していると考えられます。

　以上の二つの事例などの地方教育行政の努力からは、現行の制度のなかでも、住民や専門家が知恵を絞り努力すれば、教育の民衆統制、教育行政の専門性、教育の地方分権化などを追求することは不可能ではないことを示していま

す。しかし、現行の制度をそのまま放置しておいてよいわけではありません。本来ならば、教育行政制度そのものが戦後教育行政の基本原則を実現する基盤でなければならないからです。だからこそ、ここで紹介した事例に見られるような努力や試行錯誤に学びながら、あらためて学習権思想に則った教育行政制度のあり方について構想していくことが、教育行政制度が持つ問題点を改め、その発展を見通すためには大切なのではないでしょうか。

【注】
(1) 中央の教育行政を担当する文部省は、1871（明治4）年に誕生しました。しかしながら、戦前の文部省は、中央集権的で官僚主義的な教育行政を推進しており、皇民化教育の実施に重要な役割を果たしていました。教育行政は、警察行政を管轄していた内務省や軍部の支配のもとに置かれ、一般行政からの独立は保障されておらず、戦前の文部省の地位は他省に比べ低いものでした。そのため、戦前の文部省は「陸軍省文部局」・「内務省文部局」と、文部大臣は「伴食大臣」（実権を伴わない大臣）と言われていました。
(2) 平原春好編『概説 教育行政学』東京大学出版会、2009年、50ページを参照。
(3) 学習指導要領の法的位置づけについては二つの考え方があります。一つはそれが「法的拘束力を有する」というものであり、もう一つは法的拘束力をもたない「指導助言文書である」というものです。前者では、教育水準の確保のため、各学校や教師は学習指導要領に従った教育活動の実施を義務付けられます。それに対して、後者では、画一的な教育内容の実施を教師などに義務付けても、教育水準が確保されるわけではないと考えます。つまり、各学校や教師が、目の前にいる子どもたちの発達段階や興味・関心、地域の状況を踏まえて、教育内容を決定すべきであると考えられています。戦後教育行政の基本原理（条件整備行政）からすれば、後者の考え方が妥当であり、学習指導要領は指導助言文書として拘束力のない基準としてとらえられるべきでしょう。
(4) 今、教育委員会制度が中央集権的であり閉鎖的あるという批判をして、教育委員会を廃止し、地方教育行政を首長の管理下に置くべきと主張している人びともいます。しかし、これまで述べてきた教育行政制度の歴史を見れば、こうした主張が誤りであり、教育委員会制度そのものに致命的な欠陥があるわけではないことがわかるでしょう。つまり、教育委員会が本当に廃止されれば、首長からの教育行政への権力的な介入がさらに進むおそれがあります。さらに言えば、首長の多くは、今日においても中央政治への依存性が強いのが現状ですので、教育行政の中央集権性もほとんど解決されないでしょう。

【引用・参考文献】

・今橋盛勝「教科書無償法及び同措置法の論理」『茨城大学政経学会雑誌』23号、1968年。
・小野方資「学習指導要領の歴史と現在」汐見稔幸ほか編著『よくわかる教育原理』ミネルヴァ書房、2011年、114-117ページ。
・兼子仁『新版教育法』有斐閣、1978年。

・兼子仁・神田修編著『ホーンブック教育法』北樹出版、1995 年。
・中嶋哲彦「教育委員会制度と教育行政改革」井深雄二・大橋基博・中嶋哲彦・川口洋誉編著『テキスト教育と教育行政』勁草書房、2015 年、87-97 ページ。
・中嶋哲彦「教育委員会の現状と課題――学習権保障の条件整備と教育の地方自治」平原春好編『概説　教育行政学』東京大学出版会、2009 年、71-89 ページ。
・森田満夫「教育行政の原理と組織」土屋基規編著『現代教育制度論』ミネルヴァ書房、2011 年、91-122 ページ。
・堀尾輝久『人権としての教育』岩波書店、1991 年、265-315 ページ。
・堀尾輝久『いま、教育基本法を読む』岩波書店、2002 年、180-191 ページ。
・平原春好『教育行政学』東京大学出版会、1993 年、37-38 ページ。
・世取山洋介「教育条件整備基準立法なき教育財政移転法制」世取山・福祉国家構想研究会編『公教育の無償性を実現する』大月書店、2012 年、70-73 ページ。

第12講　保育の制度——保育所の制度

実は、小学校入学前、学校の放課後や卒業後にも、人びとの学びの場はあります。第12講から第14講では、こうした場である保育と社会教育の制度について学びます。まず、第12講では保育所を中心とした保育の制度について学びましょう。

1　保育を保障する憲法・法律上の理念

　小学校入学前の子どもの心身の健やかな発達と生活を保障する上で重要な保育は、憲法に保障された生存権の理念を土台としています。

1　憲法における生存権の理念

　憲法は、生存権を保障する法体系の頂点です。憲法は、国民は「すべての基本的人権の享有を妨げられ」(11条)ることなく、「個人として尊重され」(13条)、人として「平等」に扱われ(14条)なければならないと定めています。また憲法25条は、「健康で文化的な最低限度の生活を営む権利」(生存権)を国民の権利として定めています。とりわけ子どもにとっての生存権は、生命の維持とともに、人間らしく成長・発達する権利(発達権)を充たす権利として具体的に捉えることが必要です[1]。保育所は、こうした子どもの生存権と発達権を、保育を通して保障する施設です。加えて、保育所は保護者の勤労権(27条)を保障する施設でもあります。保護者が安心して働けるのは、わが子が保育所で楽しく過ごせているからこそです。

2　児童福祉法における子どもの権利保障の理念

　児童福祉法は、妊産婦と 18 歳未満の児童[(2)] を対象とした、児童の福祉に関する総合的な基本法です。同法は 2016 年 5 月の改正により、1 章「総則」に「子どもの権利条約」の理念を明記し、子どもを権利行使の主体（主人公）として位置づけました。

　この総則はあくまで理念であり、努力義務を要請したにすぎないという弱さがあります。しかし、子どもを権利主体として明示し、貧困児童や障害児などだけでなくすべての子どもへの積極的・予防的な福祉を掲げたという意義があります。また、この総則は民法、刑法、少年法、労働基準法、衛生関係法規、学校教育法などの施行の際に、子どもの権利が守られているかを判断する基準となります。

児童福祉法　第一章　総則

第 1 条（児童福祉の理念）　全て児童は、児童の権利に関する条約の精神にのつとり、適切に養育されること、その生活を保障されること、愛され、保護されること、その心身の健やかな成長及び発達並びにその自立が図られることその他の福祉を等しく保障される権利を有する。

第 2 条（児童育成の責任）　全て国民は、児童が良好な環境において生まれ、かつ、社会のあらゆる分野において、児童の年齢及び発達の程度に応じて、その意見が尊重され、その最善の利益が優先して考慮され、心身ともに健やかに育成されるよう努めなければならない。

2　児童の保護者は、児童を心身ともに健やかに育成することについて第一義的責任を負う。

3　国及び地方公共団体は、児童の保護者とともに、児童を心身ともに健やかに育成する責任を負う。

第 3 条（原理の尊重）　前二条に規定するところは、児童の福祉を保障するための原理であり、この原理は、すべて児童に関する法令の施行にあたつて、常に尊重されなければならない。

子ども・子育て支援新制度

2015 年 4 月から子ども・子育て支援新制度（以下、新制度）が開始され、保育の制度は大きく変わりました。新制度とは、2012 年 8 月に成立した①「子ども・子育て支援法」、②「就学前の子どもに関する教育、保育等の総合的な提供の推進に関する法律の一部改正法」（以下、認定こども園法）、③「子ども・子育て支援法及び認定こども園法の一部改正法の施行に伴う関係法律の整備等に関する法律」の子ども・子育て関連 3 法に基づく制度のことをいいます。

1 保育制度改革の背景と経過

1995 年頃から保育所が満員のため入所できない子ども（待機児童）が急増し、市町村の保育実施責任が果たせない状況が広がる一方、幼稚園は施設数・入所児童ともに減少傾向にありました。その一方で、国も自治体も財政難や少子化を理由に、公立保育所など認可保育所新設に消極的であったため、幼稚園と保育所の共用化が目指されたのでした。また、保護者側も労働形態が多様化し、長時間保育、病後児保育、休日保育など多様な保育形態を求めるニーズが増加してきました。それに対し、政府は企業や NPO など「民間活力」の利用や「規制緩和」をすすめ、2000 年には家庭的保育事業を、2006 年には認定こども園を創設しました。2007 年から社会保障審議会で新たな保育のしくみの検討が始まり、2009 年 9 月に民主党政権が発足すると、内閣府の少子化社会対策会議で「子ども・子育て新システム」として包括的・一元的システムの検討が本格化し、2012 年 3 月に既存の保育所などを総合子ども園に移行させる総合子ども園法案などが国会に提出されました。しかし、保育・幼児教育関係団体の強い批判もあり、総合子ども園法は廃案となり、先述の 3 つの法律が成立しました。

2 新制度の概要

子ども・子育て支援法の目的は、児童福祉法などに基づく施策と相まって、①「子ども・子育て支援給付」と②「その他の子ども及び子どもを養育してい

る者に必要な支援」を行うことです。前者には「子どものための教育・保育給付」（以下、教育・保育給付）や、2019年10月からの幼児教育・保育の無償化に伴い創設された「子育てのための施設等利用給付」[3] などが含まれます。後者には放課後児童クラブなどの「地域子ども・子育て支援事業」[4] と、2016年3月に創設された「仕事・子育て両立支援事業」[5] が位置づけられています。

　新制度は多岐にわたる施策を包括するためとても複雑です。また、新たな給付・事業が加わることでその全体像は変化し続けています。そこで、本節では新制度を理解する上で重要な概念を整理しながら、「教育・保育給付」のしくみに焦点を絞ります。

（1）「教育」と「保育」の定義

　子ども・子育て支援法7条は「教育」と「保育」を明確に区別しています。同法における「教育」とは、「満3歳以上の小学校就学前子どもに対して義務教育及びその後の教育の基礎を培うものとして教育基本法（略）第6条第1項に規定する法律に定める学校において行われる教育」をいいます。同法における「保育」とは、児童福祉法6条の3第7項に規定する「一時預かり事業」における「保育」であり、上記の教育基本法上の学校における「教育」を除いた「養護及び教育」を行うことをいいます[6]。認定こども園法2条にも同様の定義があります。

　これまで保育とは乳幼児を対象として、その生存を保障する「養護」と心身の健全な成長・発達を助長する「教育」とが一体となった働きかけとして理解され、乳幼児を対象とする教育にはすべて保育という用語が一般的に使われてきました[7]。ところが、新制度によって「教育」は幼稚園と幼保連携型・幼稚園型認定こども園における教育、「保育」は教育基本法上の学校における「教育」を除いた「養護及び教育」と定義され、施設種別による内容の違いが強調されました。しかし、本来、保育は一人ひとりの子どもの姿に応じて行われるものです。すべての子どもが発達段階に応じて等しく保育・幼児教育を受けられるような制度にしていく努力が必要です。

(2)「教育・保育施設」と「地域型保育」の創設

　新制度では「教育・保育施設」となる保育所、幼稚園、認定こども園と、「地域型保育」となる家庭的保育、小規模保育、居宅訪問型保育、事業所内保育など、保護者に提供される施設・事業の種類が増えました（表12-1）。「家庭的保育事業」は家庭的保育者の居宅やその他の場所で家庭的保育者が保育を行う事業で、定員は5人以下です[8]。「小規模保育事業」は定員が6～19人の少人数で行う保育です[9]。「居宅訪問型保育事業」は家庭的保育者が子どもの居宅で保育を1対1で行う事業です。「事業所内保育事業」は企業などが設置する施設で従業員の子どもと地域の子どもの保育を行う事業です[10]。これらの地域型保育事業は、多様な保育ニーズへの対応と、3歳未満に多い待機児童対策という側面があります。

　「地域型保育」の基準は「家庭的保育事業等の設備及び運営に関する基準」（省令）に従い、事業種別ごとに市町村が条例で定めます。しかし、認可保育所と比べると職員資格や給食等で低い基準となっています。また、企業参入が顕著であることも特徴です。保育所等利用定員数のうち「地域型保育」が占める割合は3～4％程度ですが、毎年1万人以上定員数を増やしています（2019年4月1日時点）[11]。すべての保護者が安心して子どもを預けられるよう、認可保育所を基本に保育需要に応えていくことが重要です。

表 12-1　「地域型保育」と「教育・保育施設」

地域型保育給付	施設型給付		
地域型保育 （0～2歳） ・家庭的保育 ・小規模保育 ・事業所内保育 ・居宅訪問型保育	幼稚園 （3～5歳）	保育所 （0～5歳）	認定こども園 （0～5歳） ・幼保連携型 ・幼稚園型 ・保育所型 ・地方裁量型
	幼稚園 （新制度未移行）		

（内閣府「子ども・子育て支援新制度について」2019年6月を参考に執筆者作成）

（3）「教育・保育給付」のしくみ

　施設・事業の利用を希望する場合、保護者が子ども・子育て支援法 20 条に従って、「教育・保育給付」の支給を市町村に申請します。「教育・保育給付」とは、「教育・保育施設」もしくは「地域型保育」を利用する際に保護者に支給される補助金です。申請を受けた市町村は、給付資格と「保育必要量」（月・時間単位）を審査・認定します。その後保護者に認定区分に応じて認定証が交付され（表 12-2）、施設等の利用契約が結ばれます。利用の申込みから契約までの手続きの流れは、子どもの認定区分によって異なります。

　従来の保育所制度では、保育所運営費国庫負担金を財源として保育の実施に要する費用を認可保育所に委託費として支給していました。これを施設補助方式といいます（図 12-1）。新制度では子ども・子育て支援法 27 条 1 項により、保育必要量として認定した利用補助を保護者に「教育・保育給付」として支給することになりました。これを利用者補助方式といいます（図 12-2）。手続き上、利用補助が市町村から施設・事業者に支払われるので（法定代理受領）、従来の制度と同様にみえます。しかし、施設補助方式では補助金の使途が施設の

表 12-2　「教育・保育給付」の支給に係る子どもの認定区分

認定区分 [子ども・子育て支援法第 19 条 1 項 1 ～ 3 号]	給付の内容 （保育必要量）	利用できる 施設・事業
満 3 歳以上の小学校就学前の子どもであって、2 号認定子ども以外のもの（1 号認定子ども）	教育標準時間	幼稚園 認定こども園
満 3 歳以上の就学前の子どもであって、保護者の労働又は疾病その他の内閣府令で定める事由により家庭において必要な保育を受けることが困難であるもの（2 号認定子ども）	保育短時間 保育標準時間	保育所 認定こども園
満 3 歳未満の就学前の子どもであって、保護者の労働又は疾病その他の内閣府令で定める事由により家庭において必要な保育を受けることが困難であるもの（3 号認定子ども）	保育短時間 保育標準時間	保育所 認定こども園 地域型保育事業

（文部科学省「子ども・子育て支援新制度の解説」2014 年 7 月を参考に執筆者作成）

運営と整備に限定されるの
に対して、利用者補助方式
では保護者と施設の直接契
約となるため、そうした使
途制限が取り除かれます。
したがって、最低基準を維
持する公費としての性質が
弱まったといえます。ただ
し、保育所については「教
育・保育給付」が財源とな
る一方で、保育費用を市町
村が委託費として支払うし
くみは維持されました。

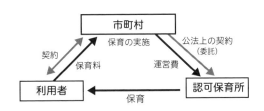

図12-1　保育所の利用のしくみ

（内閣府「子ども・子育て支援新制度について」2019年6月を参
考に執筆者作成。）

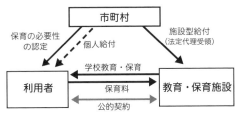

※上記の整理は、地域型保育給付にも共通します。

図12-2　保育所以外の利用のしくみ

（内閣府「子ども・子育て支援新制度について」2019年6月を参
考に執筆者作成。）

 ## 公的保育所制度のしくみ

1　市町村の保育実施責任

　日本の保育所制度の特徴は、市町村の保育実施責任と保育所の最低基準及び
財政の公的保障の3つの柱にあります。第一に、児童福祉法24条1項は市町
村に子ども・子育て支援法施行規則1条の5に示す事由により保育を必要とす
る子どもを保育所において保育する義務を課しています（表12-3）。これを市
町村の保育実施責任といいます。保育所は児童福祉法39条に定める児童福祉
施設であり、保育を必要とする乳幼児の保育を行うことを目的としています。
このような市町村責任を土台とする保育所制度によって、すべての子どもが平
等に保育を受けることができ、保護者は安心して働くことができます。

表 12-3　保育を必要とする事由

・就労（フルタイムのほか、パートタイム、夜間、居宅内の労働など）
・妊娠、出産
・保護者の疾病、障害
・同居又は長期入院等している親族の介護・看護
・災害復旧・求職活動（起業準備を含む）
・就学（職業訓練校等における職業訓練を含む）
・虐待や DV のおそれがあること
・育児休業取得中に、既に保育を利用している子どもがいて継続利用が必要であること
・その他、上記に類する状態として市町村が認める場合

（出典：内閣府・文部科学省・厚生労働省「子ども・子育て支援新制度 なるほど BOOK」2016 年 4 月）

　しかし、子ども・子育て関連 3 法の成立に伴う児童福祉法の改正により、同法 24 条 2 項で市町村は保育所以外の施設では「必要な保育を確保するための措置」をとるだけに止まり、3 項以降で市町村の役割は、保育所以外の施設への「利用の調整」や「要請」、「勧奨及び支援」などとなりました。つまり、保育所以外での市町村の主な役割は利用者と施設のコーディネートとなり、公的責任が従来よりも後退しています。

児童福祉法
第 24 条（保育の実施）　市町村は、この法律及び子ども・子育て支援法の定めるところにより、保護者の労働又は疾病その他の事由により、その監護すべき乳児、幼児その他の児童について保育を必要とする場合において、次項に定めるところによるほか、当該児童を保育所（…略…）において保育しなければならない。
2　市町村は、前項に規定する児童に対し、認定こども園法第二条第六項に規定する認定こども園（…略…）又は家庭的保育事業等（…略…）により必要な保育を確保するための措置を講じなければならない。
3〜7　（略）
第 39 条（保育所）　保育所は、保育を必要とする乳児・幼児を日々保護者の下から通わせて保育を行うことを目的とする施設（利用定員が二十人以上であるものに限り、幼保連携型認定こども園を除く。）とする。
2　（略）

2 保育所の最低基準

　第二に、憲法と児童福祉法の理念を実現する保育の質と内容を確保するため、ナショナル・ミニマム（国としての最低限の保障）として、児童福祉法45条に基づく「児童福祉施設の設備及び運営に関する基準」（省令）があります。この基準に従って、都道府県、政令市・中核市が条例で最低基準を定めます。条例では、施設の職員配置、居室面積、調理室、保育内容などは省令の基準に従い、防火・防災などの設備基準は地方自治体の裁量で省令基準を下回ることが可能です [(12)] [▶ 第13講の表13-1、13-2]。ただし、最低基準は子どもが「心身ともに健やかにして、社会に適応するように育成されることを保障するもの」でなければならず、地方自治体には最低基準を常に向上させる努力義務があります。

児童福祉法

第45条（設備運営基準の制定）　都道府県は、児童福祉施設の設備及び運営について、条例で基準を定めなければならない。この場合において、その基準は、児童の身体的、精神的及び社会的な発達のために必要な生活水準を確保するものでなければならない。

2　都道府県が前項の条例を定めるに当たつては、次に掲げる事項については厚生労働省令で定める基準に従い定めるものとし、その他の事項については厚生労働省令で定める基準を参酌するものとする。

　一　児童福祉施設に配置する従業者及びその員数

　二　児童福祉施設に係る居室及び病室の床面積その他児童福祉施設の設備に関する事項であつて児童の健全な発達に密接に関連するものとして厚生労働省令で定めるもの

　三　児童福祉施設の運営に関する事項であつて、保育所における保育の内容その他児童（助産施設にあつては、妊産婦）の適切な処遇の確保及び秘密の保持、妊産婦の安全の確保並びに児童の健全な発達に密接に関連するものとして厚生労働省令で定めるもの

3〜4　（略）

3　保育所の財政

　第三に、最低基準を維持するための財政の公的保障です。公立保育所は地方
自治体が設置条例を定め都道府県に届けを出し、私立保育所は地方自治体が定
めた最低基準を満たし「認可」されると、助成金を受けられます。このように
公立保育所あるいは認可を得た私立保育所を認可保育所と呼びます。

　保育の実施に関わる運営費は、国と都道府県、市町村が分担するしくみで
す。具体的には内閣総理大臣が定める基準によって算定された額（公定価格）
に相当する額を、市町村が認可保育所に委託費として支払います。公立保育
所については、2004年度からの一般財源化により国庫負担制度から除外され、
市町村が全額負担しています。

　新制度では保育を受ける子ども一人あたりの月額経費を公定価格と呼んでい
ます（図12-3）。公定価格のうち、保護者が所得に応じて負担する利用者負担
分（保育料）は、2019年5月の改正子ども・子育て支援法施行令により、同年
10月からすべての3〜5歳児及び住民税非課税世帯の0〜2歳児を対象に0円
になりました。ただし、3〜5歳児の副食費については保育料から除外され、
施設が実費徴収することになりました。

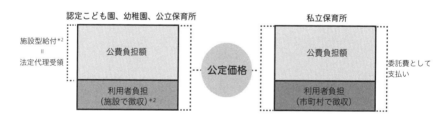

＊1　地域型保育給付についても、施設型給付の基本構造と同じです。
＊2　公立保育所の場合は市町村へ支払います。

図12-3　公定価格のしくみ

（出典：内閣府・文部科学省・厚生労働省「子ども・子育て支援新制度ハンドブック（施設・事業者向け）」2015年7月）

4　保育制度改革の行方

　以上のように、少子化の進行と保育ニーズの多様化を背景に成立した新制度
には様々な問題があることがわかります。しかし、児童福祉法に定める公的保
育所制度の 3 つの柱は曲がりなりにも維持されています。私たちには憲法・児
童福祉法に基づき、公的保育所制度の拡充を求める権利があり、国・地方自治
体にはそれに応える義務があります。

　一人親家庭や非正規雇用の保護者の増加が、家庭の養育力の低下に拍車をかけ
ている今日、「保育を必要とする」すべての子どもが、保育環境の整った認可保
育所で安定的に保育を受けられるような制度のあり方が重要となっています。

【注】
(1)　堀尾輝久『子育て・教育の基本を考える―子どもの最善の利益を軸に』童心社、2007
　　年、146 ページ。
(2)　児童福祉法 4 条において、「乳児」とは「満 1 歳に満たない者」、「幼児」とは「満 1
　　歳から、小学校就学の始期に達するまでの者」、「少年」とは「小学校就学の始期から、
　　満 18 歳に達するまでの者」と定められています。
(3)　「子育てのための施設等利用給付」の対象施設等は、新制度に移行していない幼稚園、
　　特別支援学校の幼稚部、認可外保育施設（5 年間の経過措置の後は、児童福祉法に基づ
　　く届出がなされ、国が定める基準を満たすものに限る）、預かり保育事業、一時預かり事
　　業、病児保育事業、子育て援助活動支援事業などです。
(4)　「地域子ども・子育て支援事業」には、①利用者支援事業、②地域子育て支援拠点事
　　業、③妊婦健康診査、④乳児家庭全戸訪問事業、⑤養育支援訪問事業、⑥子育て短期支
　　援事業、⑦子育て援助活動支援事業（ファミリー・サポート・センター事業）、⑧一時預
　　かり事業、⑨延長保育事業、⑩病児保育事業、⑪放課後児童クラブ（放課後児童健全育
　　成事業）、⑫実費徴収に係る補足給付を行う事業、⑬多様な事業者の参入促進・能力活用
　　事業があります。
(5)　「仕事・子育て両立支援事業」には、企業主導型保育事業、企業主導型ベビーシッタ
　　ー利用者支援事業があります。
(6)　「一時預かり事業」とは、家庭において保育を受けることが一時的に困難となった乳
　　幼児を認定こども園・幼稚園・保育所等で一時的に預かる事業です。
(7)　森上史朗「保育」『保育用語辞典［第 6 版］』ミネルヴァ書房、2010 年、1−2 ページ。
(8)　「家庭的保育者」とは、市町村長が行う研修を修了した保育士、保育士と同等以上の
　　知識及び経験を有すると市町村長が認める者です。
(9)　「小規模保育事業」は設置基準によって、保育所分園に近い A 型、家庭的保育事業に

近い C 型、それらの中間にあたる B 型の 3 種類に分かれます。

(10)「事業所内保育事業」には、定員 19 人以下の場合は小規模保育事業の A 型または B 型の基準が適用され、20 人以上の場合は認可保育所の基準が適用されます。

(11) 保育所等利用定員数とは、保育所（保育所型認定こども園の保育所部分を含む）、幼保連携型認定こども園、幼稚園型認定こども園、地方裁量型認定こども園、地域型保育事業の利用定員数の合計です。数値は厚生労働省「保育所等関連状況取りまとめ」（平成 27〜31 年 4 月 1 日）を参照。

(12) 待機児童の多い都市部など特定地域は、居室面積については「従うべき基準」ではなく「標準」として、地域の実情に応じて省令の基準を下回ることが可能です。

【引用・参考文献】

・伊藤周平『子ども・子育て支援法と社会保障・税一体改革』山吹書店、2012 年、54－63 ページ。

・伊藤周平『子ども・子育て支援法と保育のゆくえ』かもがわ出版、2013 年、14－16 ページ。

・大豆生田啓友・三谷大起編『最新保育資料集 2018［平成 30 年版］』ミネルヴァ書房、2018 年。

・木下秀雄「保育を受けることは権利」保育研究所『基礎から学ぶ保育制度』草土文化、2001 年、10－15 ページ。

・桑原洋子「第 1 条　児童福祉の理念」「第 2 条　児童育成の責任」「第 3 条　児童福祉保障の原理」桑原洋子・田村和之『実務注釈　児童福祉法』信山社出版、1998 年、32－40 ページ。

・逆井直紀「新制度の概要―給付と事業、その財源」全国保育団体連絡会・保育研究所編『保育白書　2019』ちいさいなかま社、2019 年、58－60 ページ。

・田村和之「第 24 条　保育所入所・保育の実施」前掲『実務注釈　児童福祉法』138－146 ページ。

・田村和之「保育をめぐる法的諸問題」全国保育団体連絡会・保育研究所編『保育白書 2011』ちいさいなかま社、2011 年、158－161 ページ。

・内閣府「子ども・子育て支援新制度について」2019 年 6 月。

・内閣府・文部科学省・厚生労働省「子ども子育て支援新制度ハンドブック（施設・事業者向け）」2015 年 7 月。

・平松知子『子どもが心のかっとうを超えるとき―発達する保育園　子ども編』ひとなる書房、2012 年。

・堀尾輝久『子育て・教育の基本を考える－子どもの最善の利益を軸に』童心社、2007 年。

・村山祐一『もっと考えて!!　子どもの保育条件』新読書社、2001 年、18－22 ページ。

・村山祐一「保育を支える財政」全国保育団体連絡会・保育研究所編『保育白書　2019』ちいさいなかま社、2019 年、39－43 ページ。

・村山祐一「保育にかける費用＝公定価格」同上書、67－74 ページ。

・森上史朗「保育」森上史朗・柏女霊峰編『保育用語辞典［第6版］』ミネルヴァ書房、2010年、1-2ページ。
・文部科学省「子ども・子育て支援新制度の解説」2014年7月。

第13講 保育の制度
——幼稚園・認定こども園の制度

　続いて第13講では、幼稚園や認定こども園を中心とした保育の制度について学びます。その際、幼保一元化についても視野に入れながら学びたいと思います。

1　新教育基本法における家庭教育と幼児期の教育の振興

　教育基本法は2006年12月に全部改正され、10条「家庭教育」と11条「幼児期の教育」が新設されました。その意義を考えてみましょう。10条1項は家庭教育における保護者の責任を強調したうえで、2項で国や自治体に家庭教育を支援する努力義務を負わせています。11条は幼児教育の重要性を認めたうえで、国や自治体の役割として「幼児の健やかな成長に資する環境の整備」や

教育基本法
第10条（家庭教育）　父母その他の保護者は、子の教育について第一義的責任を有するものであって、生活のために必要な習慣を身に付けさせるとともに、自立心を育成し、心身の調和のとれた発達を図るよう努めるものとする。
2　国及び地方公共団体は、家庭教育の自主性を尊重しつつ、保護者に対する学習の機会及び情報の提供その他の家庭教育を支援するために必要な施策を講ずるよう努めなければならない。
第11条（幼児期の教育）　幼児期の教育は、生涯にわたる人格形成の基礎を培う重要なものであることにかんがみ、国及び地方公共団体は、幼児の健やかな成長に資する良好な環境の整備その他適当な方法によって、その振興に努めなければならない。

「適当な方法」による幼児教育の振興を定めています。

10・11 条の新設により、家庭や地域の教育を含め、幼児期から人間的発達の
ための学習権を定めていると捉えることもできます。しかし、教育基本法改定
の経緯とねらいを踏まえれば〔第5講〕、同法2条の教育目標に記された価値
観の幼児期からの育成を国が求めているものと捉えられます。新法の成立によ
り幼児教育の重要性が確認された一方で、一人ひとりの発達の必要に応じた保
育とはどのようなものか改めて問われています。

❷ 幼稚園の制度

第12講で説明した子ども・子育て関連3法により、幼稚園の制度も大きく
変わりました。さらに、認定こども園のうち幼保連携型認定こども園が制度上
大きく位置づくことになりました。新制度に移行していない幼稚園もあります
が、ここでは新制度上の幼稚園と認定こども園を取り上げます。

1 幼稚園の目的と教育内容

2007 年 6 月改定の学校教育法で、幼稚園に関する規定が小学校の前に置か
れました。これは、教育基本法6条（学校教育）に基づいて、①学びのあり方
を発達に応じた連続的なものととらえる、②幼児教育と義務教育のつながりを
重視する、という考え方が背景にあります。それに伴い、学校教育法22条（幼
稚園の目的）に「義務教育及びその後の教育の基礎を培うもの」という文言が
加わりました。同条では幼児の「保育」を幼稚園の目的としています。「保育」
という用語には、幼児の発達特性に基づく細やかなケア（世話）を通した教育、
つまり養護を含んだ教育的作用という意味が込められています。このように幼
児教育の特質は、養護と教育を一体的に行うことにあります。

幼稚園の「目的」を実現する「目標」が同法23条に記されています。そして
同法25条に基づき、文部科学大臣による告示の「幼稚園教育要領」が、幼稚園
の教育課程や保育内容の基準として定められています。2017 年 3 月改訂の同要

学校教育法
第22条（幼稚園の目的）　幼稚園は、義務教育及びその後の教育の基礎を培うものとして、幼児を保育し、幼児の健やかな成長のために適当な環境を与えて、その心身の発達を助長することを目的とする。
第23条（幼稚園教育の目標）　幼稚園における教育は、前条に規定する目的を実現するため、次に掲げる目標を達成するよう行われるものとする。
　一　健康、安全で幸福な生活のために必要な基本的な習慣を養い、身体諸機能の調和的発達を図ること。
　二　集団生活を通じて、喜んでこれに参加する態度を養うとともに家族や身近な人への信頼感を深め、自主、自律及び協同の精神並びに規範意識の芽生えを養うこと。
　三　身近な社会生活、生命及び自然に対する興味を養い、それらに対する正しい理解と態度及び思考力の芽生えを養うこと。
　四　日常の会話や、絵本、童話等に親しむことを通じて、言葉の使い方を正しく導くとともに、相手の話を理解しようとする態度を養うこと。
　五　音楽、身体による表現、造形等に親しむことを通じて、豊かな感性と表現力の芽生えを養うこと。
第24条（家庭及び地域の幼児教育支援）　幼稚園においては、第二十二条に規定する目的を実現するための教育を行うほか、幼児期の教育に関する各般の問題につき、保護者及び地域住民その他の関係者からの相談に応じ、必要な情報の提供及び助言を行うなど、家庭及び地域における幼児期の教育の支援に努めるものとする。

領は、新設した「前文」に教育基本法2条の教育目標を掲げ、幼稚園を「学校教育の始まり」として明確に位置づけています。第1章「総則」第1では「幼稚園教育の基本」として、幼児期の教育は「生涯にわたる人格形成の基礎を培う重要なもの」であり、幼稚園教育の「目的及び目標」の達成のため、「幼児期の特性を踏まえ、環境を通して行うもの」と記しています。教師は、幼児の主体的活動や自発的な遊びが充実するよう計画的に環境を構成し、幼児の発達に適した教育課程を編成しなければなりません。続いて「総則」第2では「幼稚園教育の基本」を踏まえ「幼稚園教育において育みたい資質・能力」[1]及び「幼児期の終わりまでに育ってほしい姿」[2]を育むことを記しています。これらの事項は第2章「ねらい及び内容」に示す「健康」「人間関係」「環境」「言葉」「表現」の5領域に基づく活動全体を通して育むものとされ、個別に取り出して

指導するものでも、到達すべき目標でもありません⁽³⁾。幼児教育は環境を通して行うものであり、一人ひとりの発達の特性に応じる必要があるためです。

　また、学校教育法24条が設けられ、幼稚園は地域における幼児期の教育のセンターとして、保護者や地域住民への教育支援が新たな役割となりました。

2　幼稚園の入園のしくみと施設・設備

　これまで幼稚園は、入園を希望する場合、保護者が幼稚園に申込み、園側の選考基準に合格した場合に、両者の間で直接契約がなされました。新制度では、子どもが1号認定（教育標準時間認定）を受けた場合、正当な理由がない限り園側に応諾義務があります。

　幼稚園の施設・設備は「幼稚園設置基準」（省令）で定められています。学校設置者負担主義の考えから施設水準の維持・向上及びその財政負担についての責任は、もっぱら設置者に課せられています。ただし、新制度では市町村が「保育・教育給付」の実施主体となるため、幼稚園は公定価格から子ども一人ひとり異なる保育料額（応能負担）を控除し、算出した給付額を市町村に請求します。つまり、幼稚園の運営を支える主な財源は、給付費と保育料のほか、地域子ども・子育て支援事業等の補助金になります。なお、幼児教育・保育の無償化により、新制度に移行していない幼稚園も含め、幼稚園に通う満3歳以上の子どもの保育料は月額2万5,700円を上限に無償化されました。

　保育所の基準と幼稚園の基準を比較すると、幼稚園では職員室や運動場（園庭）、遊戯室（保育室と兼用可）を必ず置くことになっています。一方、調理室は保育所では必ず置かなければなりません。児童数は、保育所は年齢別で保育士の配置基準が定められていますが、幼稚園は学級で教諭の配置基準が定められています。例えば保育所では3歳児20人に保育士1人ですが、幼稚園は3歳児35人に教諭が1人という計算になります（ただし、保育所ではクラス定員が定められておらず、3歳児で1クラス40人に保育士を2人配置することもあります）。

　これらの違いは、制度上の性格の違いに由来しています。幼稚園はもっぱら幼児の遊びと教育的働きかけを目的とし、保育所は乳幼児の遊び・生活・教

表 13-1　保育所と幼稚園の制度比較（新制度移行後）

	保育所	幼稚園
所管（根拠法）	厚生労働省（児童福祉法）	文部科学省（学校教育法）
設置主体	地方公共団体、社会福祉法人等	国、地方公共団体、学校法人等
目的	保育を必要とする乳児・幼児を日々保護者の下から通わせて保育を行うこと （児童福祉法 39 条）	義務教育及びその後の教育の基礎を培うものとして、幼児を保育し、幼児の健やかな成長のために適当な環境を与えて、その心身の発達を助長すること （学校教育法 22 条）
対象	保育を必要とする乳幼児 （2 号・3 号認定子ども）	満 3 歳から就学前の幼児 （1 号認定子ども）
利用のしくみ	保護者は市町村に認定を申請する（同時に施設の利用希望の申込みもできる）。「保育の必要性」が認められた場合、認定証が交付される。市町村は状況に応じて施設の利用調整を行う。利用先の決定後、契約となる。市町村は保育実施責任を持つ	保護者は施設に直接申込む。施設から入園の内定を受ける（定員超過の場合は選考あり）。施設を通じて市町村に認定を申請する。施設を通じて市町村から認定証が公布され契約となる。施設には正当な理由がない限り応諾義務がある
保育時間・日数	1 日 8 時間を原則として、保育所長が決める（児童福祉施設の設備及び運営に関する基準 34 条）	1 日 4 時間を標準とする（幼稚園教育要領）毎学年の教育週数は、39 週を下ってはならない（学校教育法施行規則 37 条）
職員資格	保育士資格取得	幼稚園教諭免許状取得
保育内容	保育所保育指針。保育内容の最低基準として厚生労働大臣による告示（児童福祉施設の設備及び運営に関する基準 35 条）	幼稚園教育要領。教育課程の基準として文部科学大臣が告示（学校教育法 25 条、学校教育法施行規則 38 条）
保育料等	政令で定める額を限度として世帯の所得の状況その他の事情を勘案して市町村が定める額（子ども・子育て支援法 27 条 3 項） 実費徴収（保護者の同意が必要）、質向上の対価として上乗せ徴収（保護者の書面同意が必要）が可能。私立保育所は市町村に事前協議が必要。（特定教育・保育施設及び特定地域型保育事業並びに特定子ども・子育て支援施設等の運営に関する基準 43 条）	政令で定める額を限度として世帯の所得の状況その他の事情を勘案して市町村が定める額（子ども・子育て支援法 27 条 3 項） 実費徴収（保護者の同意が必要）、質向上の対価として上乗せ徴収（保護者の書面同意が必要）が可能。（特定教育・保育施設及び特定地域型保育事業並びに特定子ども・子育て支援施設等の運営に関する基準 43 条）

（内閣府・文部科学省・厚生労働省資料を参考に執筆者作成）

表 13-2　保育所と幼稚園の施設・設備などの基準

	保育所	幼稚園
根拠法	児童福祉法 45 条、児童福祉施設の設備及び運営に関する基準	学校教育法、学校教育法施行規則 36 条、幼稚園設置基準
職員について	保育士、嘱託医、調理員を置くこと（調理業務を委託する場合は置かなくてよい）	園長、教頭、教諭を置くこと（副園長、主幹教諭、指導教諭、養護教諭、栄養教諭、事務職員、養護助教諭などを置くことができる）
クラス規模	0 歳児 3 人：保育士 1 人 1・2 歳児 6 人：保育士 1 人 3 歳 20 人：保育士 1 人 4 歳以上児 30 人：保育士 1 人	1 学級 35 人以下を原則とし、教諭は 1 人
施設・設備	2 歳未満児：乳児室（1 人につき 1.65㎡）、ほふく室（1 人につき 3.3㎡）、医務室、調理室、便所を設けること 2 歳以上児：保育室又は遊戯室（1 人につき 1.98㎡）、屋外遊戯場（1 人につき 3.3㎡、公園で代替可）、調理室、便所を設けること 保育室等を 2 階以上に設ける場合：耐火建築物、待避上有効なバルコニー、避難用スロープ・階段、転落防止柵、警報器具など	備えなければならないもの：運動場（園舎と同一の敷地内又は隣接する位置に置くことが原則）、職員室、保育室、遊戯室、保健室、便所、飲料水用設備、手洗用設備、足洗用設備 備えるのが望ましいもの：放送聴取設備、映写設備、水遊び場、幼児清浄用設備、給食施設、図書室、会議室 2 階建て以下を原則とする。

（執筆者作成）

育的働きかけとともに、その家庭への支援を行うことを目的としています[4]。そのため、幼稚園には運動場や遊戯室、職員室が必要であると考えられており、保育所には調理室が必要と考えられ、長時間過ごすことから保育士が担当する子どもの数を少なくしてあるのです。

3　幼保連携型認定こども園の制度

1　認定こども園制度の背景と経過

　日本の保育制度は幼稚園と保育所という 2 つの制度を基に形成されています。これを幼保二元体制といいます。この背景には、戦前、幼稚園は主に上流

階級の子どもを対象とする幼児教育機関として、保育所は貧困家庭の子どもを対象とする社会事業的施設として設置されたという歴史的経緯があります。日本国憲法の成立により保育及び教育を受けることが基本的人権となり、戦後保育制度の発足時には、社会政策と児童教育の2つの側面から幼稚園と保育所を「同一化」することも展望されました[5]。しかし、1950年代以降はそれぞれの違いが強調されるようになります。

そうした中、1996年12月に発表された地方分権推進委員会第1次報告によって幼稚園と保育所の共用化が目指されたことをきっかけに、両施設の「一体化」「一元化」[6]を求める声が再び高まりました。2000年度には幼稚園を設置する学校法人による保育所の設置が容認されるとともに、保育所を設置する社会福祉法人による幼稚園設置も可能となりました[7]。そして、2006年6月に「就学前の子どもに関する教育、保育等の総合的な提供の推進に関する法律」（以下、認定こども園法）が公布され、同年10月から認定こども園制度がスタートしました。その後、2012年8月に子ども・子育て関連3法が公布され、2015年度から改正認定こども園法が施行されました。

2 認定こども園の概要

認定こども園は幼保連携型認定こども園と、それ以外の認定こども園に大別されます（表13-3）。後者は幼稚園もしくは保育所として認可を受けた施設や、どちらの認可も受けていない地域の教育・保育施設が、条例で定める要件に適合し都道府県知事等の「認定」を受けるしくみです。

それに対し幼保連携型認定こども園は学校及び児童福祉施設としての法的位

表13-3　認定こども園の4類型

	幼保連携型	幼稚園型	保育所型	地方裁量型
法的性格	学校かつ児童福祉施設	学校（幼稚園+保育所機能）	児童福祉施設（保育所+幼稚園機能）	幼稚園機能+保育機能
設置主体	国、自治体、学校法人、社会福祉法人	国、自治体、学校法人	制限なし	

（出典：内閣府・文部科学省・厚生労働省「子ども・子育て支援新制度ハンドブック（施設・事業者向け）」2015年7月）

置づけを持つ単一の施設となり、条例で定める基準を満たし都道府県知事等の「認可」を受けるしくみです。認定こども園法2条7項に目的が定められ、ここにおける「教育」は同法2条8項に教育基本法に規定された学校における教育であることが記されています。さらに、同法9条「教育及び保育の目標」、第10条「教育及び保育の内容」に基づき「幼保連携型認定こども園教育・保育要領」(内閣府・文部科学省・厚生労働省告示)がつくられています。職員は「保

認定こども園法
第2条(定義) 1〜6 (略)
7 この法律において「幼保連携型認定こども園」とは、義務教育及びその後の教育の基礎を培うものとしての満三歳以上の子どもに対する教育並びに保育を必要とする子どもに対する保育を一体的に行い、これらの子どもの健やかな成長が図られるよう適当な環境を与えて、その心身の発達を助長するとともに、保護者に対する子育ての支援を行うことを目的として、この法律の定めるところにより設置される施設をいう。
8 この法律において「教育」とは、教育基本法(平成十八年法律第百二十号)第六条第一項に規定する法律に定める学校(第九条において単に「学校」という。)において行われる教育をいう。
9〜12 (略)
第9条(教育及び保育の目標) 幼保連携型認定こども園においては、第二条第七項に規定する目的を実現するため、子どもに対する学校としての教育及び児童福祉施設(…略…)としての保育並びにその実施する保護者に対する子育て支援事業の相互の有機的な連携を図りつつ、次に掲げる目標を達成するよう当該教育及び当該保育を行うものとする。
一 健康、安全で幸福な生活のために必要な基本的な習慣を養い、身体諸機能の調和的発達を図ること。
二 集団生活を通じて、喜んでこれに参加する態度を養うとともに家族や身近な人への信頼感を深め、自主、自律及び協同の精神並びに規範意識の芽生えを養うこと。
三 身近な社会生活、生命及び自然に対する興味を養い、それらに対する正しい理解と態度及び思考力の芽生えを養うこと。
四 日常の会話や、絵本、童話等に親しむことを通じて、言葉の使い方を正しく導くとともに、相手の話を理解しようとする態度を養うこと。
五 音楽、身体による表現、造形等に親しむことを通じて、豊かな感性と表現力の芽生えを養うこと。
六 快適な生活環境の実現及び子どもと保育教諭その他の職員との信頼関係の構築を通じて、心身の健康の確保及び増進を図ること。

育教諭」という独自の名称がつけられ、保育士資格と幼稚園教諭免許の両方が必要です。設備及び運営の基準は「幼保連携型認定こども園の学級の編制、職員、設備及び運営に関する基準」（内閣府・文部科学省・厚生労働省令）に従い、都道府県、政令市・中核市が条例で定めます。また、幼保連携型認定こども園は、認定こども園法12条で、国、地方自治体、学校法人及び社会福祉法人のみ設置できます。

　以上のように、同じ幼児期の教育でも幼稚園の「教育」と幼保連携型認定こども園の「教育」では、根拠法が違うという複雑な法体系となりました。これは、第7講で取り上げた一条校のあり方にも影響を与えることになります。幼保連携型認定こども園の設置者に株式会社は除外されましたが、今後加えられるかもしれません。一条校の性質として重視されている「公の性質」がゆがめられないよう、教育や保育における公共性のあり方にも注目が必要です。

4 子育て支援と発達保障としての保育制度を

　幼保一元化をめぐる議論は、本来的には親の権利と子どもの権利の同時保障を目指すものとして展開されてきました。特に、1970年代以降、保育・幼児教育の現場では、子どもを取り巻く環境の変化を受けて、「教育」と「福祉」の統一的保障を目指す実践と理論が探求されてきました。新制度は、共働き世帯の増加に伴う近年の保育所ニーズの高まりを受けて、社会的・実践的な幼保一元化への期待を含みながら構想されました。しかし、現実には様々なタイプの施設・事業が創設されると共に、教育機関と児童福祉施設の機能的な違いがむしろ強調されました。幼児教育行政学者の伊藤良高さんによれば、今日の幼保一元化の論議は「1990年代以降における少子高齢化・人口減少を背景とした新自由主義に基づく社会福祉（基礎構造）改革・教育改革下での論議」[8] として位置づけられます。つまり、本来の幼保一元化の理念とは違い、行財政・施設運営の効率化や教育基本法2条に掲げる価値観の早期育成を目指すものとして捉えられます。

幼保一体化施設として注目される先駆事例に、兵庫県神戸市北須磨区の北須磨保育センターがあります。同センターは北須磨団地自治会によって1969年に生活協同組合立で設立され、幼保一元保育を目指す施設として運営が始まりました。その後、1970年代末に幼稚園は学校法人に、保育所は社会福祉法人に移行し、2018年4月からは幼保連携型認定こども園として社会福祉法人が一元的に管理・運営しています。同センターが掲げる「保育一元化」の理念は3つの権利と称され、①乳幼児の教育・保育の平等、②母親の労働権の保障、③保母（現在の保育士）の研修権の確立と平等が基本になっています。これらの権利の具体化の例として、保育時間の異なる子どもを同じクラスで保育し、昼食後は長時間児が午睡の部屋へ移動し、短時間児が午睡の妨げとならないよう配慮がなされています。保育者はすべて常勤であり、待遇、勤務時間、シフト、給与も同じとし、さらに研修の権利も平等に確保するため、「保育一元化」の運営への意欲と理念を全員で共有し協力することができます[9]。

　このように北須磨保育センターでは、自主的な取り組みにより幼保一元化の理念の実現が目指されています。その一方で、現在の保育制度改革では国・地方自治体の公的責任のあり方が問われています。子育て支援と発達保障としての保育制度をつくり上げていくためには、こうした保育現場の実践と、地域に暮らす住民の願いや要求をベースにして、行政による政策形成に主体的に関与していくことが重要です。

【注】
(1)「幼稚園教育において育みたい資質・能力」は、「知識及び技能の基礎」、「思考力、判断力、表現力等の基礎」、「学びに向かう力、人間性等」の3つの柱です。
(2)「幼児期の終わりまでに育ってほしい姿」は、「健康な心と体」、「自立心」、「協同性」、「道徳性・規範意識の芽生え」、「社会生活との関わり」、「思考力の芽生え」、「自然との関わり・生命尊重」、「数量や図形、標識や文字などへの関心・感覚」、「言葉による伝え合い」、「豊かな感性と表現」の10の姿です。
(3) 文部科学省『幼稚園教育要領解説』フレーベル館、2018年、50-53ページ。
(4) 汐見稔幸、松岡園子、髙田文子、矢治夕起、森川敬子『日本の保育の歴史』萌文書林、2017年、2ページ。
(5) 伊藤良高『幼児教育行政学』晃洋書房、2015年、42ページ。

（6）一般に、幼稚園と保育所の 2 つの制度を維持しながら、両者の設置基準や最低基準、保育内容、免許と資格、待遇、職員の配置、研修などをできるだけ近づけることを「幼保一体化」といい、幼稚園と保育所の所管や保育制度、保育内容、研究・研修等、そのすべてを一元化することを「幼保一元化」といいます。

（7）伊藤良高『幼児教育行政学』晃洋書房、2015 年、70 ページ。

（8）同上書、80 ページ。

（9）手塚崇子『幼保一体化施設の運営と行財政』専修大学出版局、2014年、126 - 132 ページ。

【引用・参考文献】

・伊藤良高『幼児教育行政学』晃洋書房、2015 年。
・大宮勇雄「どんな園であろうと、どんな時刻であろうと、すべて等しく教育である」全国保育団体連絡会・保育研究所編『保育白書　2013』ちいさいなかま社、2013 年、139 - 144 ページ。
・佐々木幸寿『改正教育基本法』日本文教出版、2009 年、208 - 233 ページ。
・汐見稔幸・松本園子・髙田文子・矢治夕起・森川敬子『日本の保育の歴史』萌文書林、2017 年。
・手塚崇子『幼保一体化施設の運営と行財政』専修大学出版局、2014 年、126-132 ページ。
・内閣府・文部科学省・厚生労働省「子ども子育て支援新制度ハンドブック（施設・事業者向け）」2015 年 7 月。
・内閣府・文部科学省・厚生労働省「子ども・子育て支援新制度 なるほど BOOK（平成 28 年 4 月改訂版）」2016 年 4 月。
・中山徹「認定こども園をどう考えるか」大阪保育研究所編『「幼保一元化」と認定こども園』かもがわ出版、2006 年、90 - 133 ページ。
・森上史朗「幼保の「一体化」「一元化」」森上史朗・柏女霊峰編『保育用語辞典［第 6 版］』ミネルヴァ書房、2010 年、49 ページ。
・文部科学省『幼稚園教育要領解説』フレーベル館、2018 年。
・「第三章　幼稚園」鈴木勲編著『逐条学校教育法』学陽書房、2009 年、195 - 232 ページ。
・「第 10 条（家庭教育）」「第 11 条（幼児教育）」日本教育法学会基本法研究特別委員会編『憲法改正の途をひらく　教育の国家統制法』母と子社、2006 年、119 - 126 ページ。

第14講 社会教育の制度

学校の放課後や卒業後などの学びは、生涯にわたる学びを保障する上で極めて重要です。そこで第14講では、主に放課後・休日や学校卒業以降に学ぶ場である社会教育の制度について学びましょう。

1 社会教育とは何か――事例から考える

　本講では社会教育について扱いますが、みなさんにとって、社会教育はなじみの薄いものかも知れません。そこで、この節では、社会教育施設の事例を二つ紹介します。

1 愛知県名古屋市天白生涯学習センター

　まず、愛知県名古屋市の各区に置かれている生涯学習センター（社会教育施設）の中から、天白生涯学習センター⁽¹⁾について紹介します。建物は2階建てで、1階には集会室、美術室、体育室があり、2階には集会室（2室）、視聴覚室、和室（2室）、料理室があります。集会室は学習会や会合などに、美術室は絵画・工芸・手芸などに、体育室はスポーツやレクリエーションに、視聴覚室はピアノ・ビデオ・スライドなどを利用する学習に、和室は学習会・会合のほか舞踊・生け花・着付け・お茶などに、そして料理室は料理やお菓子づくりの実習などに利用できるようになっています。

　これらの部屋は、住民による自主サークルが借りて利用することができま

す。同センターの場合、集会室等を定期的に利用している自主サークルが約100サークル、体育室を利用している自主サークルが約130サークルあります。また、1階にはロビーがあり、市民が語らいや打ち合わせなどに自由に利用できます。

　さらに、同センターによる主催事業も実施されています。表14-1を見ると、託児ボランティア養成講座、「親学関連講座」という子育てに関する講座のほか、「発見！大切にしたい　天白の文化」という地域の歴史や文化について学ぶ講座や「みんな楽しく　ふれあい卓球」という障害者も参加できるスポーツ講座、区内にある大学との共催によるやや専門的な講座など、多彩な講座が行われていることがわかります。また、趣味や教養に関する講座には、「グループ自主講座」といって、センターを利用している自主サークルが開設する講座もあります（表14-2）。講座の回数はおおむね5回ほどです。

　ほかにも、天白生涯学習センターでは、自主サークルの活動発表と交流を目的とした「センターまつり」、「天白こどもま

表14-1　天白生涯学習センター主催講座の一覧（2011年度前期）

曜日	講座名	対象
月	子どもと素敵なときを過ごしませんか 〜託児ボランティア養成講座〜（託児付講座）	一般
火	〈なごや学マイスター〉 ガイドしませんか　天白の史跡・名所	一般
水	〈親学関連講座〉瞳きらきら	1歳児とその親
	〈なごや学〉発見！大切にしたい 天白の文化	一般
木	〈なごや環境大学共育講座〉大地の恵みに感謝	一般
金	見て　聞いて　味わって！ アジアの文化にふれて	一般
土	〈トライアルサタデー〉森の工作名人になろう	小学3年〜中学生
	みんな楽しく　ふれあい卓球	小学生〜一般
	社会や環境の問題を判断する目を養おう （名城大学との共催）	一般

表14-2　天白生涯学習センター
「グループ自主講座」の一覧（2011年度前期）

曜日	講座名	主催者
水	ブログをはじめよう！	天白パソコン同好会
	パソコンに親しもう	天白ITサポート
木	押し花で飾るランチョンマットを作ろう！	押し花アート天白
	英会話を楽しみましょう	天白英会話サークル
日	初めての「クラシックギター」2011	天白エコアンサンブル

（「名古屋市天白生涯学習センター平成23年度前期主催講座のご案内」をもとに執筆者が作成）

つり」なども実施しています。これらは、センター利用者や住民が実行委員会をつくって職員がそれを援助するという形で、住民が主人公となった企画と運営がなされています。

このように、名古屋市天白生涯学習センターは、地域住民がみずから集って学びたいことを学べる場であるとともに、暮らしやすい地域づくりに向けて学べる拠点にもなっています。

2　埼玉県浦和市（当時）公民館での子ども会活動

次に、社会教育施設の中核である公民館について紹介します。以前の実践ですが、社会教育の理念と現実を理解する上で参考になる実践として、1960年代後半の埼玉県浦和市（現さいたま市）公民館での子ども会活動を取り上げます。

1967年、浦和市の谷田公民館では、公民館を利用する子ども達によって自発的に「チビッコ子ども会」が結成されました。子ども会では、映画会、合唱、サッカーなどの活動が行われていました。なかでも子ども会活動の中軸となっていたのは『子ども新聞』の編集であり、そこには、子どもの詩、短文、マンガなどが掲載されていました。公民館主事の片野親義氏は、子ども達の話し相手になったり、子ども会活動の場として公民館を提供したり、『子ども新聞』づくりのために印刷用具を貸したりなどの形で、子ども達の活動を援助していました。会員数は約250人にものぼり、地域に根ざした活動となっていました。

翌68年、「谷田公民館だより」に「べとなむせんそう」という静岡県の小学校1年生の詩が掲載されました。これは、戦火のなかにいるベトナム人を心配しながら、最後に「せんそうなんて　もう　よせばいいのにね　ぱぱ」と結ばれている詩でした。子ども会の多くのメンバーは、この詩を読んで強い感銘を受けました。それは、子ども会のメンバーも当時のベトナム戦争に心を痛め、彼らなりに平和を願っていたからでしょう。これをきっかけに、子ども会の子どもたちは、『子ども新聞』で「ベトナム特集」を3号にわたって編集し、発行もされました。しかし、子どもたちが編集したこの「ベトナム特集」が、後に大きな波紋を呼ぶことになったのです。

この特集号のことを知った市の教育委員会は、子ども会活動への介入に乗り出します。同年3月末、教育委員会社会教育課長と係長は谷田公民館を訪れ、『子ども新聞』を没収してしまいました。さらに、後日教育委員会は、片野氏に谷田公民館から教育委員会事務局への異動を内示したのです。この事態に対して、浦和市職員組合や地域住民による反対運動が行われました。しかし、残念ながら片野氏の異動は撤回されませんでした。ただし、運動の成果として、『子ども新聞』は子ども達に返却され、以後の公民館主事の人事異動については、本人の意思が尊重されるようになったのでした。

　以上の事例から、社会教育とは、学校教育とは別の場で、あるいは学校教育の放課後に、子どもも含めた地域住民がさまざまな活動を通して学ぶ営みであるということがイメージできたのではないかと思います。

 2　法における社会教育の意味

　ここでは、社会教育が法ではどのように定義されているかについて見ていきましょう。

　新教育基本法12条、また新教育基本法の下位法である社会教育法の2条で

> **教育基本法**
> **第12条（社会教育）**　個人の要望や社会の要請にこたえ、社会において行われる教育は、国及び地方公共団体によって奨励されなければならない。
> 2　国及び地方公共団体は、図書館、博物館、公民館その他の社会教育施設の設置、学校の施設の利用、学習の機会及び情報の提供その他の適当な方法によって社会教育の振興に努めなければならない。
>
> **社会教育法**
> **第2条（社会教育の定義）**　この法律において「社会教育」とは、学校教育法（昭和二十二年法律第二十六号）又は就学前の子どもに関する教育、保育等の総合的な提供の推進に関する法律（平成十八年法律第七十七号）に基づき、学校の教育課程として行われる教育活動を除き、主として青少年及び成人に対して行われる組織的な教育活動（体育及びレクリエーションの活動を含む。）をいう。

は、個人や社会の願いに応えるために、学校教育以外の場で行われる教育のことを、社会教育と定義しています。また、新教育基本法12条2項では、社会教育が国や地方自治体によって、図書館[(2)]、博物館[(3)]、公民館[(4)]などの社会教育施設の設置、学校施設の利用、学習の機会や情報の提供などの方法によって奨励されるべきことが示されています。でとりあげた事例はいずれも、この規定のように地方自治体が設置した社会教育施設を通して社会教育を行っています。

　また、新教育基本法では、3条・13条でも社会教育に関係した規定があります。人びとが生涯にわたって学び（生涯学習）、ゆたかな人生を送る上では、学校教育だけでは不十分でしょう。また、学校・家庭・地域住民などが連携協力を進めるとき、学校の力だけに頼るのは無理があると思われます。3条、13条の規定は、こうしたことに、社会教育が大きな役割を期待されているものと読むことができます。

教育基本法

第3条（生涯学習の理念）　国民一人一人が、自己の人格を磨き、豊かな人生を送ることができるよう、その生涯にわたって、あらゆる機会に、あらゆる場所において学習することができ、その成果を適切に生かすことのできる社会の実現が図られなければならない。

第13条（学校、家庭及び地域住民等の相互の連携協力）　学校、家庭及び地域住民その他の関係者は、教育におけるそれぞれの役割と責任を自覚するとともに、相互の連携及び協力に努めるものとする。

3　社会教育制度の理念

　では社会教育施設の事例をとりあげましたが、これは、社会教育の制度のあるべき姿について理解するうえでも興味深いものです。ここでは、これらの事例も引きながら、社会教育制度の理念について説明していきます。

1 住民の自由で自主的な学習・教育活動の環境を整える

　一つ目の理念として整理できるのは、住民の自由で自主的な学習・教育活動の環境を整えるということです。浦和市の「チビッコ子ども会」の例での、片野氏の子どもたちに対する関わり方を見てください。子どもたちの話し相手になったり、子ども会活動の場を提供したり、『子ども新聞』編集のために印刷用具を貸したりなど、片野氏が常に子どもの自主的な活動の援助に徹していることがわかります。実はこれは社会教育制度の理念に忠実な実践なのです。

　法的に見ると、社会教育法の根幹とされる3条1項では、国や地方自治体の役割は、国民が生活に結びついた文化的な教養を自主的に高められるように環境を「醸成」⁽⁵⁾することと定められています。また、社会教育主事（地方自治体に置かれる社会教育の専門的職員）の職務は社会教育を行う者への専門的技術的な助言・指導とされていますが、その際、命令・監督は禁止されています（9条の3）。さらに、社会教育施設の中心である公民館は原則として市町村が置くことになっているなど、社会教育法では市町村主義の考えをとっており、地域の実状に合った学習が行えるようになっています（21条）。しかも、公民館に公民館運営審議会、地方自治体に社会教育委員を置くことで、住民の意見を社会教

> **社会教育法**
> **第3条（国及び地方公共団体の任務）**　国及び地方公共団体は、この法律及び他の法令の定めるところにより、社会教育の奨励に必要な施設の設置及び運営、集会の開催、資料の作製、頒布その他の方法により、すべての国民があらゆる機会、あらゆる場所を利用して、自ら実際生活に即する文化的教養を高め得るような環境を醸成するように努めなければならない。
> 2～3（略）
> **第9条の3（社会教育主事及び社会教育主事補の職務）**　社会教育主事は、社会教育を行う者に専門的技術的な助言と指導を与える。ただし、命令及び監督をしてはならない。
> 2　社会教育主事は、学校が社会教育関係団体、地域住民その他の関係者の協力を得て教育活動を行う場合には、その求めに応じて、必要な助言を行うことができる。
> 3　社会教育主事補は、社会教育主事の職務を助ける。

育機関や社会教育行政の運営に活かせるようになっています(15〜18条・29〜31条)。このように、社会教育の制度は、住民が自分たちの生活課題や地域の課題を自由にかつ自主的に学び合える環境づくりを、社会教育行政の役割として定めているのです。先述の名古屋市天白生涯学習センターなど社会教育施設で実施される主催事業、地域の自主サークルへの部屋貸しなどもまた、住民の自主的な学習を促す環境づくりの一環として行われているのです。

2　生涯にわたる学習権を保障する

　社会教育の制度の基本理念として、もう一ついえることがあります。それは、住民の生涯にわたる学習権を保障するということです。

　憲法26条の考え方は、いまでは学習権保障の理念として発展しています。この学習権を保障する手だてとしては、一つには学校教育があげられますが、3条で生涯学習の理念も持ち合わせている新教育基本法では、実は、学校教育と並んでもう一つの手だてが定められています。それが社会教育です。

　先にも引用した新教育基本法12条、さらに社会教育法2条、3条1項からもわかるように、国や地方自治体は、学校教育以外の場でも、すべての国民があらゆる機会を通して自主的に学べるように、環境を整えなければならないことになっています。また、こうした学校教育以外の学びの場は、社会教育が担うことになっています。つまり、すべての国民は、学校の放課後であっても、学校教育を出た後であっても、社会教育を利用することで、学習権を保障されているのです。日本の人びとは、制度上、学校教育に通っているときのみならず、一生涯にわたって学習権を保障されているといえるのです。

　この点を踏まえて、あらためて▮▮の事例に目を向けると、これらの社会教育施設は、公教育として、学校卒業後の地域住民や、子どもたちの放課後の学習権を保障するという役割を忠実に果たしていると見ることができるのではないでしょうか。なお、こうした生涯にわたる学習権保障の考え方は、国際的にも共通の考えとなっています。ここでは、国連で教育に関する業務を担っている教育科学文化機関（UNESCO）の議論に注目して説明していきます。

学習権宣言（1985 年 3 月 29 日、第 4 回 UNESCO 国際成人教育会議）

　学習権を承認するか否かは、人類にとって、これまでにもまして重要な課題となっている。

　学習権とは、

　　読み書きの権利であり、

　　問い続け、深く考える権利であり、

　　想像し、創造する権利であり、

　　自分自身の世界を読みとり、歴史をつづる権利であり、

　　あらゆる教育の手だてを得る権利であり、

　　個人的・集団的力量を発達させる権利である。

　成人教育パリ会議は、この権利の重要性を再確認する。

　学習権は未来のためにとっておかれる文化的ぜいたく品ではない。

　それは、生き残るという問題が解決されてから生じる権利ではない。

　それは、基礎的な欲求が満たされたあとに行使されるようなものではない。

　学習権は、人間の生存にとって不可欠な手段である。

　もし、世界の人々が、食料の生産やその他の基本的な人間の欲求が満たされることを望むならば、世界の人々は学習権をもたなければならない。

　もし、女性も男性も、より健康な生活を営もうとするなら、彼らは学習権をもたなければならない。

　もし、わたしたちが戦争を避けようとするなら、平和に生きることを学び、お互いに理解し合うことを学ばねばならない。

　"学習"こそはキーワードである。

　学習権なくしては、人間的発達はあり得ない。

　学習権なくしては、農業や工業の躍進も地域の健康の増進もなく、そして、さらに学習条件の改善もないであろう。

　この権利なしには、都市や農村で働く人たちの生活水準の向上もないであろう。

　端的にいえば、このように学習権を理解することは、今日の人類にとって決定的に重要な諸問題を解決するために、わたしたちがなしうる最善の貢献の 1 つなのである。

　しかし、学習権はたんなる経済発展の手段ではない。それは基本的権利の 1 つとしてとらえられなければならない。学習活動はあらゆる教育活動の中心に位置づけられ、人々を、なりゆきまかせの客体から、自らの歴史をつくる主体にかえていくものである。

　（…後略…）

（国民教育研究所　訳）

1965 年、UNESCO の成人教育部長 P. ラングランは生涯教育構想を提起しました。これは、人びとが現代社会の都市化や情報化などの急激な変化に適応するためには、家庭教育、学校教育、社会教育など各種の学習機会を統合し、一生涯にわたる学習・教育を一貫させなければならないという考えに基づいています。その後この構想は、E. ジェルピによって発展させられます。彼は、大企業の多国籍化等がもたらす南北問題も視野に入れながら、抑圧された人びとの人間解放を追求していきました。その成果として、UNESCO は 1985 年に学習権宣言を発表しました。これは、「人々を、なりゆきまかせの客体から、自らの歴史をつくる主体にかえていく」ものとして学習を位置づけ、学習者の自己決定の必要性を提起し、「人間の生存にとって不可欠な手段」また「基本的権利の 1 つ」として学習権を位置づけるなど、画期的な内容をもっています。

　以上のように、生涯にわたる学習権保障という考え方は、国際的に見ても共通のものとなっているといえます。都市化や情報化によって、わたしたちは学校で学ぶだけでは現代社会の変化についていけなくなってしまいました。また、社会の発展と引きかえに、世界各地で、少数の権力者によって多数の人びとが支配され、貧困や格差の苦しみのなかで悲しい紛争や戦争が起こっています。わたしたちは、学校教育で基礎を学ぶだけではなく、学校教育以外のあらゆる場を通して生涯にわたって学ばなければ、平和でゆたかな人生を送れない時代に生きているのです。UNESCO の生涯教育論や日本の社会教育制度の理念に示された生涯にわたる学習権保障の考え方は、現代社会を主体的にかつ幸せに生きぬく術を身につけるためには、不可欠なものなのです。

 ## ４　社会教育制度の権力統制的な側面

1　不当配転の原因は何か？

　さて、❸で学んだ社会教育制度の理念から考えてみると、一つの疑問が出てくると思います。それは、先の事例の片野氏は、社会教育の理念にもとづいて実践をすすめてきたのに、なぜ公民館から別部署に配転されなければなら

なかったのか、ということです。確かに、片野氏は子ども会の自主的な活動の
サポートに徹してきたのですから、その仕事ぶりは奨励されるべきものであっ
て、配転されなければならない理由はないはずです。

　この疑問を解こうとするとき、私たちは次のことを知っておく必要がありま
す。それは、社会教育制度には、実は、権力的な統制をすすめようとする性格
も強いということです。そのことが、片野氏の配転と関わっているのです。

　3では、社会教育制度の理念として、人びとの権利を保障しようとする性格
があることを説明しました。とはいえ、社会教育行政は、現実には国・地方自
治体といった権力の機関によって行われています。したがって、社会教育の制
度には、権力に近い人びとや組織の考えが大きく入り込まざるをえません。そ
れゆえ、社会教育の制度には、どうしても権力や国にとって都合のいい人間を
育てるために、社会教育を権力や国の方針に従わせようとするところが出てく
るのです。つまり、社会教育制度には、住民の願いに応える権利保障としての
性格もありますが、一方で権力統制的な性格もあるのです。

社会教育法

第5条（市町村の教育委員会の事務） 市（特別区を含む。以下同じ。）町
　村の教育委員会は、社会教育に関し、当該地方の必要に応じ、予算の範
　囲内において、次の事務を行う。

　一～十三（略）

　十四　青少年に対しボランティア活動など社会奉仕体験活動、自然体験
　　活動その他の体験活動の機会を提供する事業の実施及びその奨励に関
　　すること。

　十五～十九（略）

　2～3（略）

第13条（審議会等への諮問） 国又は地方公共団体が社会教育関係団体に
　対し補助金を交付しようとする場合には、あらかじめ、国にあつては文
　部科学大臣が審議会等（国家行政組織法（昭和二十三年法律第百二十号）
　第八条に規定する機関をいう。第五十一条第三項において同じ。）で政令
　で定めるものの、地方公共団体にあつては教育委員会が社会教育委員の
　会議（社会教育委員が置かれていない場合には、条例で定めるところに
　より社会教育に係る補助金の交付に関する事項を調査審議する審議会そ
　の他の合議制の機関）の意見を聴いて行わなければならない。

法的に見ても、例えば、国・地方自治体は、社会教育に関する事業をおこなうグループ（社会教育関係団体）に対して、条件付きで補助金を交付することが認められています（社会教育法13条）。これは、権力の機関が、補助金を通して、各地で活動する社会教育関係団体をコントロールするおそれのある規定です。また、同法では、市町村教育委員会の事務として、青少年に対する社会奉仕体験活動の提供を挙げています（同5条）。社会奉仕体験活動は、もともと2000年に、首相の諮問機関「教育改革国民会議」において提言されたものです。この提言の背景には、戦前の徴兵制や勤労奉仕や学徒動員を肯定する考え方がありました。つまり、この規定によって、子どもたちの自発的な思いを無視した強制的な事業が教育現場に持ち込まれるおそれが出てくるのです。

　こうした相反する二つの性格を持った制度の影響で、住民の学習権を保障するはずの社会教育行政は、たびたび権利保障とは正反対の行為を行っています。片野氏を他部署へ配転したことも、こうした行為の一つなのです。確かに、片野氏は、社会教育制度の理念にそった仕事をしていました。しかし、当時日本は、ベトナム戦争を進めるアメリカの基地となり原子力潜水艦や空母の日本への寄港など、ベトナム戦争と関わりを持っていました。したがって、『子ども新聞』での子どもたちの学びは、ベトナム戦争を支持する人びとから批判されるおそれがあったのです。当時の教育委員会の管理職は、そうした批判から身を守るために、子ども会の活動を否定し、それを援助していた片野氏を子どもたちから引き離そうとしたのだと考えられます。

　なお、片野氏が配転されたのは1968年でしたが、社会教育職員がその意志に反して他部署に配転される事件（不当配転）はたびたび起こっています[6]。ほかにも、社会教育制度と行政の権力統制的な性格が表れる事例としては、公民館などで企画された事業に行政が介入する現象やコラム14-3の事例などがあります[7]。

2　生涯学習政策と教育基本法改定

　以上のように、社会教育制度には、常に時の権力の方針に現場を従わせようとするところがありますが、この性格は今も変わらず続いています。

1980年代以降、日本でも国の臨時教育審議会によって「生涯学習体系への移行」が叫ばれるようになり、1990年には「生涯学習の振興のための施策の推進体制等の整備に関する法律」（生涯学習振興整備法）が施行されましたが、こうした生涯学習政策は、先に紹介したUNESCOの生涯教育の理念とは大きく性格の違うものでした。日本の生涯学習政策には大きく二つの特徴がありました。一つは、社会教育を市場に委ねようという性格です。このことにより、社会教育が営利目的の事業になり、それゆえに社会教育活動に関する料金が値上げされ、経済的に余裕のない人びとが学びづらくなるおそれが出てきました。もう一つは、社会教育の「上から」のコントロールを進めようとする性格です。生涯学習振興整備法は、社会教育制度の理念である市町村主義とは違い、都道府県主義の発想に立っています。これにより、市町村の社会教育行政が、各地域の事情よりも国や都道府県といった「上から」の意向に左右されやすくなるおそれが出てきました。

　この影響で、各地の社会教育行政は大きく変化していきました。そこでは、財政保障の後退、社会教育施設や事業の民営化、学ぶ者の自己負担の強化、行政による社会教育や住民の実践・学習活動への介入など、住民の学習権が侵害されかねない事態が起こっています。

　このように、近年の社会教育制度の権力的な統制には、社会教育を市場に委ねようという意図も含まれるようになりました。このことは、近年の法の改正によって一層強められています。

　まず、2006年に教育基本法が改定されました。社会教育に関係した条文についてもさまざまな変化がありました。例えば、新教育基本法で「図書館、博物館、公民館その他の社会教育施設の設置（傍点引用者）」とされている規定（12条）は、旧教育基本法では「図書館、博物館、公民館等の施設の設置」(7条)という表現でした。旧法と比較してみると、新法は、図書館・博物館・公民館以外の類の社会教育施設の設置を促進しようとしているものと読めます。近年の社会教育制度の動きから推測すれば、この規定によって、営利事業者による施設の運営や管理を、社会教育行政が「奨励」するという事態が起こりかねませ

近年、地域と学校の協働が制度的にも進められつつある。しかし、この制度を巡っては、社会教育や地域住民が学校教育の請け負い・補完を担わされたり、学校と地域の双方に権力支配が及んだりすることも懸念されている。それだけに、改めて学校と地域をつなぐことの意味を考え、本来的な学校と地域のつながりを創造することが求められている。そこで、このことについて考えるために、新潟県聖籠町の聖籠中学校で取り組まれた実践について紹介したい。

聖籠中の実践のきっかけは、中学校統合に伴う学校建設であった。1996 年、同町では「統合中学校建設推進委員会」を設置し、委員の多くを一般の町民に委嘱して、住民主体の学校づくりを大胆に進めた。委員会では 20 回以上の話し合いや先進地の視察をはじめとする学びを重ねていく。その結果、施設設備だけでなく、教育活動や地域のつながりのあり方にまで及ぶ構想を答申することとなった。答申を受け継ぎ、2001 年に聖籠中が開校し、教育改革が進められた。町教育委員会は住民参加を重視しつつ、学校の裁量を大幅に認めて改革を支えた。中学校敷地内に地域交流棟を設け、地域住民が常駐できるようにしたり、住民のボランティア組織「せいろう共育ひろば みらいのたね」をつくり、学校行事や活動の支援、地域交流棟の管理なども行うようにした。また、体験的な活動を中心に、住民が指導に関われるようにし、年間の実践の成果と課題を議論する場も設けた。

学校の教育活動についても大きな改革が行われた。各教科に専用の教室を設け、生徒が移動して授業を受けるようにする（教科センター方式）と同時に、従来の学級に加えて、ホームベースというもう一つの集団をつくり、生徒の学校での生活拠点を複数にした。教科指導だけでなく、人間関係づくりの苦手な生徒の居場所づくりにまで及ぶトータルな教育改革が目指されたのである。

以上から学校と地域をつなぐことの意味を 3 点に整理したい[8]。1 点目は、子どもの育ちをめぐる切実な課題を共有し、解決に向けて地域と手を結ぶことである。当時、聖籠町では青少年補導の件数が多く、課題の解決を求め、地域交流棟の設置などを通した学校と地域のつながりが重視された。地域交流棟には学校に居場所を見つけにくい生徒が安らぎを求めて訪れるようになった。教師と地域交流棟を管理する住民は相互に連絡をとり、生徒の多面的な理解に努めた。

2 点目は、子どもたちの問題解決を軸として、地域住民の育ち・地域づくりを見通すことである。町教育委員会の教育長（当時）の手島勇平さんには、子どもの問題の根底にはその地域の大人の問題があり、大人の育ちを抜きにして子どもをめぐる問題の解決はないという理解があった。住民たちは、調査審議の中で、学校は何のためにあるのか、21 世紀の学校はどう変わるべきかについて学び、地域の学校への思いを深めた。「みらいのたね」に加わった住民たちは、当初教師の仕事は「楽なものだろう」と思っていたが、子どものために超過勤務で努力をしている教師の姿を見て、考えを改めたという。

3 点目は、学校を子どもの育ちを保障するところにつくりかえることである。聖籠中の実践においては、学校と地域のつながりだけでなく、学校教育の運営や指導内容・方法の改革まで追求したことが特徴的であった。そのため、社会教育や地域住民に学校教育の請け負い・補完をただ担わせるだけの連携にとどまることがなかったと言える[9]。

ん。また、新教育基本法の「学校、家庭及び地域住民等の相互の連携協力」（13条）についても、同法2条の国に従順な国民育成に陥りかねない教育目標のもとでは、権力の支配を地域のすみずみに広げるネットワークづくりにつながるおそれがあります。新教育基本法は、基本的に生涯学習政策の流れを一層本格化するものであったといえます。

　近年では、地域学校協働活動やコミュニティ・スクールなどの地域と学校の協働を推進する法改正が行われるとともに（2017年）、社会教育施設の一般行政への移管（首長部局化）を可能とする法改正が行われています（2019年）。地域と学校の協働については、学校教育活動や学校運営への住民参加、子ども・青年が育つ地域の環境をつくりかえることを通して、学校をつくりかえる可能性もありますが、学校と地域の双方に権力の支配が浸透するおそれも大きく、大いに注意が必要です。社会教育施設の首長部局化についても、一部には社会教育とまちづくり・福祉など地域住民の生活に関わる他行政との連携を促すとして一定評価する考えもありますが、教育行政の一般行政からの独立がますます弱められ、社会教育施設が自治体首長のいわば「広報機関」と化してしまうおそれも大きいと考えられます。

 5　社会教育制度を発展させるために

　このように、今、社会教育制度の権力統制的な性格は強まってきています。また一方で、社会教育行政は縮小への道を歩んでおり、社会教育制度が本来もっている理念に忠実な実践が難しくなってきています。社会教育の制度は、まさに予断を許さない状況にさしかかっています。

　しかし、憲法26条その他の規定や、社会教育法の根幹である3条1項の規定は、まだ変更されずに残っています。学習権の理念や社会教育制度の理念そのものは、決して根本から否定されたわけではないのです。また、現代社会の大きな変動のなかでは、人びとは、学校教育だけでなく、生涯にわたって学ぶことがどうしても必要になっています。社会教育の存在意義は、今後ますます

大きくなることはあっても、小さくなることはないのです。社会教育の制度は、もっと充実させられなければなりません。

　このことを踏まえれば、社会教育制度の改善を、これからもあきらめずに追求していくことが必要です。では、社会教育制度を発展させるためには、何が

コラム 14-2　岡山市の公民館充実運動の取り組み

　社会教育法は社会教育制度の理念が示された重要な法だが、社会教育職員制度については、公民館主事が必置になっていないという弱点がある（27 条）。このため、全国の社会教育職員の多くは、厳しい労働条件で仕事をせざるをえない状況である。岡山市も例外ではなく、地区公民館はもともと、館長も職員も嘱託職員であった。このため、公民館職員の多くは、市の職員労働組合に加入し、労働条件改善の運動を 1980 年代から進めてきた。その特徴は、次の通りである。

　まず一つ目に、市民の生活課題や地域の課題に応える公民館実践を徹底して追求してきたことである。例えば、岡山市の公民館は、1989 年度から、婦人学級や婦人ボランティア教室に取り組み、女性の自立や生き方についての学びを積み重ねてきた。そこでは、公民館利用者が事業運営に主体的に参加する方式がとられた。この実践で育った女性たちは、絵本の読み聞かせ、公民館文庫活動、人形劇グループ、手話グループなど様々な形で地域の文化発展に貢献している。中には、市の男女共同参画の政策づくりに貢献した市民もいたとのことである。この事実は、公民館が地域の発展にとって不可欠なものであることを、住民と市行政の両方に理解させることにつながったと考えられる。

　二つ目は、こうした実践を行える専門的力量をつけるために、公民館職員が自主的な学習活動を積み重ねてきたということである。岡山市の公民館職員は、社会教育の専門誌を読む学習会、民間の社会教育研修会（社会教育研究全国集会）への参加、実践記録集づくり、公民館職員講座などを長年積み重ねてきた。そして、そこで学んだ成果を自らの実践に活かそうと努力してきたのである。

　三つ目は、実践を基礎につくられた職員と市民のネットワークをもとにして、公民館職員の専門職化を市当局に要求し続けたことである。公民館実践を通して信頼関係を深めた公民館職員と利用者たちは、1995 年「岡山市の公民館を考える会」を結成し、市民と職員とのネットワークと世論づくりに取り組んできた。また、「公民館を考えるつどい」、請願署名、団体交渉などを通して、公民館の充実を市に要求してきた。

　こうしたねばり強い運動の結果、2001 年度から公民館の嘱託職員は、将来的な正規職員への登用をも展望した「任期付職員」に順次切り替えられることになったのである。

　もっとも、この制度改善によって、問題の全てが解決されたわけではないだろう。しかし、この岡山市の公民館充実運動の歴史は、社会教育制度の改善のためには何が必要かを考える上で、大事なことをわたしたちに教えてくれる。

必要なのでしょうか。これまでの社会教育の歴史に学ぶならば、次のことが課題になるでしょう。

　まず一つ目に、社会教育関係者が、社会教育制度の理念に忠実な実践を、現場で可能な限り追求することです。特に、一人ひとりの住民の願い、地域社会の課題を正確につかみ、それにもとづいた実践をできる限り追求するよう努力することが大切です。今日の制度の枠内では、困難も多いと思いますが、こうした中でも可能な実践を追求すること、また実践的な力量をつけるために学び続けることが、住民との信頼関係の構築につながります。

コラム 14-3　九条俳句不掲載事件と大人の学習権

　さいたま市立X公民館では、同館で活動していたA俳句会（以下、句会）が選出するすぐれた俳句（秀句）を公民館だよりに掲載するということを、2010年11月以降続けていた。しかし、2014年6月、メンバーの1人が詠んだ「梅雨空に「九条守れ」の 女性デモ」（以下、九条俳句）を秀句として句会が選出したところ、公民館だよりへの掲載を拒否されるということが起こった。句会は、九条俳句を掲載するよう何度も公民館に要望したが、公民館は公正中立等を理由にそれを拒否した。そのため、作者が原告となり、さいたま市を相手取って、九条俳句の公民館だよりへの掲載と損害賠償を求めて、裁判が行われた。2017年10月のさいたま地裁判決、また2018年5月の東京高裁の判決を経て、2018年12月に最高裁への上告が棄却されたことにより、高裁による判決が確定した。判決では、公民館だよりへの掲載の請求は認められなかったものの、正当な理由なく不掲載としたことの違法性が認定され、損害賠償請求が認められた。

　この九条俳句不掲載事件の判決において重要なのは、旭川学テ裁判最高裁判決の「学習権は、憲法26条に基づき、国民各自が、一個の人間として、また，一市民として、成長、発達し、自己の人格を完成、実現するために必要な学習をする権利であり、……」という見解を引きながら、「大人についても、憲法上、学習権が保障されるというべき」として、「大人の学習権」が憲法上の権利であることを認めた点である。それと関わって、高裁の判決では、住民が公民館を利用して社会教育活動を実現するにあたっては、公正に取り扱うべき職務上の義務を公民館の職員は負うため、学習成果を発表した住民の思想・表現の自由は最大限尊重されることが示されている。意見の対立（この場合は憲法改正をめぐる対立）があることを理由に、その事柄に関する意見を含む住民の学習成果の発表が、そのような意見を含まない学習成果の発表と比べて不公正な取扱いをされることは、許されないことであるともしている。

　このように、大人にも学習を通じて成長・発達する権利があり、それが保障されなければならないことが、地道な裁判を通じて明らかになったのある。

二つ目は、社会教育関係者と住民の信頼関係をもとにして、社会教育制度を変えていくための世論を高めていくことです。実践を軸に築かれた信頼関係は、社会教育制度を変えていく上での基礎になります。社会教育関係者が住民との幅広く確かな信頼関係をつくっていれば、制度改善の必要を関係者が訴えた時、これを多くの住民に理解してもらうことが可能となるでしょう。こうして形づくられた世論の高まりは、社会教育制度の改善に向けて大きな力となるのです。

　先述の浦和市公民館での事例や岡山市の公民館充実運動［▶コラム14-2］は、上記の二つのことの大切さを物語っています。浦和市の事例では、片野氏が子どもたちの活動への援助を通して、子どもや地域住民からの厚い信頼を得ていたからこそ、片野氏が配転を内示された時、片野氏を守ろうと多くの住民が立ち上がったと考えられます。また、岡山市の事例では、公民館職員が住民のために実践を積み重ねてきたことが、住民とのネットワークによる公民館充実運動の発展につながったと考えられます。

　わたしたちには、こうした社会教育の歴史に学びながら、社会教育の制度改善に向けた努力を積み重ねることが求められているのです。

【注】
(1) ここで述べられている内容は、2011年度当時のものです。
(2) 図書館とは、図書や記録などの資料を収集・整理・保存して、一般公衆が利用できるようにすることで、一般公衆の学習に役立てることを目的とする施設です（図書館法2条）。
(3) 博物館とは、歴史、芸術、民俗、産業、自然科学などに関する資料を収集・保管・展示することで、一般公衆の学習に役立てるとともに、これらの資料に関する調査研究を行うことを目的とする施設です（博物館法2条）。
(4) 公民館とは、一定区域内の住民の学習のための施設で、教養の向上、健康の増進、情操の純化、生活文化の振興、社会福祉の増進を目的とした施設です（社会教育法20条）。
(5) 「醸成」とは、機運・雰囲気などを次第につくり出すという意味です（『広辞苑（第5版）』）。社会教育法3条1項にこの言葉が使われているところに、社会教育の制度がいかに住民の自主的な学習・教育を大切に考えているかがうかがえます。
(6) 例えば、東京都保谷市（現西東京市）で社会教育主事として勤務していた藤野孝一氏が、年度途中の1996年7月に、突然一般行政部局（総務部庶務課情報公開係）に配転された事件があります。

(7) 例えば、2005 年、東京都国分寺市で、公民館と市民が企画した連続講座（文部科学省の委託事業「人権教育推進のための調査研究事業」）に対して、都の教育委員会が講師人選（ジェンダー研究で著名な上野千鶴子氏）を「ふさわしくない」とした事件があります。結果として、国分寺市は、事業の実施を断念しました。

(8) 中山弘之「学校と地域をつなぐ」（『月刊社会教育』第 723 号、国土社、2016 年 8 月、50-53 ページ）参照。

(9) なお、教育長を務めた手島氏は、かつては同町の公民館主事として地域住民の社会教育実践を支えてきました。学校と地域をつなぐ上で、住民の主体形成を支える社会教育行政・施設と職員の存在は不可欠なものであり、聖籠中の実践の基盤には住民の学びとそれを支えた社会教育がありました。

【引用・参考文献】

・姉崎洋一「社会教育の法と行政—社会教育法の理念と『改正』問題の現段階」小川利夫・新海英行編『新社会教育講義』大空社、1991 年、78－104 ページ。

・荒井文昭「社会教育主事・藤野孝一さんの取り組みから学んだこと」『月刊社会教育』第 565 号、国土社、2002 年 11 月。

・岡山市職員労働組合公民館職員の会編『市民が輝き、地域が輝く公民館』エイデル研究所、2002 年。

・片野親義『社会教育における出会いと学び』ひとなる書房、2002 年、62－103 ページ。

・小川利夫『社会教育と国民の学習権』勁草書房、1973 年。

・小川利夫『生涯教育と社会教育（小川利夫社会教育論集第一巻）』亜紀書房、1997 年、361－369 ページ。

・新海英行「現代生涯学習の創造と展開」新海英行・牧野篤編著『現代世界の生涯学習』大学教育出版、2002 年、1－15 ページ。

・長澤成次『現代生涯学習と社会教育の自由』学文社、2006 年。

・中山弘之「学校と地域をつなぐ教育政策の検討—2015 年 12 月の中央教育審議会答申を中心に—」地方教育行政組織改革と「共同統治」に関する理論と実践の総合的研究（科学研究費補助金（基盤研究（B））研究成果最終報告書　研究代表者　坪井由美）』、2017 年、123－127 ページ。

・中山弘之「学校と地域をつなぐ」『月刊社会教育』第 723 号、国土社、2016 年 8 月。

・中山弘之「社会教育行政における社会教育事業——その位置と存在意義について」『月刊社会教育』第 662 号、国土社、2010 年 12 月。

・中山弘之「社会教育行政の一般行政化」日本教育法学会編『教育法の現代的争点』法律文化社、2014 年、296－299 ページ。

・日本教育法学会教育基本法研究特別委員会編『教育の国家統制法』母と子社、2006 年。

・藤野孝一「不当配転撤回運動の締くくりに」『月刊社会教育』第 565 号、国土社、2002 年 11 月。

・古谷健太「藤野さんの不当配転撤回運動に関わらざるを得なくなって」『月刊社会教育』第 563 号、国土社、2002 年 9 月。

・「〈資料〉国分寺市人権講座講師拒否問題関連年表」『月刊社会教育』第609号、国土社、2006 年 7 月。

第15講 ゆたかな教育制度を創造するために

本講では、これまで学んできたことをふり返りながら、教育制度の本質とは何か、教育制度を創造的に発展させるには何が必要かなどについて述べていきます。そのことで、本書のまとめに代えたいと思います。

1 教育制度がもつ二つの顔——教育制度の本質

本書ではここまで、教育制度の基本を身につけるために、さまざまな事例も紹介しながら、さまざまな教育法と教育制度について解説してきました。これまでの説明を踏まえてまとめるならば、教育制度には、大きく見て二つの顔があることがわかるのではないでしょうか。

一つは、国民の学習権を保障しようという顔です。そして、もう一つは、教育の権力的な統制を進めようとする顔です。ここでは、本書で説明してきた内容の中から、三つ例をあげて説明します。

一つ目の例は教科書の制度です。第9講や第11講で述べたように、現在、義務教育で使用する教科書は無償となっており、家庭が貧しくても、子どもは教科書を手に入れて学ぶことができます。つまり、教科書制度は、この点では、すべての子どもの学習権が保障されるようになっているといえます。しかし、第4講、第11講で述べたように、教科書は、一方で、文部科学大臣が示す学習指導要領にしたがって作成されています。しかも、教科書は、文部科学大臣による教科書検定を通して、国にとって都合のよい内容に書き直させられることも

あります。しかも、公立の義務教育での教科書採択については、現在では、ある程度広い規模の地区内で同じ教科書を採択する制度となっています。この点では、教科書制度は、権力的な統制を受けやすくなっており、学校現場が子どもの地域的な状態に合わせて自主的に編成したり、どんな教科書を使用するかを自分たちで決めることは、とても難しくなっています。このように、教科書の制度は、一方ではすべての子どもの学習権を保障する顔を持っていますが、他方で学校現場への権力的な統制を進め、学習権を侵そうとする顔も持ちあわせているのです。

　二つ目は学校の制度です。学校教育法１条にもとづいて設置される学校は、学校設置者管理主義、学校設置者負担主義の考え方が採られています。これは、国と地方自治体の管理、負担と援助によって、すべての国民が学校で学ぶ権利を体系的に保障するためのものです。しかし、こうした管理、負担と援助によって、学校での教育がかえって画一的なものになってしまい、結果として学校に適応できない子どもたちが出てきている側面もあります。また、学習指導要領による教育内容の拘束や、任命制教育委員会制度のもとで、学校現場が強い権力的統制を受けていることも事実です［▶第７講、第11講］。

　三つ目は社会教育の制度です。第14講で述べたように、社会教育制度は、社会教育法３条１項その他の規定によって、住民の自由で自主的な学習をサポートするという形で、生涯にわたる学習権を保障しようという理念を持っています。しかし、一方で社会教育法は、社会教育関係団体への補助金の交付や青少年への社会奉仕体験活動の提供など、住民・子どもの自主性や社会教育事業への権力の介入を許すような規定も持ちあわせています。このため、社会教育職員が不当に配転されたり、社会教育施設で企画された事業内容に教育委員会などが介入するなどの事態も起こっています。

　このような二つの顔を持つ教育制度は、一方で学習権を保障しようとする積極的な法や条文を持っています。しかし他方で、教育制度は、権利保障の理念が徹底されていない法・条文や、権力的な介入によって教育現場での自由な創意工夫を制限する法と条文も抱えています。こうした二つの性格を持っている

ということが、現代社会の教育制度の本質として指摘できるでしょう。

　では、この本質を踏まえた場合、教師や社会教育関係者は教育制度に対してどのような姿勢を持てばよいのでしょうか。この問いに対する答えは、第1講で提起した「教育制度に対する忠実性と主体性・創造性」と関わってきます。

　まず、日本の教育制度のうち、学習権を保障しようとしている部分については、その制度に沿った教育実践に取り組む必要があります。つまり、教育制度に対する忠実な姿勢が求められます。

　しかし、教育制度のうち、権力によって現場の教育に「不当な支配」をしたり、学習権を侵害しかねない部分については、こうした意図に呑み込まれないように十分に注意しなくてはいけません。そして、学習権を保障できる制度を創造する主体的な努力が必要になってきます。つまり、教育制度に対する主体的かつ創造的な姿勢が求められるのです。

　このように、ここでは、教師や社会教育関係者は、教育制度のもつ二つの顔を十分に理解すべきこと、その顔にあわせた対応が必要であることを指摘しておきたいと思います。

❷　教育制度の創造的な発展のために

1　学習権の思想をよりどころにして

　かつて日本の教師や社会教育関係職員たちは、教育制度が厳しい状況に陥った時も、日本国憲法、子どもの権利条約とともに、何よりも旧教育基本法をよりどころにして、子ども・青年・住民のために実践を重ねてきました。しかし、今日では、その旧教育基本法も改定されてしまい、新教育基本法の理念にもとづく下位法の改正が進んでいます。それだけではなく、戦後日本の発展のよりどころであった憲法そのものを改正しようという政治的な動きも出はじめています。

　新教育基本法は、第5講、第14講などでも述べたように、これまで以上に、教育現場の権力的な統制と市場化を推し進めようとする性格をもっています。

しかも、同法は、こうした教育体制の下で学ぶ子どもたちに対しても、間接的に「学校生活を営む上で必要な規律を重んずる」こと（6条）を迫っています。つまり、今日の教育制度は、それが持っている二つの顔のうち、権力的な統制の方に大きく傾きつつあります。このままでは、子どもにとっても、教員にとっても、学校はますます「息苦しい」場所になってしまうでしょう。

　このように、今日では、法の規定をよりどころにするだけでは、なかなかゆたかな学びを見通しづらい状況に陥りつつあります。

　しかし、それでも、教育の仕事に就く者にとっては、子ども・青年・住民の発達を保障したいという願いは捨てられないのではないでしょうか。したがって、現時点では法がこのような状況であっても、学ぶ人びとや教師・社会教育関係者が希望を持てるような教育制度の実現を、できる限り目指していきたいものです。

　では、このように考えたとき、教育の道を志す者は、一体なにをよりどころにしていけばよいのでしょうか。この点についてわたしたちは、戦後教育学の大きな成果として生み出された学習権の思想が、これからの大きなよりどころになると考えています。学習権は、単なる憲法 26 条などの条文解釈の理論ではなく、逆に憲法の諸条文を共通に支える人権思想の一つに位置づけられます［▶コラム 5-1］。つまり、この考え方に従えば、憲法や教育法に規定がないとしても、人間なら誰でも、生まれながらにして学習権を持っているといえるのです。ですから、教育基本法をはじめとした多くの教育制度が厳しい状況に陥り、かつ憲法改正への動きも出かねない現在、それでも子ども・青年・住民がゆたかに学べる制度を整えようとするならば、人権としての学習権思想をよりどころにするしかないのです。法の規定をよりどころにしづらい状況となっている今こそ、学習権の思想があらためて評価され、発展させられるべき時ではないかと思われます。

　具体的には、新教育基本法をはじめとした教育法を、できる限り学習権の思想や憲法の理念にもとづいて解釈し運用していく。また、権利侵害のおそれがある法や制度については、学習権思想や憲法の理念にもとづいたものに改めて

いく。これらが、教育制度の発展のためには必要ではないかと考えられます。

2　ゆたかな教育制度の創造に向けて

　では、学習権の思想にもとづいた教育制度の解釈・運用または制度の改善に向けては、どのようなことが必要でしょうか。本書では、この点についても、各講で追究しようと努めました。その結果わかってきたことは、次の二つです。

　まず一つ目は、学習権保障に向けた教育制度の解釈・運用または改善を求めて声を上げ、世論づくりを進めていくことです。

　本書の例でいえば、養護学校の義務制を求める障害児とその保護者、教師、医療関係者、研究者の運動［▶コラム 8-1］などです。この運動では、学校教育法における就学義務の猶予・免除の規定のために、義務教育から切り離された重度の知的障害児の学習権を保障するための取り組みが 1960 年代から始まりました。その結果、1979 年に学校教育法が改正され、養護学校の義務制が実現しました。

　ただし、ゆたかな教育制度を創造するためには、こうした社会運動的な努力だけが大事なのではありません。すなわち、二つ目に、子ども・青年や住民の学習権を保障しようとする教育実践に地道に取り組んでいくこともまた重要なのです。これは、次の①②の二つの意味で大切だと考えられます。

　①子ども・青年や住民の学習権を保障しようと教師・社会教育関係者が努力すれば、実際に子ども・青年・住民が成長・発達していくなかで、彼らは教師・社会教育関係者に対して信頼感を持つようになるでしょう。もちろん、今日の教育制度のなかでは、学習権を十分に保障するような教育実践が難しい場合もあります。しかし、そのことは、教育関係者にとっても、住民にとっても、今の教育制度のどこに問題があるのかを知るきっかけになるでしょう。そして何より、教師・社会教育関係者が誠実に実践に取り組む姿こそが、住民との信頼関係の基礎になるのです。

　教師・社会教育関係者と住民との信頼関係は、教育制度改善への世論づくりにはとても大切です。つまり、よりよい教育制度を創ろうという世論を高める

上では、「住民の学習権保障のためには制度の改善が必要である」という考え方を、多数の人びとが共有していることが必要です。しかし、教師・社会教育関係者が実践を通して住民から確かな信頼を得ていなければ、制度改善の必要を教師・社会教育関係者が訴えても、これを多くの住民に理解してもらうことはできないでしょう。そうすると、結局、教育制度の改善を求める世論は十分に広まりません。このように、教育制度の改善を実現していくうえでは、信頼関係を基礎とした世論の高まりが必要と考えられます。

岡山の公民館充実運動は、このことの大切さを示しています [●コラム 14-2]。岡山市で公民館職員の正規職員化が実現できたのは、公民館職員たちが日頃から住民の生活課題に応える実践を積み重ねることで、住民と公民館職員との強い信頼関係が築かれていたからだと考えられるのです。こうした信頼関係があってこそ、住民の世論を背景にして、ねばり強い運動を進めることができたのです。また、先述の養護学校義務制を求める運動も教育実践の積み重ねが基礎にすえられています。

②教育関係者が子ども・青年・住民の学習権を保障しようとする教育実践を積み重ねていけば、そのなかで、教育条理法、教育慣習法、教育判例法など、新たな教育に関する不文法がつくられていく可能性が生まれます（もっとも、教育判例法の場合は、教育実践への権力的な介入がきっかけとなった教育裁判のなかで形づくられる場合が多いので、本来ならばこのような事態は頻繁には起こってほしくはないのですが）。教育に関する不文法は、教育制度の解釈をゆたかにする基盤にもなりますし、よりよい教育制度を構想するうえでの現実的な土台になります [●第 3 講]。

東京都の七生養護学校事件をめぐる「こころとからだの学習」裁判の判決（2009 年の東京地裁判決、2011 年の東京高裁判決、2013 年の最高裁判決）などは、教育判例法の例としてあげられます [●コラム 7-2]。これらの判決では、政治的な主義・信条にもとづく教育現場への介入が「不当な支配」にあたるとしており、憲法 23、26 条や新教育基本法 16 条の解釈を深める上で、大きな役割を果たすでしょう。

また、滋賀県の島小学校での子どもの権利憲章づくり［●第2講］は、教育慣習法の例としてあげられます。この実践で確認されたルールが全国各地で一般化していけば、その先に、子どもの権利を大切にした新たな法や制度の創造を展望できる可能性が生まれるのです。

　以上、ゆたかな教育制度を創造するために必要なことを2点にわたって述べました。要約すれば、社会運動的な努力とともに、教育実践的な努力が、教育制度の創造のためには大切ではないか、ということです。これらは、戦後日本の教育運動、地方自治体職員たちの運動の双方が大切にしてきたことでもあります。

　今日の社会では、格差社会が進行し、貧困や非正規雇用に悩んでいる人びとがいます。また、強権的な政治や行政が展開され、民主主義が根本から揺さぶられようとしています。もちろん、こうした事態を変えようと努力している人びとも数多くいますが、現段階では、声を上げればすぐに良い方向へ変わる状況ではないかも知れません。教育制度に関しても、同じことがいえるかも知れません。しかし、本書の各講で紹介してきた教育制度発展に向けての様々な努力は、厳しい状況のなかでも、誠実に教育実践に取り組み、地道にねばり強く声を上げ続けることの積み重ねが、制度を学習権保障の方向へ動かす大きな力を生み出すことを明らかにしています。すべては、学習権保障に向けた地道な教育実践の裏づけを得た、住民と職員の信頼関係づくりからはじまります。このことへの確信が、今日、わたしたちには求められているのではないでしょうか。

 3　教師を目指すみなさんへ

　そこで、各講と本講で説明してきたことを踏まえて、最後に、教師を目指すみなさんに対するわたしたちの願いを述べて、本書を締めくくりたいと思います。

　まず一つ目に、常にすべての子ども・青年の学習権を保障しようとする教師

であってほしいと思います。特に、困難や問題を抱える子ども・青年と出会っても、決して見捨てることなく、彼らのためにできる限りの努力ができる教師であってほしいと願っています。今日の子ども・青年に立ちはだかっている現実が現代社会のなかでつくり出されているものだとすれば、それを教育の力だけで解決することはそう簡単ではないでしょう。しかし、それでも、経済的に苦しい状況の子ども・青年、課題を抱えた子ども・青年のために教師にできることは、まだ数多く残されていると考えられます。子ども・青年に希望を育てる努力が、先人の遺産を後世に受け継ぐことにつながるのではないでしょうか。

　とはいえ、教師が子ども・青年の学習権保障に実践的に努力しても、現時点においては、大きなカベにぶつかることも多いと思われます。そんなとき、読者のみなさんには、そのカベを乗り越える様々な工夫に取り組むと同時に、教育実践が直面するカベの背景には、本書の各講で説明してきたように、多かれ少なかれ教育制度の問題がついてまわっていることを知ってほしい。そうわたしたちは考えています。そのことがわかれば、カベにぶつかったとしても、今教師として何をすべきかについて考えやすくなりますし、何よりも気持ちが少しは楽になるのではないでしょうか。すなわち、みなさんにはぜひ、教育実践のあり方だけではなく、教育制度のあり方にも関心を持てる教師になってほしいということです。これが、二つ目の願いです。

　そして、三つ目に、教育制度の問題点を知った時、仲間の教職員や住民などとつながりながら、制度の問題について主体的に声を上げられる教師であってほしいとわたしたちは願っています。子どもの権利条約の表現に例えていえば、みなさんには、教育制度のあり方について「意見表明」ができる教師になってほしいということです。先ほど述べたように、子ども・青年のための教育実践に努力をするなかで立ちはだかるカベには、教育制度の問題が隠されている場合が多いと考えられます。そんな時、みなさんには、実践上のカベをつくる要因となっている教育制度上の問題について冷静に分析するとともに、こうした制度の問題を何とかしようと前向きに考えることのできる人であってほし

いと思います。また、いざという時に、仲間や住民とつながれるように、日頃から同僚や保護者・住民と子ども・青年の姿について意見を交流し、対等な信頼関係づくりに向けて努力できる教師であってほしいと思います。実践や仕事について交流できる仲間というものは、本当に心強いものです。

　わたしたちは、読者のみなさんが、常に子ども・青年・住民の味方に立つ教師として社会へ巣立ってくださることを、心から願っています。

教育基本法対照表——旧1947年法と現行2006年法

旧　教育基本法 (1947年3月31日　法律第25号)	新　教育基本法 (2006年12月22日　法律第120号)
われらは、さきに、日本国憲法を確定し、民主的で文化的な国家を建設して、世界の平和と人類の福祉に貢献しようとする決意を示した。この理想の実現は、根本において教育の力にまつべきものである。 　われらは、個人の尊厳を重んじ、真理と平和を希求する人間の育成を期するとともに、普遍的にしてしかも個性ゆたかな文化の創造をめざす教育を普及徹底しなければならない。 　ここに、日本国憲法の精神に則り、教育の目的を明示して、新しい日本の教育の基本を確立するため、この法律を制定する。	我々日本国民は、たゆまぬ努力によって築いてきた民主的で文化的な国家を更に発展させるとともに、世界の平和と人類の福祉の向上に貢献することを願うものである。 　我々は、この理想を実現するため、個人の尊厳を重んじ、真理と正義を希求し、公共の精神を尊び、豊かな人間性と創造性を備えた人間の育成を期するとともに、伝統を継承し、新しい文化の創造を目指す教育を推進する。 　ここに、我々は、日本国憲法の精神にのっとり、我が国の未来を切り拓く教育の基本を確立し、その振興を図るため、この法律を制定する。
第1条（教育の目的）　教育は、人格の完成をめざし、平和的な国家及び社会の形成者として、真理と正義を愛し、個人の価値をたつとび、勤労と責任を重んじ、自主的精神に充ちた心身ともに健康な国民の育成を期して行われなければならない。	**第1章　教育の目的及び理念** （教育の目的） 第1条　教育は、人格の完成を目指し、平和で民主的な国家及び社会の形成者として必要な資質を備えた心身ともに健康な国民の育成を期して行われなければならない。
第2条（教育の方針）　教育の目的は、あらゆる機会に、あらゆる場所において実現されなければならない。この目的を達成するためには、学問の自由を尊重し、実際生活に即し、自発的精神を養い、自他の敬愛と協力によつて、文化の創造と発展に貢献するように努めなければならない。	（教育の目標） 第2条　教育は、その目的を実現するため、学問の自由を尊重しつつ、次に掲げる目標を達成するよう行われるものとする。 　一　幅広い知識と教養を身に付け、真理を求める態度を養い、豊かな情操と道徳心を培うとともに、健やかな身体を養うこと。 　二　個人の価値を尊重して、その能力を伸ばし、創造性を培い、自主及び自律の精神を養うとともに、職業及び生活との関連を重視し、勤労を重んずる態度を養うこと。 　三　正義と責任、男女の平等、自他の敬愛と協力を重んずるとともに、公共の精神に基づき、主体的に社会の形成に参画し、その発展に寄与する態度を養うこと。 　四　生命を尊び、自然を大切にし、環境の保全に寄与する態度を養うこと。 　五　伝統と文化を尊重し、それらをはぐくんできた我が国と郷土を愛するとともに、他国を尊重し、国際社会の平和と発展に寄与する態度を養うこと。
（新設）	（生涯学習の理念） 第3条　国民一人一人が、自己の人格を磨き、豊かな人生を送ることができるよう、その生涯にわたって、あらゆる機会に、あらゆる場所において学習することができ、その成果を適切に生かすことのできる社会の実現が図られなければならない。
第3条（教育の機会均等）　すべて国民は、ひとしく、その能力に応ずる教育を受ける機会を与えられなければならないものであつて、人種、信条、性別、社会的身分、経済的地位又は門地によつて、教育上差別されない。 2　国及び地方公共団体は、能力があるにもかかわらず、経済的理由によつて修学困難な者に対して、奨学の方法を講じなければならない。	（教育の機会均等） 第4条　すべて国民は、ひとしく、その能力に応じた教育を受ける機会を与えられなければならず、人種、信条、性別、社会的身分、経済的地位又は門地によって、教育上差別されない。 2　国及び地方公共団体は、障害のある者が、その障害の状態に応じ、十分な教育を受けられるよう、教育上必要な支援を講じなければならない。 3　国及び地方公共団体は、能力があるにもかかわらず、経済的理由によって修学が困難な者に対して、奨学の措置を講じなければならない。

第4条（義務教育）　国民は、その保護する子女に、九年の普通教育を受けさせる義務を負う。 2　国又は地方公共団体の設置する学校における義務教育については、授業料は、これを徴収しない。	第2章　教育の実施に関する基本 （義務教育） 第5条　国民は、その保護する子に、別に法律で定めるところにより、普通教育を受けさせる義務を負う。 2　義務教育として行われる普通教育は、各個人の有する能力を伸ばしつつ社会において自立的に生きる基礎を培い、また、国家及び社会の形成者として必要とされる基本的な資質を養うことを目的として行われるものとする。 3　国及び地方公共団体は、義務教育の機会を保障し、その水準を確保するため、適切な役割分担及び相互の協力の下、その実施に責任を負う。 4　国又は地方公共団体の設置する学校における義務教育については、授業料を徴収しない。
第5条（男女共学）　男女は、互に敬重し、協力し合わなければならないものであつて、教育上男女の共学は、認められなければならない。	（全部削除）
第6条（学校教育）　法律に定める学校は、公の性質をもつものであつて、国又は地方公共団体の外、法律に定める法人のみが、これを設置することができる。 2　法律に定める学校の教員は、全体の奉仕者であつて、自己の使命を自覚し、その職責の遂行に努めなければならない。このためには、教員の身分は、尊重され、その待遇の適正が、期せられなければならない。	（学校教育） 第6条　法律に定める学校は、公の性質を有するものであって、国、地方公共団体及び法律に定める法人のみが、これを設置することができる。 2　前項の学校においては、教育の目標が達成されるよう、教育を受ける者の心身の発達に応じて、体系的な教育が組織的に行われなければならない。この場合において、教育を受ける者が、学校生活を営む上で必要な規律を重んずるとともに、自ら進んで学習に取り組む意欲を高めることを重視して行われなければならない。
（新設）	（大学） 第7条　大学は、学術の中心として、高い教養と専門的能力を培うとともに、深く真理を探究して新たな知見を創造し、これらの成果を広く社会に提供することにより、社会の発展に寄与するものとする。 2　大学については、自主性、自律性その他の大学における教育及び研究の特性が尊重されなければならない。
（新設）	（私立学校） 第8条　私立学校の有する公の性質及び学校教育において果たす重要な役割にかんがみ、国及び地方公共団体は、その自主性を尊重しつつ、助成その他の適当な方法によって私立学校教育の振興に努めなければならない。
（再掲）　第6条 2　法律に定める学校の教員は、全体の奉仕者であつて、自己の使命を自覚し、その職責の遂行に努めなければならない。このためには、教員の身分は、尊重され、その待遇の適正が、期せられなければならない。	（教員） 第9条　法律に定める学校の教員は、自己の崇高な使命を深く自覚し、絶えず研究と修養に励み、その職責の遂行に努めなければならない。 2　前項の教員については、その使命と職責の重要性にかんがみ、その身分は尊重され、待遇の適正が期せられるとともに、養成と研修の充実が図られなければならない。
（新設）	（家庭教育） 第10条　父母その他の保護者は、子の教育について第一義的責任を有するものであって、生活のために必要な習慣を身に付けさせるとともに、自立心を育成し、心身の調和のとれた発達を図るよう努めるものとする。 2　国及び地方公共団体は、家庭教育の自主性を尊重しつつ、保護者に対する学習の機会及び情報の提供その他の家庭教育を支援するために必要な施策を講ずるよう努めなければならない。

（新設）	（幼児期の教育） 第11条　幼児期の教育は、生涯にわたる人格形成の基礎を培う重要なものであることにかんがみ、国及び地方公共団体は、幼児の健やかな成長に資する良好な環境の整備その他適当な方法によって、その振興に努めなければならない。
第7条（社会教育）　家庭教育及び勤労の場所その他社会において行われる教育は、国及び地方公共団体によつて奨励されなければならない。 2　国及び地方公共団体は、図書館、博物館、公民館等の施設の設置、学校の施設の利用その他適当な方法によつて教育の目的の実現に努めなければならない。	（社会教育） 第12条　個人の要望や社会の要請にこたえ、社会において行われる教育は、国及び地方公共団体によって奨励されなければならない。 2　国及び地方公共団体は、図書館、博物館、公民館その他の社会教育施設の設置、学校の施設の利用、学習の機会及び情報の提供その他の適当な方法によって社会教育の振興に努めなければならない。
（新設）	（学校、家庭及び地域住民等の相互の連携協力） 第13条　学校、家庭及び地域住民その他の関係者は、教育におけるそれぞれの役割と責任を自覚するとともに、相互の連携及び協力に努めるものとする。
第8条（政治教育）　良識ある公民たるに必要な政治的教養は、教育上これを尊重しなければならない。 2　法律に定める学校は、特定の政党を支持し、又はこれに反対するための政治教育その他政治的活動をしてはならない。	（政治教育） 第14条　良識ある公民として必要な政治的教養は、教育上尊重されなければならない。 2　法律に定める学校は、特定の政党を支持し、又はこれに反対するための政治教育その他政治的活動をしてはならない。
第9条（宗教教育）　宗教に関する寛容の態度及び宗教の社会生活における地位は、教育上これを尊重しなければならない。 2　国及び地方公共団体が設置する学校は、特定の宗教のための宗教教育その他宗教的活動をしてはならない。	（宗教教育） 第15条　宗教に関する寛容の態度、宗教に関する一般的な教養及び宗教の社会生活における地位は、教育上尊重されなければならない。 2　国及び地方公共団体が設置する学校は、特定の宗教のための宗教教育その他宗教的活動をしてはならない。
第10条（教育行政）　教育は、不当な支配に服することなく、国民全体に対し直接に責任を負つて行われるべきものである。 2　教育行政は、この自覚のもとに、教育の目的を遂行するに必要な諸条件の整備確立を目標として行われなければならない。	第3章　教育行政 （教育行政） 第16条　教育は、不当な支配に服することなく、この法律及び他の法律の定めるところにより行われるべきものであり、教育行政は、国と地方公共団体との適切な役割分担及び相互の協力の下、公正かつ適正に行われなければならない。 2　国は、全国的な教育の機会均等と教育水準の維持向上を図るため、教育に関する施策を総合的に策定し、実施しなければならない。 3　地方公共団体は、その地域における教育の振興を図るため、その実情に応じた教育に関する施策を策定し、実施しなければならない。 4　国及び地方公共団体は、教育が円滑かつ継続的に実施されるよう、必要な財政上の措置を講じなければならない。
（新設）	（教育振興基本計画） 第17条　政府は、教育の振興に関する施策の総合的かつ計画的な推進を図るため、教育の振興に関する施策についての基本的な方針及び講ずべき施策その他必要な事項について、基本的な計画を定め、これを国会に報告するとともに、公表しなければならない。 2　地方公共団体は、前項の計画を参酌し、その地域の実情に応じ、当該地方公共団体における教育の振興のための施策に関する基本的な計画を定めるよう努めなければならない。
第11条（補則）　この法律に掲げる諸条項を実施するために必要がある場合には、適当な法令が制定されなければならない。	第4章　法令の制定 第18条　この法律に規定する諸条項を実施するため、必要な法令が制定されなければならない。
附則（省略）	附則（省略）

さくいん

あ行

愛国心　20,72,74,83,86,87,92,107
旭川学テ裁判最高裁判決　47,62,92,122
家永教科書裁判東京地裁判決　47
意見表明権　24,28,32,88
一条校　98,101-103,147

か行

学習権　17,18,26,27,43,76,77,106,107,112,118,119,
　122,123,129,139,140,147,155,158,172,175,207,208,
　210,211,213
学習権宣言　43,77,208,209
学習指導要領　43,46,50,53-54,57,58,61-63,76,87,105-
　107,162,170,175,220
各種学校　100,101,105
学問の自由　77,82,91
学校　18,75,97,98,111,112,114
学校教育法　41,45,97,98,100-105,115,117,118,120-
　123,130,146,147,178,191
学校教育法1条　97
学校教育法2条　102
学校教育法5条　103,104
学校教育法6条　105,121
学校教育法33条　52
学校教育法34条　54
学校教育法53条　109
学校教育法54条　109
学校教育法施行規則　42,48,52,120,124,147,150,152,
　194
学校教育法施行令　42,122
学校設置者　16,97,102-105
学校設置者管理主義　103,104,220
学校設置者負担主義　103-105,193,220
学校選択制　20,122
学校の公の性質　97,101-103,198
学校法人　102,103,105,196
環境醸成　206
基本的人権　17,25,26,65,68,69,76,84,91,147,196
義務教育　15,41-43,45,69,85,99,111-115,126-129,
　132,134,139,147,180,190,191,220,223

義務教育諸学校　15,16,19,42,45,56,105,112,117,121,
　147,148,170
　　——の教科用図書の無償措置に関する法律→
　　教科書無償措置法
　　——の教科用図書の無償に関する法律　45,121,
　　128,170
旧教育基本法　68-72,82,221
旧教育基本法（前文）　69
旧教育基本法2条　82
旧教育基本法6条　155
旧教育基本法7条　211
旧教育基本法10条　57,58,70-72,157
教育委員会　44,46,56,61,70,90,104,145,157,159,166,
　167,169,173,174,203,210
教育委員会法　70,72,159,160,171
教育課程　42,50-53,57,58,61,96,105-107,146,153
教育基本法　41,43-45,60,67,68,71-76,78,81-85,91,92
　97,98,101-103,115,162,210,221
教育基本法改定　71-73,76,85,115,117,162
教育行政　70-72,75,106,107,157-161,163,166,167,
　168,173
　　——の一般行政からの独立　159,161,164,173
教育公務員特例法　144,153
教育条件整備　71,158,159,163,168
教育職員免許状→教員免許
教育職員免許法　105,144,153
教育振興基本計画　72,73,75,163
教育制度　14,16-19,41,44,45,64,67,73,106,112-114,
　123,143,157,172,218-225
　　——に対する主体性・創造性　18,221
　　——に対する忠実性　18,221
　　——の勅令主義　44
　　——の法律主義　44-46,69
教育勅語（教育に関する勅語）　64-69,71,75
教育の外的事項　19,71,158,163,168
教育の機会均等　100,106,113-115,122,126,127,130,
　138,139,172
教育の直接責任性　70,75,158,159,161,162
教育の内的事項　19,20,46,71,74,75,84,92,104,158,,
　163,168,170
教育の内外事項区分　158

教育の目的　81,82
教育の目標→教育目標
教育への権利　77
教育法　14,16-18,39,41-43,97,118,219,222
教育目標　74,75,81,83-85,90-92,97,143,148,155
教育を受けさせる義務　41,42,68,111-113
教育を受ける権利　17-19,43,46,47,67,69,76,77,
　101,103,104,106,108,111,112,119,120,130,139,166-168
教員の地位に関する勧告　43,143,146
教員免許　105,144,153
教科書（教科用図書）　45,51,53-55,63-66,121,128
　142,169-171,174,219
教科書（の）検定　53-55,57,58,61,63,170,219
教科書採択　56,220
教科書裁判　58,59
教科用図書の無償に関する法律→教科書無償措
　置法
教科書無償措置法　45,121,128,170,171
教師の教育の自由　19,46,47,62,70,71,75,84,88,91,
　108,146
経済的、社会的及び文化的権利に関する国際規
　約〔A規約〕　43,134,136
県費負担教職員　145
憲法→日本国憲法
権力統制（権力的統制）　20,104,107,108,123,157,
　159,160,162,163,166,172,173,211,213,219-222
公教育　76,101,103,106,112,207
公共の精神　72,75,82-85,107,116,117
厚生労働省（厚生省）　130,136
公選制教育委員会　70,72,159,160,173,174
高等学校（高校）　16,51,73,97-99,102,105,134,135,
　142,147
高等専修学校　101
高等専門学校（高専）　97,98,100,105
幸福追求権　34,77
公民館　203-206
公立高等学校に係る授業料の不徴収及び高等学
　校等就学支援金の支給に関する法律　16,137
告示　39,40,43-45,52,93,170
国家　16,18-20,45,61,68,70,73,75,84-85,92,107,113-
　115
国旗・国歌　20,45,46,87-89,107
子どもの権利憲章　32,34,47,225
子どもの権利条約　27-30,32,34,78,88,91,96,221,

226
子どもの権利宣言　27,43

さ行

最高法規　17,39,40
私学助成　105
思想・良心の自由（内心の自由）　74,75,84,87,88,91
市町村教育委員会　42,56,118,132,159,161,167,210
指導助言　56,65,159,168-170,206
児童の権利に関する条約→子どもの権利条約
児童福祉施設　124,183,185
児童福祉法　109,178-180,183-185
児童養護施設　124,135-137
市民的及び政治的権利に関する国際規約〔B規
　約〕　43
社会教育施設　20,201,203,207,212-214,220
　　　　——の市町村主義　206
社会教育主事　206
社会教育法　203,205,206,210,213,220
就学援助　42,105,113,121,132-134
就学義務　41,112-114,117-119,120,223
　　　　——の猶予・免除　118
就学保障義務　113,121,123
授業料　16,19,41,42,45,97,105,113,114,116,121,128,
　129,137,138
首長　44,158-161,163,164,166,172,173,214
生涯学習　73,169,172,201,203,205,212
生涯教育　212
奨学金　19,105,137,138
小学校　15,51,96-98,101,102,105,107,114,115,117,
　120,123,126-128,144,147,148,151,180,191
条件整備　75,133,139,158,159,163,168,173,174
私立学校　73,102,103,105,155,163
私立学校法　102,103,105
人格の完成　81,82,147
新教育基本法　73-75,76,78,81-84,91,92,155,189,
　211,213,203,204,206,220
新教育基本法1条　81,115
新教育基本法2条　74,81,82,84,91,115,117,190,214
新教育基本法3条　205
新教育基本法4条　130,132
新教育基本法5条　41,105,115,116,121,127
新教育基本法6条　37,97,101,102
新教育基本法8条　103

新教育基本法 9 条　150,153
新教育基本法 10 条　190,191
新教育基本法 11 条　190,191
新教育基本法 12 条　204,207,211
新教育基本法 13 条　205,214
新教育基本法 14 条　113
新教育基本法 15 条　110,113
新教育基本法 16 条　75,93,162,173,224
新自由主義　20,73,110
杉本判決　47,58,77
生活保護　132,133
生存権　77,177
専修学校　100,101,105,110
専門学校　101,135

た行

大学　73,96-101,105,109,137,138,147,153,163,165,
　　169,172
大学院　100,110
大日本帝国憲法（帝国憲法）　64,65
体罰　22,32,42,146-148
短期大学（短大）　100,102,134-136
地方教育行政　159-163,166,167,169-171,173,174
　　──の組織及び運営に関する法律（地方教育
　　行政法）　72,145,160-164,166,167,171
地方公務員法　90,148
中央教育審議会　71,72,172
中学校　14,51,97,98,100,101,104,105,117,120,122,123,
　　126-128,132,134,135,139,144-146,161
中等教育学校　15,97,98,101,117,121,148
懲戒　146-148
特別支援学校　15,97,98,101,105,117,118,120,144,148
都道府県教育委員会　54,145,159,161,167

な行

内心の自由　45,74,84,87,88,91,92
日本国憲法　17,19,27,34,36,39-44,55,67,68,71,73-
　　76,78,82,88,90-92,111,112,114,115,128,129,130,
　　177,185,220
日本国憲法 11 条　177
日本国憲法 12 条　36
日本国憲法 13 条　177
日本国憲法 14 条　129,130,177
日本国憲法 15 条　155

日本国憲法 19 条　45,74,84,88
日本国憲法 20 条　113
日本国憲法 21 条　55,58
日本国憲法 23 条　91,224
日本国憲法 25 条　177
日本国憲法 26 条　17,41,45,67-69,76,77,108,111,113,
　　115,121,127,129,130,134,207,214,216,222,224
日本国憲法 27 条　177
日本国憲法 41 条　70
日本国憲法 92 条　70
日本国憲法 98 条　39,43,92
認可保育所　179,181,182,186,187
認定こども園　109,190,194-198
任命制教育委員会制度　72,160,161,173,220

は行

博物館　204
避止義務　112-114,118
貧困　31,130,131,133,136,209
不当な支配　70,75,108,109,157,158,159,162,221,224
不当配転　209
保育実施責任　193
保育所　109,177,179,181-187,192,194,195,197
保育所保育指針　194
法的拘束力　40,43,44,170
法律　39-42,65-68,83,84,88,129
　　──に定める学校　97,100,180
法律万能主義　46,75

ま・や・ら・わ行

無償　16,17,19,41,45,105,112-114,121,129,134,135,138,
　　169-171,219
文部科学省（旧文部省）　15,51-55,60,61,63,70,96,
　　100,122,127,132,135,157,159,161,164,170,174
文部科学大臣（旧文部大臣）　52,53,56,161,164,166-
　　168,191,194,219
夜間中学校　124,126,127,139
幼稚園　97,98,101,144,148,179,180,181,190,191,194,
　　195,197,198
幼稚園教育要領　191,194
立憲主義的解釈　78,91

執筆者紹介

川口洋誉（かわぐち　ひろたか）
　　編著者、第1講、第3講、第5講2・3・4、第6講、第7講、第8講、第11講2の3、
　　第11講3、コラム6–1、6–2、7–1、7–2、8–1、8–2、9-1、9-2、10–1、10-3、
　　11–1、14-1

古里貴士（ふるさと　たかし）
　　編著者、第9講、第10講、コラム2-3、10-2、14–3

中山弘之（なかやま　ひろゆき）
　　編著者、第11講1、第11講2の1・2、第11講4、第14講、第15講、コラム5–1、
　　14–2

杉浦由香里（すぎうら　ゆかり）
　　滋賀県立大学人間文化学部准教授
　　第2講、第5講1、コラム2–1、2–2

寺田佳孝（てらだ　よしたか）
　　東京経済大学経済学部准教授
　　第4講、コラム4–1、4–2、4–3、4–4、4-5

小澤裕香（おざわ　ゆか）
　　金沢大学地域創造学類准教授
　　コラム9–3

服部壮一郎（はっとり　そういちろう）
　　愛知学泉短期大学幼児教育学科講師
　　第12講、第13講

黒澤ひとみ（くろさわ　ひとみ）
　　愛知県立大学ほか非常勤講師
　　第12講1・2、第12講3の1・2、第13講2、第13講3の2

〈編著者紹介〉

川口　洋誉
1979 年生まれ　愛知工業大学基礎教育センター准教授
名古屋大学大学院教育発達科学研究科博士課程後期課程単位取得満期退学。
専門は教育行政学・教育法学。
主な著書・論文に、『テキスト教育と教育行政』（勁草書房、共著）、『ここまで進んだ！
　格差と貧困』（新日本出版社、共著）、『子どもの貧困と地域の連携・協働』（明石書店、
　共著）。

古里　貴士
1979 年生まれ　東海大学ティーチングクオリフィケーションセンター准教授
名古屋大学大学院教育発達科学研究科博士課程後期課程単位取得満期退学。
専門は社会教育論。
主な著書・論文に、『社会教育・生涯学習論』（鈴木敏正・朝岡幸彦編著、学文社、共著）、「下
　北半島における「地域と教師」の実践史・点描」（『民主教育研究所年報 2017（第 18
　号）』）、「公害記録運動の成立とその性格—公害問題を記録する会を事例に—」（『社会
　教育研究年報』25 号、名古屋大学大学院教育発達科学研究科社会・生涯教育学研究室）。

中山　弘之
1974 年生まれ　愛知教育大学准教授
名古屋大学大学院教育発達科学研究科博士課程後期課程単位取得満期退学。
専門は教育学・社会教育。
主な著書・論文に、『現代日本社会教育史論』（新海英行編、日本図書センター、共著）、「地
　域・自治体づくりと教育の協同性・公共性をめぐって」（『名古屋大学大学院教育発達
　科学研究科紀要（教育科学）』53 巻 2 号、共著）、「学生の発達に向けた大学教育実践
　の特徴と課題—大学評価学会における青年期発達保障研究を手がかりに—」（『社会教
　育研究年報』34 号、名古屋大学大学院教育発達科学研究科社会・生涯教育学研究室）。

未来を創る教育制度論【新版】

2013 年 4 月 25 日　初　版　第 1 刷発行
2014 年 4 月 25 日　改訂版　第 1 刷発行
2019 年 9 月 30 日　改訂版　第 8 刷発行
2020 年 4 月 30 日　新　版　第 1 刷発行
2023 年 9 月 25 日　新　版　第 5 刷発行

編著者　　川口洋誉
　　　　　古里貴士
　　　　　中山弘之
発行者　　木村慎也

・定価はカバーに表示　　　　　　　　　　印刷　新灯印刷／製本　川島製本所

発行所　株式会社 北樹出版
http://www.hokuju.jp
〒 153-0061　東京都目黒区中目黒 1-2-6
TEL：03-3715-1525（代表）　FAX：03-5720-1488

ISBN　978-4-7793-0620-4
（乱丁・落丁の場合はお取り替えします）